U1009815

| 乡村教育振兴丛论 |

雷万鹏／主编

研究阐释党的十九届六中全会精神国家社科基金重大项目
“推进义务教育均衡发展和城乡一体化研究”（22ZDA095）阶段性成果

城镇化进程中的教育变迁

雷万鹏／著

华中师范大学出版社

新出图证(鄂)字 10 号
图书在版编目(CIP)数据

城镇化进程中的教育变迁/雷万鹏著.—武汉:华中师范大学出版社,2023.6
(乡村教育振兴丛论/雷万鹏主编)
ISBN 978-7-5769-0149-8

Ⅰ.①城… Ⅱ.①雷… Ⅲ.①义务教育—城乡一体化—发展—研究—中国 Ⅳ.①G522.3

中国国家版本馆 CIP 数据核字(2023)第 110457 号

城镇化进程中的教育变迁
© 雷万鹏 著

责任编辑:冯会平
责任校对:肖绪旭
编 辑 室:学术出版中心
电话:027-67863280/7792
出版发行:华中师范大学出版社有限责任公司
封面设计:罗明波
社址:湖北省武汉市洪山区珞喻路 152 号
邮编:430079
电话:027-67863426(发行部)
传真:027-67863291
网址:http://press.ccnu.edu.cn
电子邮箱:press@mail.ccnu.edu.cn
印刷:湖北新华印务有限公司
督印:刘 敏
字数:291 千字
开本:710mm×1000mm 1/16
印张:19.75
版次:2023 年 7 月第 1 版
印次:2023 年 7 月第 1 次印刷
定价:105.00 元

欢迎上网查询、购书

敬告读者:欢迎举报盗版,请打举报电话 027-67867353

总　序

乡村要振兴，教育必先行。乡村教育是全面推进义务教育优质均衡发展和乡村振兴的重要基石，乡村教育高质量发展也是促进社会流动、推动新型城镇化发展、加快中国式现代化发展的重要力量。改革开放以来，乡村教育在经费投入、办学条件、师资队伍建设等方面有了巨大改变，乡村教育发展取得了显著成就。与此同时，随着城镇化快速发展和人口流动，乡村留守儿童关爱服务体系虚化、乡村小规模学校发展边缘化、城乡教师流动浅层化、乡村儿童家庭教育弱化、乡村家校社协同育人体系碎片化等问题集中显现。补齐乡村教育发展短板、推进城乡教育一体化发展、以人的现代化促进经济社会现代化是新时代的重大战略议题。

乡村振兴背景下农村小规模学校发展现状如何？家庭环境对城乡学生的人力资本投资产生何种影响？如何制定科学的学校布局调整政策以顺应人口流动与城镇化发展需求？城乡一体化发展进程中政府教育支出偏好与行为怎样？乡村教师流动与城乡义务教育优质均衡发展的关系如何？回答上述问题，需要在科学理论的指导下，扎根中国大地进行持续的实证研究。“乡村教育振兴丛论”运用教育学、经济学、社会学和人类学等多学科分析范式对上述问题进行了深入的实证研究。“丛论”聚焦乡村教育发展的难点焦点问题，从乡村儿童发展、教师队伍建设、家庭教育能力提升、区域教育治理等视角探讨了乡村教育发展政策选择与制度创新。研究成果有助于人们深刻反思乡村教育的定位、功能、困境与出路，有助于人们深度理解制约乡村教育发展的体制机制问题，有助于探索乡村教育发展的内生动力与发展动能。

“乡村教育振兴丛论”获2022年国家社会科学基金重大项目和国家出版基金项目资助。“丛论”共有6卷，具体包括：《城镇化进程中的教育变迁》从整体上探讨了城镇化进程中义务教育学校布局、随迁子女教育与发展、留守儿童教育与发展、教师发展政策等；《地方政府教育支出行为研究》利用宏观统计数据和微观调查数据，从财政分权理论和政府行为理论出发，对地方政府教育支出行为进行了实证研究；《农村小规模学校发展政策研究》运用量化与质化相结合的方法，从学校财政、教师发展、学校内外部关系等角度深入探讨了农村小规模学校的生存与发展问题；《教师“县管校聘”政策执行研究——以教育均衡发展为视角》基于S市10个县（市、区）的实证调查，从政策执行环境、执行行为与执行结果三个维度对S市“县管校聘”政策执行进行了较为全面的探讨与研究；《教师特质与学生非认知能力发展研究》从学生非认知能力发展的角度探讨了教师特质问题，实证回答了有效促进学生非认知能力发展的教师应具备的特质以及城乡教师表现出的特质差异；《家庭环境与儿童非认知能力发展研究——以城镇化进程为背景》基于家庭教育调查数据，从学习适应性、意志力和情绪稳定性三方面着手，探讨了家庭环境影响城乡儿童非认知能力发展的过程机制。“丛论”作者除了笔者，其他如张雪艳博士、钱佳博士、黄旭中博士、王浩文博士、向蓉博士，都是我指导的博士生，关心关爱乡村儿童、扎根田野研究乡村教育、坚持实证研究范式是华中师范大学乡村教育研究团队秉持的基本理念和价值观念。

乡村教育是乡村建设和乡村治理的关键，高质量教育发展有助于强化人力资本投资，阻断贫困代际传递，促进乡村人口社会流动。在全面实施乡村振兴战略、迈向共同富裕的新征程中，乡村教育大有可为。伴随着脱贫攻坚战的伟大胜利、义务教育基本均衡发展目标的实现，当前乡村教育的实践样态、政策支持以及社会环境发生了较大转变，一系列新问题正在制约着乡村教育的高质量发展。快速城镇化与大规模人口流动催生了乡土中国向城乡中国的转变，但城市与乡村不是分割的两极，而是涵盖乡村、乡镇、县城、中小城市、大城市、特大城市的多样形态，是梯度发展的空间连续体与内在关联的社会有机体。在乡村振兴时代，乡村教育、县镇教育和城市教育各有其不可替代的功能，唯有推动城乡教育协调发展、包容性发展和共同发展才是中国教育现代化的必然选择。

华中师范大学乡村教育研究团队将在"丛论"的基础上，以研究阐释党的十九届六中全会和党的二十大精神及国家社科基金重大项目"推进义务教育均衡发展和城乡一体化研究"为牵引，围绕乡村教育振兴面临的重大战略问题展开持续研究。乡村教育发展应秉持何种价值定位？乡土文化如何融入乡村教育？如何构建需求导向的义务教育财政保障机制，确保农村小规模学校经费配置充足、高效率和公平？如何规避乡村教育信息化发展中的"技术决定论"问题，充分发挥信息技术服务乡村教育的作用？如何加强乡村教师队伍建设，让优秀教师"下得去""留得住""教得好"？如何保障留守儿童、随迁子女等弱势群体享有公平而有质量的教育？如何发挥职业教育在服务乡村振兴、共同富裕战略中的作用？如何为乡村处境不利家庭提供更有效的社会支持？如何从城乡"二元对立"走向"互融共生""美美与共"，实现城乡教育一体化发展？这些问题都是乡村振兴时代乡村教育发展的核心议题，也是本团队持续跟踪研究的重要方向。我们将在乡村教育研究之路上永不懈怠，勤勉努力，再攀高峰！

雷万鹏

2023年3月20日

前　言

构建适应城镇化发展的教育资源配置机制

改革开放以来，我国经济社会发生了巨大变化。经济体制从计划经济向市场经济转轨，极大地激发了社会的活力、潜力和创造力。与之相伴，我国社会也从单一结构向多元结构转型，社会分层与社会流动不断加剧，社会形态从封闭走向开放，中国特色社会主义步入新时代。在社会转型期，人民群众教育需求的个性化和多元化趋势日益凸显，教育供给规模、结构和质量需要因时而动、因势而变。

随着我国城镇化的快速推进，两亿多农村人口从农业转向非农行业，从欠发达地区流向发达地区，其中超过一半的人向城市流动。在此背景下，农民工随迁子女教育问题、农村留守儿童教育问题、城镇学校“大班额”与乡村学校“空壳化”现象、人口流动与基础教育属地化管理的矛盾都日渐突出。如何破除城乡、地域、户籍与身份壁垒，构建起适应人口流动的教育资源配置机制，成为我国教育发展面临的重大战略问题。

近 20 年来各级政府在解决农民工随迁子女教育问题上不遗余力，各种政策频繁出台。2003 年，六部委的《关于进一步做好进城务工就业农民工子女义务教育工作意见的通知》，首次将政策对象瞄准农民工随迁子女，强调了随迁子女教育的“两为主”原则；2006 年，《国务院关于解决农民工问题的若干意见》强化了流入地政府与公办学校在保障农民工随迁子女平等接受义务教育问题上的主要责任；2014 年，《国家新型城镇化规划（2014—2020 年）》提出“将农民工随迁子女义务教育纳入各级政府教育发展规划和财政保障范畴”（简称“两纳入”）；2016 年，中央政府提出在统一生均公用经费基准定额的基础上实施“钱随人走”的政策，以缓解人口跨区域流动导致的经费接续错位问题。尽管如此，农民工随迁子女依然面临较高的“入学门槛”，遭遇各种显性与隐形的教育不公，在入学机会、教育质量及社会融合方面还缺乏有效的制度保障。特别是在城市户籍人口与外来人口的福利分配与利益博弈中，随迁子女教育成为制约农民工市民化的一个重要因素。

如果说随迁子女教育主要是解决孩子在城市“有学上”“上好学”和“多上学”的问题，那么农村留守儿童教育则主要应解决儿童的健康成长与发展问题，这就需要构建起家长主责、政府主导、社会参与的关爱服务体系，以促进留守儿童的道德、学业和心理发展。但面对中西部地区规模庞大的农村留守儿童群体，教育、妇联、民政、财政、公安等部门之间还缺乏有效协同，留守儿童关爱专项经费还没能真正落实落地，旨在激励教师关爱留守儿童的绩效评价制度未能建立，针对留守儿童的家庭教育指导服务体系建设还面临缺人、缺钱、缺阵地等多重困境。这些现象反映出农村留守儿童教育与发展政策的“部门化”与“碎片化”，意味着农村留守儿童发展政策与体制机制急需重大创新。

当前，我国中西部地区普遍存在的城镇学校“大班额”和乡村学校“空壳化”现象，也反映出学校布局结构未能适应人口流动需求。2001 年，《国务院关于基础教育改革与发展的决定》指出：“按照小学就近入学、初中相对集中、优化教育资源配置的原则，合理规划和调整学校布局。”在国家政策推动下，“集中办学”“规模办学”“撤点并校”成为这一时期学校布局调整的主导模式。2001—2011 年间，我国小学数量减幅为 50. 9%，初中学校减幅为 17. 4%，农村学校成为被撤并的重灾区。尽管学校布局调整从总体上顺应了人口流动态势，但“城市导向”的学校布局调整政策和教育发展价值取向进一步加大了城乡教育发展差距，一定程度上导致并加剧了中西部地区的城镇学校“大班额”与乡村学校

“空壳化”。由于人的发展具有差异性和多样性，人口的城镇化也不是“人人进城”，因此城镇化时代的教育不等于矮化乡村教育，不等于消除乡村学校。与之相反，如何在新型城镇化与乡村振兴战略中高度重视乡村教育发展的价值与意义，如何顺应人口发展态势，构建起以人的发展为中心的学校布局动态调整机制值得我们深入思考。

城镇化发展从价值观念、发展战略、体制机制和政策体系等方面对基础教育发展提出了重大挑战。如何突破地域界限、城乡界限和户籍制度的束缚，构建起适应城镇化发展和人口流动的教育体制机制，这是一个需要深入探讨的问题。本书立足华中师范大学乡村教育研究团队 10 多年来的田野调查，着重从学校布局调整、随迁子女教育、留守儿童教育、教师发展政策等四个方面探讨了城镇化进程中教育变迁问题。第一篇义务教育学校布局调整从发展反思、研究进展、家庭需求、教育行政等方面分析了城镇化进程中义务教育学校布局调整的历史脉络、基本特征与政策选择；第二篇随迁子女教育与发展探讨了随迁子女教育公平问题，以及影响其学业成绩与学习适应性的因素；第三篇留守儿童教育与发展探讨了影响留守儿童学业成绩与非认知能力发展的影响因素；第四篇教师发展政策从教师教育、教师身份认同、教师流动成效、教师生活补助等方面探讨了教师发展政策。上述四篇相互关联，构成了探讨城镇化进程中教育变迁的多元视角。本书也是华中师范大学团队多年研究的成果积淀，体现了团队扎根田野、倡导实证、关注教育政策与治理的学术风格。

目　　录

第一篇　义务教育学校布局调整

第二篇　随迁子女教育与发展

第三篇　留守儿童教育与发展

第四篇　教师发展政策研究

第一篇

义务教育学校布局调整

第一章　70 年义务教育学校布局调整回顾与反思

第一节　问 题 提 出

新中国成立 70 多年来，我国义务教育发展取得了历史性成就，义务教育发展为经济发展、科技创新、文化繁荣和民生改善提供了有力支撑。统计数据表明，1949—2018 年，我国小学学龄儿童入学率从 20% 提升至 99. 95%，初中毛入学率从 3. 1% 提升至 100. 9%，九年义务教育巩固率达 94. 2%[①]。进入新时代，我国社会主要矛盾已经转化为人民日益增长的美好生活需要和不平衡不充分发展之间的矛盾，这对义务教育事业发展提出了新的要求——从“有学上”到“上好学”，让每一个孩子享受公平而有质量的教育。2019 年 6 月，中共中央、国务院《关于深化教育教学改革全面提高义务教育质量的意见》提出：“树立科学的教育质量观，深化改革，构建德智体美劳全面培养的教育体系。”在义务教育从“有学上”向“上好学”转型的历史时期，提升教育质量推进教育现代化发展，是建设教育强国、办好人民满意教育的重要支撑。

---

① 本研究数据来源主要包括《中国教育年鉴》(1949—1981)、《中国统计年鉴》(1978—2018)、《中国教育统计年鉴》(1984—2017)以及历年《全国教育事业发展统计公报》,其余数据来源单独援引。

70多年来，我国经济社会发展、产业结构调整使得农村剩余劳动力大量涌入城镇，优质的公共资源也随之向城镇聚集。与城镇化和现代化快速发展形成强烈反差的是，中国社会正从“乡土社会”走向“离土社会”，人的生存发展不再依赖乡土，以人的发展为目的的教育和文化传播也随之远离乡土，乡村教育出现了“文字上移”的反向过程，20世纪末21世纪初的大规模撤点并校运动更是加剧了这一过程①。撤点并校衍生出农村小规模学校生存与发展、城镇学校“大班额”等问题，我国义务教育质量提升面临“农村弱、城镇挤”的双重困境。

城镇化与人口流动挑战着属地化的义务教育管理体制，以户籍制度为本位、以辖区人口为基础配置教育资源的模式需要因应时代变革而作出相应调整。在此过程中，学校布局调整是极其重要的一环，因为学校布局直接影响生源流向、师资配置和教育发展的生态，也影响区域产业布局与城镇化发展形态。学校布局是指一套应用于规划学校的空间分布和特征的技术和管理程序，应用这种方法可以使学校的发展与适龄人口的分布相匹配，并满足教育政策目标。什么是学校布局调整？不同学科视野的学者对其理解不尽相同，归纳起来有以下四种观点：其一，学校布局调整是学校地理空间上的分布和变化；其二，学校布局调整是与学校地理空间变动相关联的教育资源配置过程；其三，学校布局调整是社会利益博弈和调整的过程；其四，学校布局调整是为满足教育教学需求，促进学生发展的学校撤销、兼并、新建、改建或扩建的过程。从政策视角看，学校布局调整代表了政府配置公共教育资源的决策，也是政府进行公共资源配置和再分配的有效政策工具。回顾新中国成立以来义务教育学校布局调整政策的发展历程，归纳义务教育学校布局调整政策的基本特征，反思其经验教训，对顺应新型城镇化发展与实施乡村振兴战略具有重要意义。

---

① 熊春文.“文字上移”:20世纪90年代末以来中国乡村教育的新趋向[J].社会学研究,2009,24(5):110-140.

第二节 义务教育学校布局调整发展历程

一、布点建校期（1949—1977年）

从新中国成立到改革开放前这一历史时期，我国初步建立了以马列主义、毛泽东思想为指导的社会主义教育体系，对普通中小学实行中央统一领导，省、自治区、市具体领导和分级管理的计划管理体制，大力推进初等教育普及。在此政策导向下，多数农村地区通过公办与民办相结合的形式，改造和新建了大量学校，基本形成了以普及小学教育为目的的学校布局网络。

1952年8月，教育部召开第一次全国初等教育及师范教育工作会议，明确提出五年内争取实现全国80%学龄儿童入学的目标。为普及小学教育，党和政府确立了“两条腿走路”的办学方针，即通过国家办学与厂矿企业、社队办学相结合，加速推进小学教育的普及。党中央和国务院为贯彻“两条腿走路”的办学方针，一是出台了关于小学经费和办学条件的具体政策。1952年的《教育部关于整顿和发展民办小学的指示》规定，“对民办小学的补助经费，按公立小学平均标准的50%列入国家财政预算”。二是鼓励多种形式办学。1953年的《政务院关于整顿和改进小学教育的指示》进一步阐明了多种形式办学的必要性，提出“首先要办好城市小学、工矿区小学、乡村完全小学和中心小学。在农村地区，除正式小学外，还可以办半日班、早学、夜校等形式的非正式小学”。

经过不懈努力，全国普及初等教育取得了较为显著的成就。整体而言，这一时期普通中小学教育发展虽然几经波折，但总体呈现增长趋势。从新中国成立到第一个五年计划完成，我国中小学校数量大幅度增加。统计数据表明，全国小学学校数量从1949年的34.7万所增加至1958年的77.7万所，在校生规模增加近4倍，学龄儿童入学率上升到80.3%。普通初中学校数量从1949年的2448所增加至1958年的24787所，普通初中在校生规模增加近10倍。随后，受到“大跃进”和三年困难时期的影响，第二个五年计划期间小学教育经历大起大落，1958—1962 年学龄儿童入学率逐年下降，1962 年，小学在校生规模比 1958 年减少了 71.2%，学龄儿童入学率降至 56.1%。1963—1965 年，由于国民经济调整取得显著成效，小学教育获得快速发展。1965 年，全国小学学校数量达到历史峰值，为 168.2 万所，在校生规模达 1.2 亿人。“文化大革命”开始后，中小学教育受到严重破坏，教育质量不断下降。1966 年，小学学校数量和在校生规模大幅度减少，但在随后的 10 年内缓慢发展。同时，受到中等教育政策影响，中等专业学校、职业技术学校大量减少，普通初中学校数量大幅上升，从 1966 年的 1.4 万所增加至 1977 年的 13.6 万所，在校生规模翻了约 6 倍（见图 1-1、图 1-2）①。

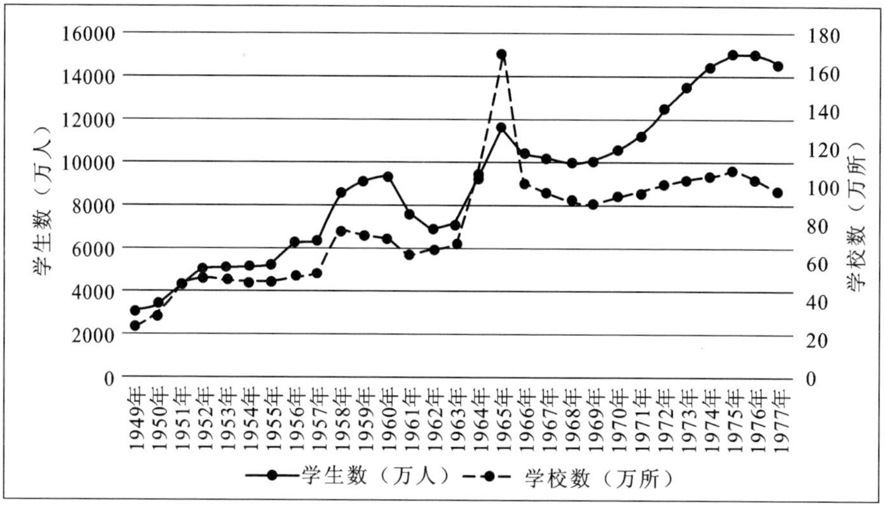

图 1-1　小学学生数与学校数（1949—1977 年）

从新中国成立到“文革”结束这一时期，我国城镇化水平低，农村地区是全国人口的主要聚集地，在农村地区新建中小学校是我国义务教育学校布局调整的工作重心，并由此形成了“小学不出村、中学不出队、高中不出社”的低重心、散点式布局。例如，1977 年河北省阳原县有 378 所小学，其中 118 所是分散在山区实行巡回教学、复式教学的学校；湖南省桃

① 公开统计数据中 1966—1970 年普通初中学校数量数据缺失，特此说明。

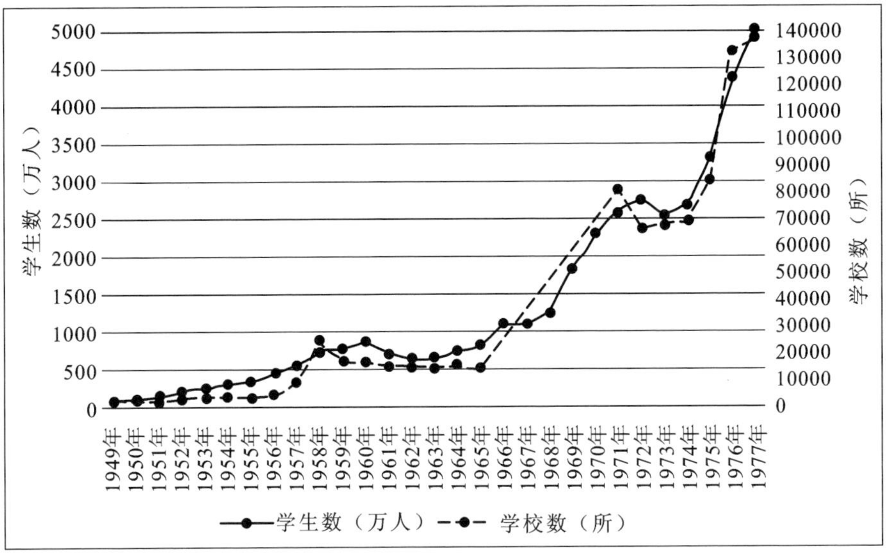

图 1-2 初中学生数与学校数（1949—1977 年）

江县根据农村居民居住分散的特点，实行多种形式办学，大队实行“一队一校”，部分地区实行“一校多点”，生源不足的地方实行复式班，全县设有 94 个巡回点，559 个复式班①。这一时期所形成的低重心、散点式学校布局，在普及小学教育、提高民众受教育水平方面起到了积极作用，同时也奠定了此后 40 年农村义务教育学校布局的基本格局。

二、调整过渡期（1978—1984 年）

改革开放后，党和政府及时校正教育方向，再度重视教育普及工作，普及小学教育成为国家建设的根本任务和整个教育事业的奠基工程。1978 年 4 月，针对“文革”期间违反教育规律的办学方针及教育质量下滑的问题，全国教育工作会议提出，“新时期教育战线工作的中心环节是提高教育质量，要认真从中小学抓起，切实打好基础”。

在小学教育方面，1980 年 12 月中共中央、国务院的《关于普及小学教育若干问题的决定》提出：“在 80 年代全国应基本实现普及小学教

① 中国教育年鉴(1949—1981)[M].北京:中国大百科全书出版社,1984:126-128.

育的历史任务，有条件的地区可以普及初中教育。”同时，该文件首次提出了关于“学校布局”的规定：“鉴于我国经济、文化发展很不平衡，自然环境、居住条件差异很大，必须从实际出发，因地制宜，采取多种形式办学，力求使学校布局和办学形式与群众生产、生活相适应，便于学生就近上学。在办好全日制学校的同时，还应举办一些半日制、隔日制、巡回制、早午晚班等多种形式的简易小学或教学班（组）。”1982 年颁布实施的《中华人民共和国宪法》提出“普及初等义务教育”，标志着普及义务教育被正式赋予法制保障，提升为国家战略。

1978 年 2 月，第五届全国人民代表大会第一次会议的《政府工作报告》提出：“有计划地控制人口增长，有利于国民经济的有计划发展……争取在三年内把我国人口自然增长率降到百分之一以下。”同年 10 月，中共中央批转了《关于国务院计划生育领导小组第一次会议的报告》，明确了计划生育的各项要求。在人口增长率下降、知识青年返城、农民工进城务工等人口流动因素的影响下，1978—1984 年，全国小学学校数量和在校生人数呈现递减趋势。截至 1984 年，全国共有小学 85. 4 万所，在校生规模为 1. 36 亿人，相较于 1977 年出现大幅度下降。但全国学龄儿童入学率已经达到 95%，其中北京、上海、江苏、浙江等多个省市的学龄儿童入学率已达到 98% 以上。

在初中教育方面，为改变“文革”期间形成的中等教育结构单一化的格局，1978 年全国教育工作会议提出中等教育结构改革的工作任务，要扩大农业中学、各类中等专业学校、技工学校的比例。1980 年国务院批转教育部和国家劳动总局《关于中等教育结构改革的报告》，进一步推动了普通中学的调整和改革。1980—1981 年，在“充实加强小学，整顿提高初中，调整改革高中，大力发展职业教育，努力办好重点中学”的方针指导下，全国各地区调整压缩了高中，加强了初中，调整了学校布局，办学条件有所改善，教育质量显著提高。截至 1984 年，全国初级中学学校数量减至 75867 所，比 1977 年减少 44. 4%，同时中等职业学校数量增加 32. 8%。普通初中在校生规模为 3864. 3 万人，比 1977 年减少 1000 余万人（见表 1-1）。

表 1-1　义务教育段学生数与学校数（1978—1984 年）

	小学		初中	
年份	学生数（万人）	学校数（万所）	学生数（万人）	学校数（万所）
1978 年	14624. 0	94. 9	4995. 2	11. 3
1979 年	14662. 9	92. 4	4613. 0	10. 4
1980 年	14627. 0	91. 7	4538. 3	8. 7
1981 年	14332. 8	89. 4	4144. 6	8. 2
1982 年	13972. 0	88. 1	3887. 9	8. 1
1983 年	13578. 0	86. 2	3768. 7	7. 8
1984 年	13557. 1	85. 4	3864. 3	7. 6

数据来源：《中国统计年鉴》（1979—1985）。

总体来看，这一时期的学校布局调整具有明显的过渡性特征：一方面扭转前一阶段学校规模盲目扩张导致教育质量下滑的不利局面，让学校布局调整回归教育本源；另一方面通过薄弱学校改造、筹资新建学校等方式，进一步推进初等教育普及，为后一阶段开启以“普九”为主要目标的学校布局调整奠定了基础。

三、规模扩张期（1985—2000 年）

经过前一阶段的调整过渡，伴随着 20 世纪 80 年代中期开始的一系列经济管理体制改革，义务教育学校布局调整进入规模扩张期。1985 年中共中央《关于教育体制改革的决定》提出，将基础教育管理权限交给地方，实行分级管理，有步骤地实施九年制义务教育。这一政策标志着我国基础教育管理开始从集权走向分权，并确立了普及九年义务教育的发展目标。1986 年第六届全国人民代表大会第四次会议通过的《中华人民共和国义务教育法》，从法制层面规定了实行九年义务教育的发展方向。1992 年，中共十四大提出，到本世纪末，基本普及九年义务教育，基本扫除青壮年文盲（简称“两基”）。1993 年，中共中央、国务院发布的《中国教育改革与发展纲要》再次强调到 20 世纪末实现“两基”的目标。截至 2000 年，我国文盲率从新中国成立初的 80.0% 降至 9.1%，全国普及九年义务教育的地区人口覆盖率达到 85%，小学学龄儿童净入学率达 99.1%，初中毛入学率达 88.6%，“两基”目标如期完成。

为实现“两基”目标，在财权下放以及“人民教育人民办”的体制下，学校布局基本延续了改革开放前低重心、散点式分布的特点，形成了“村村办学、全面覆盖”的格局。从小学数量变化来看，全国小学学校数量从 1985 年的 83.2 万所降至 2000 年的 55.4 万所，在校生规模为 1.3 亿人。全国初中学校数量从 7.6 万所降至 2000 年的 6.3 万所。从在校生规模来看，1985—2000 年小学在校生规模先减后增，1985—1991 年持续递减，在校生人数减少约 1200 余万人。1991—1997 年小学在校生规模持续增长，1997 年达到最高值 1.4 亿人后开始递减，2000 年在校生规模与 1985 年基本持平。在此时期，初中在校生规模持续增长，从 1985 年的 3964.8 万人增长至 2000 年的 6167.6 万人，增幅为 55.6%（见图 1-3、图 1-4）。

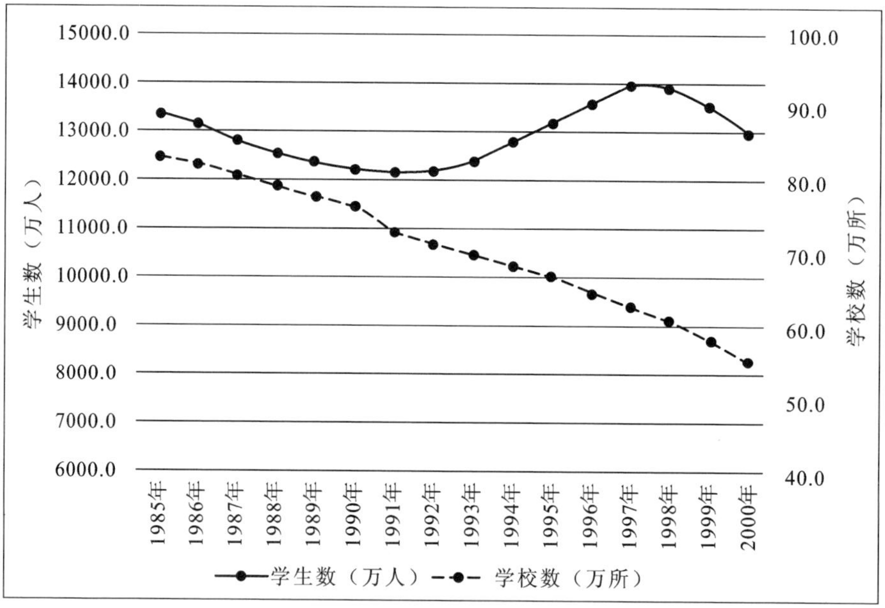

图 1-3 小学在校生数和学校数（1985—2000 年）

经济管理体制改革是这一时期经济社会发展的主旋律，伴随着一系

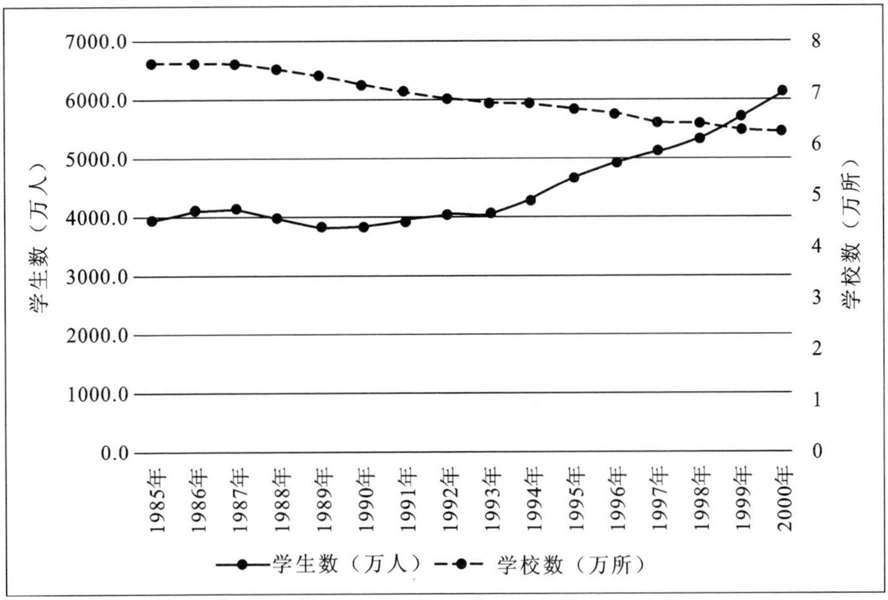

图 1-4　初中在校生数和学校数（1985—2000 年）

列体制改革的深入推进，教育供求关系的变化直接影响了这一时期学校布局调整的规模扩张。从教育需求来看，改革开放后农村地区实施的家庭联产承包责任制赋予了农民生产经营自主权，调动了农民的生产积极性，农民经济收入与生活水平显著提升①。1985—2000 年，数据显示，农民人均纯收入从 398 元增长至 2253 元，年均增长率达 12. 6%②。经济收入增长显著增强了农村居民的教育支付能力，农村家庭教育需求随之增加，扩大教育供给成为大势所趋。从教育供给来看，生产技术的进步和生产关系的转变使得农业生产不再依赖于集体生产，农业剩余劳动力开始向乡镇企业转移，国家重点支持的乡镇企业迎来了发展的黄金期。有研究按可比价格计算乡镇企业的经济贡献率发现，1985—2000 年乡镇企业增加值占国内生产总值的比重从 8. 57% 增长至 27. 37%③。乡镇企业

---

① 梁玲.农民收入途径:重新审视与根本抉择[J].农业经济问题,1995(1):36-41.

② 中华人民共和国民政部.中国民政统计年鉴 2012[M].北京:中国统计出版社,2012:121.

③ 胡鞍钢,马伟.现代中国经济社会转型:从二元结构到四元结构(1949—2009)[J].清华大学学报(哲学社会科学版),2012,27(1):16-29.

的快速发展，为乡级政府投资办学、扩大教育供给奠定了经济基础。同时，在教育管理开始实行“地方负责、分级管理”的分权体制下，义务教育管理责任下放至地方政府，有效调动了乡级政府和农民集资办学的积极性。

需要指出的是，这一时期也是我国社会结构从传统社会向现代社会、从农业社会向工业社会、从乡土社会向城镇社会、从封闭半封闭社会向开放社会转型的历史时期①。伴随经济管理体制改革和社会结构转型，我国流动人口进入快速增长期。尤其是 20 世纪 90 年代以后，随着沿海城市的发展及其对劳动力需求的日益增加，我国流动人口的数量急剧上涨，至 2000 年总量超过 1 亿②。与此同时，随着大量农村人口向城镇转移，从 1998 年开始全国大多数省份相继开展了以“并乡、并村、并校”和“减人、减事、减支”为核心内容的乡镇机构改革③。社会结构转型、大规模人口流动和乡镇机构改革，为后一阶段实施撤点并校埋下了伏笔。

四、撤点并校期（2001—2011 年）

进入 21 世纪，2001—2011 年是我国义务教育体制和机制改革取得重大突破，推进义务教育持续发展的重要历史时期。2001 年，国务院发布《关于基础教育改革与发展的决定》作为纲领性文件，拉开了 21 世纪基础教育改革与发展的序幕，党和政府推行了一系列重要举措以推进义务教育持续发展。

一是确立了“以县为主”的义务教育管理体制。为解决 20 世纪 90 年代我国义务教育管理重心过低引发的许多问题，2001 年，国务院发布的《关于基础教育改革与发展的决定》提出，“实行在国务院领导下，地方负责、分级管理，以县为主的农村义务教育管理体制”，明确了县级政府在义务教育发展和管理中的责任和权力。

---

① 陆学艺. 21 世纪中国的社会结构：关于中国的社会结构转型[J].社会学研究，1995(2)：3-11.

② 段成荣，谢东虹，吕利丹.中国人口的迁移转变[J].人口研究，2019，43(2)：12-20.

③ 中西部地区农村中小学合理布局结构研究课题组，范先佐，周芬芬，贾勇宏，郭清扬，王远伟，曾新.我国农村中小学布局调整的背景、目的和成效：基于中西部地区 6 省区 38 个县市 177 个乡镇的调查与分析[J].华中师范大学学报(人文社会科学版)，2008(4)：121-127.

二是加大财政保障力度，实行农村义务教育经费保障新机制。2001年，教育部、国家计委、财政部下发了《关于坚决制止农村中小学乱收费问题的通知》，开始实行“一费制”收费方法，控制学校收费标准，切实减轻学生家长特别是农村学生家长负担。2005年，国务院发布了《关于深化农村义务教育经费保障机制改革的通知》，决定将农村义务教育纳入政府财政保障范围，确定了中央和地方政府分项目、按比例负担的财政保障机制，并提出，“全部免除农村义务教育阶段学生学费、杂费，对贫困家庭学生免费提供教科书并补助寄宿生生活费”（简称“两免一补”）。2008年，“两免一补”政策在城乡范围内全面实行。这些政策措施明确划分了各级政府在义务教育发展中的财政支出责任，我国义务教育发展从“人民教育人民办”转向“人民教育政府办”。

三是因地制宜调整农村义务教育学校布局。2001年，国务院发布的《关于基础教育改革与发展的决定》提出，“因地制宜调整农村义务教育学校布局。按照小学就近入学、初中相对集中、优化教育资源配置的原则，合理规划和调整学校布局”，并系统阐述了中小学布局调整政策，提出了布局调整的原则、方式和总体规划。这个决定成为指导各地学校布局调整政策实施的纲领性文件。2006年，教育部颁布的《关于实事求是地做好农村中小学布局调整工作的通知》明确指出，要按照实事求是、稳步推进、方便就学的原则推进农村撤点并校工作。2010年，教育部颁布的《关于贯彻落实科学发展观进一步推进义务教育均衡发展的意见》强调指出，学校布局要“避免盲目调整和简单化操作”。在国家政策推动下，各地纷纷制定中小学布局调整规划，新一轮布局调整工作在全国铺开，大量的学校被相继撤并，农村学校整体数量减少了一半以上，撤点并校成为此时期主要的学校布局调整模式。

统计显示，2001—2011年我国中小学生在校生规模持续缩小，2001年我国小学阶段在校生有1.25亿人，2011年降至0.99亿人，减少幅度为20.9%。从分城乡学校来看，农村小学在校生规模持续萎缩，从2001年的8604.8万人减少至2011年的4065.2万人，减少幅度超过50%。而城镇学校规模持续扩大，2001—2011年城市小学在校生规模从1680.9万人增加至2606.9万人，县镇学校从2257.8万人增加至3254.2万人，增长幅度分别为55.1%和44.1%（见图1-5、图1-6）。

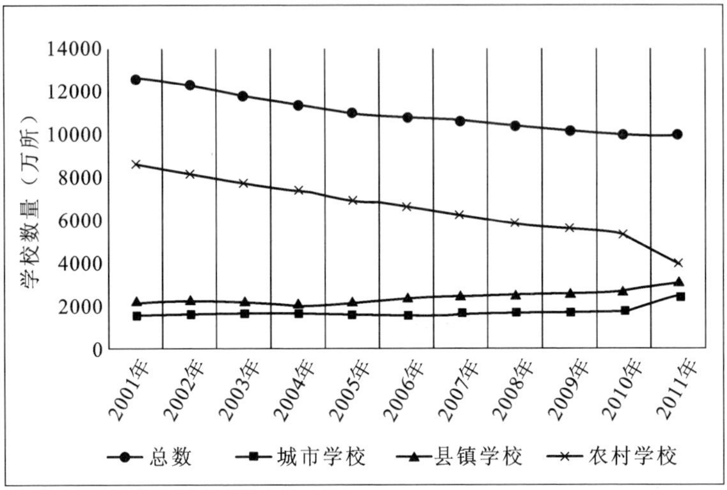

图1-5 城乡小学学校数量（2001—2011年）

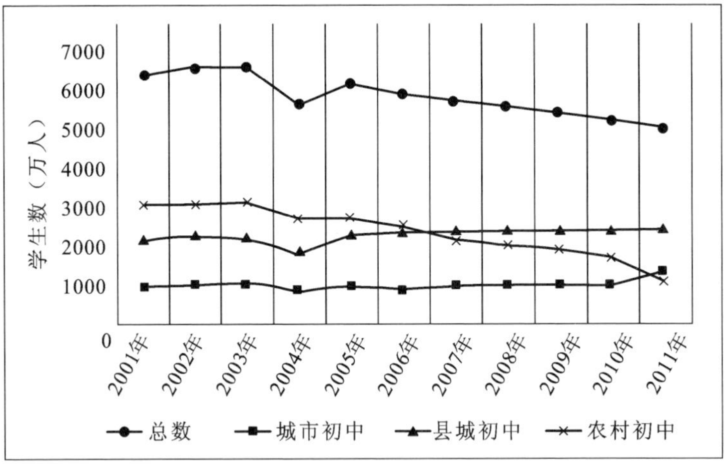

图1-6 城乡初中在校生规模（2001—2011年）

学生数量的减少使得学校数量相应减少，主要是农村教学点数量的大幅度减少。2001—2011年，我国小学学校数量从49.1万所减少至24.1万所，减少幅度为50.9%。农村教学点从11.4万个减至6.7万个，减少幅度为41.2%；2001年我国初中学校数量为6.6万所，2011年变为

5.4万所，减少了1.2万所，减少幅度为17.4%。

以上数据表明，大规模的撤点并校是此时期学校布局调整的主要特征，撤点并校一定程度上提高了教育资源利用效率，为实现义务教育全面普及、推动义务教育发展从规模扩张转向质量提升奠定了基础。然而，部分地区实行一刀切式的撤点并校，导致大量农村学生涌入城镇学校，进一步激化了城镇地区因城镇化、人口流动而引发的教育供求矛盾，学校布局调整重心开始从农村转向城镇。

五、审慎调整期（2012年至今）

针对撤点并校导致的农村义务教育学校大幅减少，学生上学路途变远，交通安全隐患增加，学生家庭经济负担加重，城镇学校“大班额”问题，以及部分县市在学校撤并过程中程序不规范、决策不民主等问题，2012年，国务院《关于规范农村义务教育学校布局调整的意见》（以下简称《意见》）指出，“严格规范学校撤并程序和行为，办好农村小学和教学点，解决学校撤并带来的突出问题”。《意见》特别指出：坚决制止盲目撤并农村义务教育学校。多数学生家长反对或听证会多数代表反对，学校撤并后学生上学交通安全得不到保障，并入学校住宿和就餐条件不能满足需要，以及撤并后将造成学校超大规模或“大班额”问题突出的，均不得强行撤并现有学校或教学点。已经撤并的学校或教学点，确有必要的由当地人民政府进行规划、按程序予以恢复。

2016年，国务院《关于统筹推进县域内城乡义务教育一体化改革发展的若干意见》提出：“城乡学校布局更加合理，大班额基本消除，乡村完全小学、初中或九年一贯制学校、寄宿制学校标准化建设取得显著进展，乡村小规模学校（含教学点）达到相应要求。”2018年，国务院《关于全面加强农村小规模学校和乡村寄宿制学校建设的指导意见》进一步提出：“县级人民政府要结合本地人口分布、地理特征、交通资源、城镇化进程和学龄人口流动、变化趋势，统筹县域教育资源，有序加强城镇学校建设，积极消除城镇学校大班额。在此基础上，要统筹乡村小规模学校、乡镇寄宿制学校和乡村完全小学布局，既要防止过急过快撤并学校导致学生过于集中，又要避免出现新的‘空心校’。”

以2012年为转折点，中央和地方政府开始以审慎的态度进行义务教育学校布局调整，相关政策对前阶段一刀切式的撤点并校行为进行矫正。从学校数量来看，2012—2017年城镇小学学校数量趋于稳定，初中学校数量略有增长，农村小学撤并速度放缓，农村教学点数量略有回升。2017年，全国城市小学学校数量为2.88万所，比2012年增加1.2万所，县镇小学数量增加约1000所，农村小学学校数量减少约3.1万所，农村教学点数量增加了近3.2万个；城市初中学校数量从1.09万所增加至1.24万所，县镇初中学校数量从2.29万所增加至2.43万所，农村初中学校数量从1.94万所降至1.53万所（见表1-2）。

表1-2 2012—2017年城乡义务教育学校数量变化（单位：万所）

	小学				初中		
	城市	县镇	农村	教学点	城市	县镇	农村
2012年	2.69	5.39	21.76	6.98	1.09	2.29	1.94
2013年	2.72	5.32	21.39	8.28	1.11	2.32	1.84
2014年	2.77	5.54	20.73	8.90	1.15	2.34	1.77
2015年	2.76	5.58	20.02	9.30	1.15	2.39	1.70
2016年	2.82	5.47	19.32	9.84	1.19	2.40	1.62
2017年	2.88	5.48	18.63	10.30	1.24	2.43	1.53

数据来源：《中国统计年鉴》（2013—2018）。

从学生数量来看，2012—2017年城镇小学生数量逐年递增，城市小学生数量从2688.4万人增加至3462.3万人，县镇小学生数量从3355.0万人增加至3856.1万人；农村小学生数量逐年递减，从3652.5万人降至2775.4万人，降幅为24.0%。2012—2017年，城镇初中学生数量变化趋势相对平稳，略有起伏，截至2017年，城市初中学生数量为1567.1万人，县镇初中学生数量为2231.5万人；农村初中学生数量持续减少，从2012年的974.1万人降至2017年的643.4万人，降幅为33.9%。从总体来看，该阶段的义务教育学校布局调整开始走向决策的科学化和民主化，有效遏制了部分地区撤点并校的盲目性。随着义务教育的全面普及，这一时期义务教育从规模扩张转向质量提升的内涵式发展，城乡义务教育质量提升面临“农村弱、城镇挤”的双重困境。面对这一困境，义务教育学校布局调整从补齐农村教育短板，缓解城镇教育供求矛盾两方面着手推进。例如，部分地区开始探索实行“学区制”、教师“县管校聘”改革、“集团化”办学、“联校走教”和“联校网教”等办学模式，力图通过多种形式的改革在城乡之间建立联动机制，实现城镇优质教育资源向农村地区辐射。未来如何更进一步构建城乡一体的义务教育学校布局调整机制，推进城乡教育一体化发展，仍是需要关注和研究的重要内容。

第三节 义务教育学校布局调整的基本特征

一、义务教育学校布局调整根植于经济社会发展与制度环境

新中国成立 70 多年来，伴随着经济社会发展和教育管理体制的改革，义务教育学校布局也随之调整。当前，我国经济总量居世界第二，人均 GDP 迈入中等发达国家行列，2018 年国内生产总值比 1952 年增长 175 倍，年均增长 8.1%，经济的快速发展为义务教育学校布局调整奠定了坚实的物质基础。

从教育财政体制看，我国财政体制经历了从“集权”到“分权”再到“适度分权”的演变，财政政策随之经历了“统收统支—分级包干—分税制”的变迁，我国教育财政体制也随之变化。2012 年我国首次实现了财政性教育经费占国内生产总值 4% 的目标。截至 2018 年，全国财政性教育经费投入规模达 4.6 万亿元，连续 7 年保持在 4% 以上。

从教育管理体制看，1985 年后基础教育实行分权改革，形成了“县办高中、乡办初中、村办小学”的分级办学体制和“县乡两级、以乡为主”的管理体制。2001 年，《国务院关于基础教育改革与发展的决定》将教育管理的重心上移，形成了“以县为主”的管理体制。2010 年，

《国家中长期教育改革和发展规划纲要（2010—2020 年）》提出，加强省级政府教育统筹，统筹管理义务教育，推进城乡义务教育均衡发展，依法落实发展义务教育的财政责任，由此形成了“省级统筹、以县为主”的管理体制并延续至今。

这些改革与发展对义务教育学校布局调整产生了深刻影响。有研究者以我国 31 个省（自治区、市）为基本单元建立多元回归模型，探讨了影响义务教育学校数量变化的因素。结果表明，区域环境和经济社会发展水平影响义务教育学校数量，义务教育学校数量分布的非均衡性受制于区域经济社会发展的非均衡性。城镇学校“大班额”、农村学生“择校”、农村家长“陪读”及 2001 年之后义务教育学校数量显著减少的事实表明，义务教育学校数量变动受制于教育发展的非均衡性、受制于基础教育“以县为主”的管理体制及新一轮学校布局调整政策等因素的综合影响①。这说明，义务教育学校布局调整并非在真空中进行，而是根植于复杂的经济社会发展和制度环境之中。

二、人口变化是影响义务教育学校布局调整的主要力量

以改革开放为分界线，我国义务教育学校数量变化呈现出先增加后急剧减少的趋势，义务教育学校布局调整的根本动力来自生源变动。换而言之，人口因素与人口相关政策（比如计划生育政策、户籍政策）是导致义务教育学校（包括农村教学点）数量改变的最直接、最关键、最根本因素，其主要表现在如下三个方面：

一是人口数量对义务教育学校布局调整的影响。从总体来看，1949—2018 年，我国小学生数量变化趋势与新生人口变化趋势基本一致。新中国成立 70 多年来，我国共出现三次人口出生的高峰期，分别是 1952—1958 年，1962—1976 年和 1986—1990 年，随后受到计划生育政策的影响，新生人口数量持续减少②。与之相对应，我国小学生数量相

---

① 雷万鹏.义务教育学校布局：影响因素与政策选择［J］.华中师范大学学报（人文社会科学版），2010，49（5）：155-160.

② 王广州.新中国 70 年：人口年龄结构变化与老龄化发展趋势［J］.中国人口科学，2019（3）：2-15.

继出现了三次高峰值，1960 年我国小学生数量首次突破 1 亿人，1975 年小学生数量达到历史最高值 1.51 亿人，2003 年初中生数量达到历史最高值 6618 万人。2003 年开始，我国新生人口数量趋于平稳，义务教育阶段学生数量随之下降。2011 年开始，随着两孩政策的逐步放开，新生人口和学生数量开始回升（见图 1-7）。

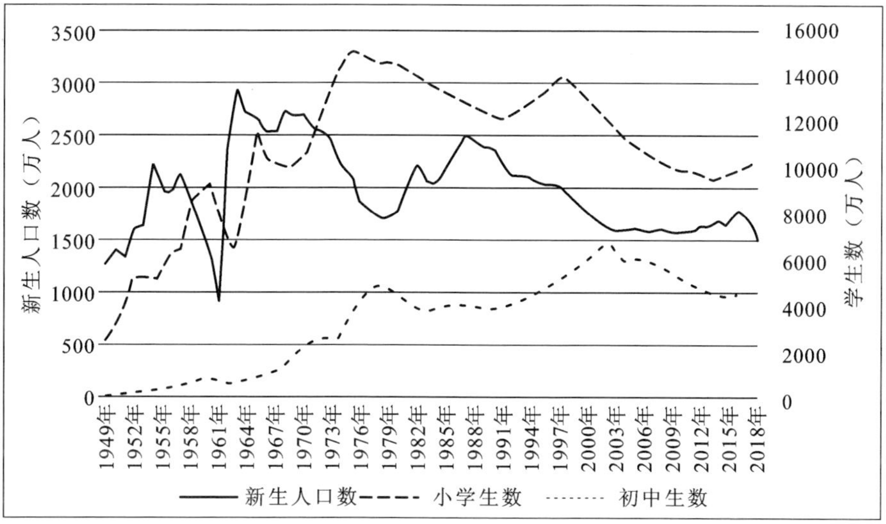

图 1-7　义务教育阶段学生数量与新生人口变化趋势（1949—2018 年）

二是城乡人口分布对义务教育学校布局调整的影响。改革开放前，我国城镇化水平处于较低水平，城镇化率不足 20%，年均增长速度仅为 0.29%，农村地区是我国人口的主要聚集区。根据国家统计局的《沧桑巨变七十载　民族复兴铸辉煌——新中国成立 70 周年经济社会发展成就系列报告之一》，改革开放后，我国城镇化进程不断加快，城镇化率从 1978 年的 17.92% 增长至 2018 年的 59.58%，年均增长速度超过 1%。2011 年底我国城镇化率突破 50%，表明我国人口重心开始从农村转向城镇（见图 1-8）。城镇化背景下的人口迁移，使得农村地区义务教育阶段生源数量下降，学校数量也随之减少，由此出现了“农村学校空心化，城镇学校大班额”的现象。

三是人口迁移特征对学校布局调整的影响。改革开放以来，农村人口迁移的家庭化趋势明显，并经历了“个人流动—夫妻共同流动—核心

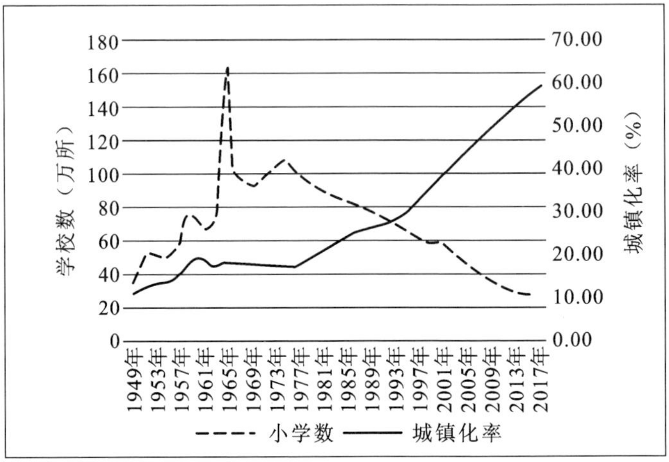

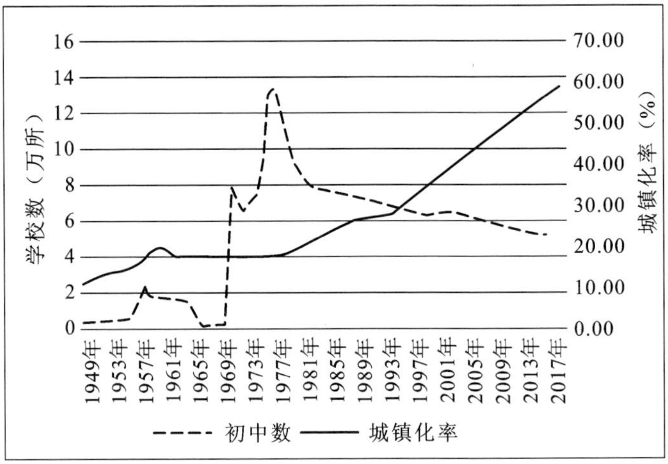

图 1-8 城镇化率与义务教育学校数量变化（1949—2018 年）

家庭化流动—扩展家庭化流动”等四个阶段①。农村流动人口从“候鸟式”的短暂停留逐步转变为举家搬迁的长期定居。然而，长久以来城市关于流动人口的公共政策主要聚焦于如何改善流动人口在城市的“暂居状态”，很少考虑到农村流动人口在城市的社会融合。农村流动人口一方面以经济活动者的身份融入城市，另一方面却又被排斥在城市主流生

① 段成荣，吕利丹，邹湘江.当前我国流动人口面临的主要问题和对策：基于 2010 年第六次全国人口普查数据的分析[J].人口研究，2013，37(2)：17-24.

活和社会行动的范围之外，呈现出“半城市化”状态①。同时，城市的制度约束和结构排斥使得流动人口在经济和社会方面的融入进程严重滞后于文化和心理方面的融入②。因此我们可以看到，进入 21 世纪，农民工随迁子女教育问题日益凸显，虽然中央和地方政府打出了以“两为主”为核心的政策组合拳，但没有从根本上解决城市教育的供求矛盾。

由此可见，学校布局调整是一个动态的过程，根据城镇化与人口流动趋势推进义务教育学校布局调整是大势所趋，人口出生率、人口流动等因素对学校布局调整具有决定性的影响。

三、义务教育学校布局调整的本质是利益调整

义务教育学校布局调整作为一项公共政策，其根本目标是实现公共利益的最大化，回应多元利益主体的差异化利益诉求。从这个角度来说，义务教育学校布局调整不仅是学校数量、空间结构的变化和教育资源的配置，同时也是对政府、社区、学生和家庭利益的协调和分配，其本质是利益调整。义务教育学校布局调整政策在多大程度上回应了各方的利益诉求，直接决定着该政策的生命力和效用，也是评判政策实施效果的根本标准。

新中国成立至改革开放前的 30 年间，普及小学教育是党和政府的一贯方针，多数地区通过公办与民办相结合的形式，兴建了大量中小学校，形成了普及小学教育的学校网络，基本保障了学龄儿童尤其是农村贫困地区、少数民族地区儿童的受教育权利，有效回应了人民“有学上”的利益诉求，同时也符合党和政府巩固新生政权、建立社会主义教育体系、服务于社会主义建设的需要。改革开放初期，为扭转“文化大革命”期间不符合教育发展规律的学校布局，党和政府通过办好重点中小学和多种形式办学，力求使学校布局和办学形式与群众生产、生活的需求相适应，便于学生就近入学，满足人民的基本教育需求。进入“普九”攻坚阶段，义务教育学校布局调整关注的重点是在保证学校规模的基础上，

① 王春光.农村流动人口的“半城市化”问题研究[J].社会学研究，2006(5)：107-122，244.

② 杨菊华.中国流动人口的社会融入研究[J].中国社会科学，2015(2)：61-79，203-204.

改善学校办学条件，推行学校危房改造和薄弱学校改建工作，初步回应了教育现代化和民众“上好学”的教育需求。

进入21世纪，义务教育学校布局调整在“规模效益”的价值导向下，开始进行大规模的撤点并校。撤点并校在一定程度上顺应了我国经济社会发展、城镇化和人口变化趋势，提高了教育资源的利用效率，但是部分地区采取一刀切式的撤点并校，造成了农村学生“上学难、上学远”的问题，与学生、家长的利益诉求背道而驰。学生、教师和家长等利益主体如何评价新一轮的学校布局调整政策？华中师范大学乡村教育课题组的调查发现，近60%的学生更偏好新学校，但仍有20%的学生偏好原学校。对家长的调查显示，对学校撤并表示“赞成”的农村家长占40.0%，“不赞成”的家长占24.5%，另有35.5%的家长对此不置可否。同时，农村家庭教育需求具有差异性：一方面，大多数家庭希望子女在城镇学校读书，农村家庭需求的城镇化倾向十分明显；另一方面，约有13%的农村家庭希望在农村学校就读，这些家庭主要是农村弱势群体[①]。

综观义务教育学校布局调整70多年的发展，其间虽历经“大跃进”、“文化大革命”、盲目“撤点并校”等波折，但总体上适应了我国经济社会改革与发展需求，顺应了我国城镇化和人口的变化趋势，基本满足了人民从“有学上”到“上好学”的教育需求。

四、中央与地方政府博弈影响义务教育学校布局调整政策实施

义务教育学校布局调整既是顺应人口变动和城镇化发展的过程，同时也是在此基础上的政策干预和介入。其中，中央和地方政府的博弈直接影响着义务教育学校布局调整政策的实施，直观地表现为两者之间的财政关系。

改革开放前，无论是新中国成立初期实行的“统收统支”，还是1953—1979年实行的“统一领导、分级管理”，其本质都是计划经济体制下以集权为主的财政管理体制。1959年，财政部、教育部等部门联合

① 雷万鹏.家庭教育需求的差异化与学校布局调整政策转型[J].华中师范大学学报(人文社会科学版),2012,51(6):147-152.

召开的全国文教财政会议，确立了“统一领导、分级管理、条块结合、块块为主”的管理原则。其中，以“块块为主”明确了教育属地化管理中的地方政府责任，但集权型的财政体制使得地方政府的财权与事权严重不对等，由此可以看到的学校布局现象是：（1）中央统一计划指导下的中小学校数量、规模迅速扩张；（2）由于各地区原有经济基础不同，教育事业发展的速度和质量也不平衡；（3）民办小学是普及小学教育的重要力量。统计数据显示，1952—1965年民办小学在校生数占全国小学生数量的比重从7.8%增长至40.9%，其他厂矿企业办学的比重也有所增加，约占5%，小学阶段教育供给近半数由社会和民间资本承担。

1978—1993年，为顺应改革开放后我国进行的经济体制改革，财政体制开始实行分权型的“分级包干制”，地方各项支出不再由中央通过主管部门“以条为主”下达各项指标，而由地方政府“以块为主”统筹安排，扩大了地方政府对财政资金的管理权限，增强了中央与地方政府财权与事权的统一。在这种财政体制下，地方政府的积极性被有效调动起来，地方财政开始具有独立的财政主体地位，为优化义务教育学校布局、普及九年义务教育奠定了物质基础。

1994年的分税制改革和2000年的农村税费改革明确划分了县、乡政府的财政支出责任。在“以县为主”的教育管理体制下，县级政府成为相对独立的利益主体，在上级政府和地方公众的双重委托代理关系中体现出自身的效用偏好①。在教育领域主要表现为地方政府的教育支出行为偏好，包括“重物轻教、重城轻乡、重物轻师、上进下退、地方保护”五个方面②。同时，在中央对地方政府政绩考核评价机制的强约束下，纵向政府关系之间形成“晋升锦标赛”，即地方政府会想方设法实现中央设定的目标，中央设定的目标能否量化直接决定着地方政府对考核指标的重视程度③。

---

① 马斌.政府间关系：权力配置与地方治理：基于省、市、县政府间关系的研究[M].杭州：浙江大学出版社，2009：3.

② 雷力鹏，钱佳.财政分权背景下地方政府教育支出行为研究[J].华中师范大学学报（人文社会科学版），2015，54（2）：148-157.

③ 周黎安.中国地方官员的晋升锦标赛模式研究[J].经济研究，2007（7）：36-50.

在财政分权背景下，2001年以后义务教育学校布局调整的政策性干预特征愈发明显。地方政府在学校布局调整政策实施过程中，通常采取一刀切式的撤点并校行为，一方面可以缩减地方财政性教育开支，聚集优质教育资源“拉动”县域经济发展，完成上级政府的经济发展指标考核；另一方面缩减的学校数量作为可量化的观测指标，有利于地方政府迎合上级部门提出的“效率优先、兼顾公平”的评价标准。因而，一些地方政府往往忽略中央政府提出的“就近入学”“因地制宜”“保留必要的教学点”的要求，而对“撤并学校”“扩大规模”“提高效益”等赋予过高权重，从而导致撤点并校、集中办学、竭力降低财政性教育支出成为地方政府推行学校布局调整政策的主要模式①。

从总体来看，中央和地方政府的博弈直接影响着义务教育学校布局调整的实施。伴随着中央和地方政府之间的集权与分权改革，在中央和地方政府的博弈过程中，地方政府行为与中央义务教育学校布局调整政策目标时而聚合，时而偏离。如何规范地方政府行为，使义务教育学校布局调整反映更广泛的民意，是义务教育学校布局调整需要思考的重要问题。

第四节　义务教育学校布局调整的反思与前瞻

新中国成立70多年以来，义务教育学校布局调整有力推动了我国义务教育事业发展。在学校布局调整过程中，受制于管理体制、财政分权、政策决策模式以及信息不对称等因素，学校布局调整也出现了波折、反复和教育资源浪费。例如在布点建校期，“大跃进”期间的学校规模盲目扩张和“文革”期间的大撤大并，延缓了我国初等教育普及的步伐。进入规模扩张期，由于缺乏长远规划，为普及九年义务教育而大量新建的农村学校，又在后一个布局调整阶段被大量撤并。进入撤点并校期，部分地区盲目的撤点并校行为，引发了农村学生“上学远、上学难”，

① 万明钢，白亮.“规模效益”抑或“公平正义”：农村学校布局调整中“巨型学校”现象思考[J].教育研究，2010，31(4)：34-39.

城镇学校“大班额”及新的辍学问题。由此表明，义务教育学校布局调整不是在真空中进行，经济发展、社会结构急剧转型及城镇化快速推进，导致一系列社会矛盾、体制机制障碍与学校布局问题重叠、交织，加大了学校布局调整政策实施的复杂性和难度。当然，我国学校布局调整也积累了宝贵的经验，比如注重城乡协调发展，树立“以人为本”的政策价值取向，加强人口预测和产业发展的关联度分析等。从未来我国教育发展趋势看，义务教育学校布局调整政策应遵循如下原则。

一、坚持“以人为本”的政策价值取向

义务教育学校布局调整的最终目的是优化教育资源配置，促进学生发展。从这个层面来看，“以人为本”是义务教育学校布局调整应一以贯之的政策价值取向。换而言之，坚持“以人为本”的价值取向，要求义务教育学校布局调整以促进学生发展为根本目的，遵循教育规律，关注学生的身心发展，在保证教育机会公平和过程公平的基础上，进一步强调教育结果公平——让每一个学生享受公平而有质量的教育。“以人为本”的价值取向主要表现在如下三个方面：

一是坚持“就近入学”。义务教育最根本的原则是“就近入学”，这也是义务教育学校布局调整的前置条件。新中国成立之初，国民受教育水平低，党和政府在“方便学生就近入学”的原则下提出普及初等义务教育的目标。随后，为保证就近入学，形成了“小学不出村、初中不出队、高中不出社”的低重心、散点式学校布局。改革开放后，为加快实现普及九年义务教育的目标，在“人民教育人民办”的体制下形成了“村村办小学”的局面，再一次彰显了就近入学的原则。进入 21 世纪，为解决盲目撤点并校带来的学生“上学远、上学难”，教育质量下滑和新的辍学问题，一系列政策文件再次强调和凸显了对“就近入学”的关注。

二是保证教育公平。从新中国成立至今，义务教育学校布局调整先后服务于普及小学教育、普及初等教育、基本普及九年义务教育、全面普及九年义务教育的教育目标，其本质在于扩大教育供给，保障适龄儿

童的平等受教育机会。虽然在撤点并校时期，部分地区在“效率优先、兼顾公平”的价值导向下，盲目追求教育“规模效益”，采取一刀切式的撤点并校，一定程度上忽略了教育公平，但这一现象又在多方力量的联合推动下予以纠正，学校布局调整重新回归保证教育公平的轨道。

三是关注教育质量。当前，城乡教育质量之间的巨大差异使得农村居民不得不选择“用脚投票”以满足多样化的教育需求，由此出现了城镇学校“大班额”、农村居民进城“陪读”等现象。面对这些新矛盾和新问题，未来义务教育学校布局调整应重点关注教育质量，即关注学校布局调整是否有效促进了学生德智体美劳全面发展；应构建科学全面的质量观和教育质量评价体系，以学生发展作为评价学校布局调整政策效果的根本标准。

二、制定合理的学校布局标准，严格规范学校布局程序

义务教育学校布局调整是与经济社会发展、区域地理与人口特征、教育发展目标、民众教育需求有密切关联的动态过程。在此过程中，影响义务教育学校布局调整的多种因素处于变化的状态，唯有制定科学的学校布局标准，保证学校撤并程序的公平正义，才能在义务教育学校布局调整过程中“以不变应万变”，从而办好人民满意的教育。

在我国义务教育发展的某些阶段，学校布局调整在一定程度上带有盲目性和随意性，缺乏合理的布局规划和规范的调整程序。例如，“大跃进”时期、“文革”期间，片面追求中小学校数量扩张的行为，在某种程度上违背了教育发展规律；进入 21 世纪，投入大量人力、物力、财力新建的学校又被大规模撤并，造成校产闲置和教育资源浪费。学界对撤点并校时期学校布局标准和撤并程序的研究发现，一些地区学校撤并行为过于简单化，缺少必要的程序。为确保农村学校撤并程序的公正性，需要建立最低限度的程序公正标准[1]。从发达国家经验来看，民众参与是制定学校布局标准、实施学校布局程序的核心内容之一，并在法律上

① 邬志辉.农村学校撤并决策的程序公正问题探讨[J].湖南师范大学教育科学学报,2010,9(6):5-11,22.

予以严格规定。然而，在我国农村学校撤并决策过程中，广大居民、家长和教师参与率极低，部分群众对学校撤并效果不满意，低收入者和边远山区农民对学校撤并效果满意度更低①。因此，转变政府职能，理顺中央与地方权责关系，扩大民众参与，构建多元化利益表达机制，制定规范的学校布局程序是改革的必由之路。

总结历史经验，我们认为，科学合理的学校布局调整标准应包含如下几层内涵：其一，学校布局调整标准不应是自上而下的单一标准，而应是考虑本土教育发展实际的多元化；其二，学校布局调整标准是建构性的，而非外来强加的普适性标准。换言之，标准产生于公正的决策程序之中，是在多元利益主体平等参与、互动与博弈中产生的。因此，彰显弱势群体的利益，让家长、社区、教师等主体有更多的知情权和利益表达机会，既符合程序公平正义的原则，也能确保学校布局调整决策的科学化、民主化，以及政策实施的有效性。

三、实现义务教育学校布局调整城乡一体化推进

新时代，我国已进入全面建成小康社会的决胜阶段，正处于新型城镇化战略和乡村振兴战略协同推进的关键时期，为每一个孩子提供公平而有质量的教育是教育事业发展的新目标，这对城乡义务教育学校布局调整提出了新要求。同时，户籍制度改革、计划生育政策调整、人口迁移加剧也给城乡义务教育学校规划布局和城镇学位供给带来了巨大挑战。

2014年，国家发改委颁布的《国家新型城镇化规划（2014—2020年）》提出："优化城镇规模结构，增强中心城市辐射带动功能，加快发展中小城市，有重点地发展小城镇，促进大中小城市和小城镇协调发展。"同时在农村建设方面提出："适应农村人口转移和村庄变化的新形势，科学编制县域村镇体系规划和镇、乡、村庄规划，建设各具特色的美丽乡村。"由此可见，未来我国城乡一体化发展将形成与资源承载能力相匹配，城市、县镇、乡村各归其位的梯度发展格局。城乡人口流动亦将

① 雷万鹏，张婧梅. 构建公正的学校撤并程序：对民众参与度和满意度的实证调查[J]. 全球教育展望，2011，40(7)：67-73.

随之呈现梯度转移趋势。从这个层面看，义务教育学校布局调整也就是学校在城乡间合理配置的问题，这涉及学校数量在城市、县镇和乡村的分布，涉及不同类型学校在城乡合理的配置比例。

因此，实现义务教育学校布局调整城乡一体化推进，就是顺应城镇化趋势推进教育的城镇化。教育的城镇化不代表将学校建在城镇，更不等于让农村学校消失，而是要立足于多样化的家庭教育需求，关注社会发展的阶段性以及社会弱势群体独特的教育需求，构建城市、县镇、乡村学校各归其位和共同发展的学校分布格局。具体而言，一是要根据城市功能定位、城市产业结构布局以及人口变动，加强城市学校建设，依据城镇化规划和常住人口规模，编制城市义务教育学校布局规划，预留充足的城市教育用地。二是发挥县镇学校的“蓄水池功能”。发展县镇学校有助于分流和吸引一部分农村学生，减少因城市教育资源不足而产生的“大班额”问题，同时有助于提高教育资源利用效率，使得教育资源不因“村村办小学”而分散至每一个村落。三是加强推进农村小规模学校和农村寄宿制学校的发展，以倾斜性政策提高农村学校质量，增强农村教育的吸引力，让农村孩子尤其是农村弱势家庭的孩子能够在家门口享受优质教育。

四、构建义务教育学校布局动态调整机制

义务教育学校布局调整并非以静态形式运行，而是随经济社会发展、城镇化和人口变化而变化的动态调整过程。事实上，在过去 70 多年的学校布局调整过程中，农村地区义务教育学校布局是在“新建—撤并—重建”的反复过程中曲折前进的。在新一轮的学校布局调整中，部分地区因农村中小学撤并带来了学生“上学远、上学难”的问题，随之又恢复了一批已被撤并的学校，或筹资新建学校，由此导致基础设施重复建设、教育重复投入和教育资源浪费。与此同时，大量农村学生因撤点并校涌入城镇，导致城镇学校学位供给不足，形成了一批规模超过 3000 人的超大规模学校和“大班额”问题。这些现象反映出，义务教育学校布局调整如果只是被动适应经济产业结构调整、城镇化以及人口变动，必将导

致地方学校布局规划滞后，对区域教育需求的预测和估计不足，由此产生深层次的教育供求矛盾，以及学位与人口分布的非均衡状况。

因此，构建义务教育学校布局动态调整机制，不应是被动地适应经济社会发展、产业结构转型、城镇化和人口变动，而是要发挥学校布局调整在城镇化、产业结构调整、教育变迁中的引领作用。一方面，拓展义务教育学校布局动态调整的信息基础。即根据产业结构调整、城镇化布局、人口变动，尤其是两孩政策实施以后人口出生率的变化，以信息化手段建立跨区域的学龄人口监测数据库，通过大数据分析和预测学龄人口变化趋势，制定具有前瞻性的区域中长期学校布局调整规划。另一方面，构建满足多样化教育需求的学校布局调整机制。应立足于城乡差异、社会分层背景下的家庭多样化教育需求，不拘泥于一成不变的办学模式和学校形态，在“小规模学校”“寄宿制学校”“学区制”“集团化办学”“联校走教”“联校网教”等丰富多样的学校发展形态中，选取适切于不同背景学生需求的办学模式。如规模大的学校可以充分彰显师资多样、专业分工的优势，规模小的学校也可以追求“小而优、小而美”的特色发展。我们的理想图景是：充分尊重家长的教育选择权，无论是就近入学还是远距离读书，社会都能提供优质的、有特色的学校供老百姓选择，让学校的存在或消失成为一个自然选择的过程。

第二章　义务教育学校布局调整：研究进展与难题破解

第一节　问 题 提 出

当前，义务教育学校布局问题仍然是一个社会广泛关注的话题。2001 年，国务院《关于基础教育改革与发展的决定》指出："按照小学就近入学、初中相对集中、优化教育资源配置的原则，合理规划和调整学校布局。"在国家政策推动下，各地纷纷制定区域布局调整规划，"集中办学""规模办学""撤点并校"成为这一时期学校布局调整的主导模式。统计显示，2001 年我国小学数量为 491273 所，2011 年变为 241249 所，减少了 250024 所，减幅为 50.9%；2001 年初中学校数量为 65525 所，2011 年变为 54117 所，减少了 11408 所，减幅为 17.4%。在此轮学校布局调整中，农村小学，尤其是村小和教学点等小规模学校成为被撤并的"重灾区"。

地方政府强烈的"撤点并校"冲动导致农村学校数量锐减，学生上学路途变远，交通安全隐患增加，学生家庭经济负担加重。为遏制"一刀切"式的"撤点并校"行为，2012 年，国务院《关于规范农村义务教育学校布局调整的意见》（以下简称《意见》）指出："坚决制止盲目撤并农村义务教育学校……已经撤并的学校或教学点，确有必要的，由当地人民政府进行规划、按程序予以恢复。"《意见》的颁布可以看成是对

“撤点并校”运动的紧急刹车，关切弱势群体利益，强化决策程序的民主化，凸显布局调整中公平价值的优先性，成为后“撤点并校”时代学校布局调整政策的基本导向。

学校布局调整政策实施不可能在真空中进行。中国经济发展、社会结构急剧转型及城镇化快速推进，导致一系列社会矛盾、体制机制障碍与学校布局问题重叠与交织，加大了学校布局调整政策实施的复杂性与难度。《意见》的颁布为学校布局调整指明了方向，但它并不能遏制和消除地方政府在政策实施过程中的扭曲行为与道德风险。在巨大的城乡差异和区域差异背景下，我国义务教育学校布局调整政策实施面临巨大挑战。第一，“撤点并校”的遗留问题亟须解决。“农村学校空壳化”“城镇学校大班额”“农村地区校车安全”“闲置校产处置”等问题时刻考验着各级政府；因学校布局调整导致家校距离过远，如何保障边远地区农村学生“有学上”及“上好学”的任务十分艰巨。第二，新型城镇化与户籍改革对学校布局带来的新挑战。2013 年，《中共中央关于全面深化改革若干重大问题的决定》提出，“坚持走中国特色新型城镇化道路，推进以人为核心的城镇化”。由于人的发展具有差异性和多样性，人的城镇化不是“人人进城”，如何在新型城镇化与新农村建设进程中对农村学校合理定位？这是一个重大的现实问题。2014 年，国务院《关于进一步推进户籍制度改革的意见》提出，对“建制镇和小城市”“中等城市”“大城市”和“特大城市”的落户条件实施分类改革，它必将给农民工及其子女的流动方式带来重大影响。在义务教育属地化管理体制下如何通过学校布局调整和制度创新构建起适应人口流动的新体制？这是一个严峻的挑战。第三，地方政府决策模式没有根本改变，学校布局调整有可能走“回头路”。在政治集权、经济分权体制下，我国地方政府依然有浓厚的 GDP 情结，教育财政分权导致一些地方政府回应民众需求、全力办好人民满意教育的动力不强烈。2012 年，国务院《关于规范农村义务教育学校布局调整的意见》提出，“对学生规模不足 100 人的村小学和教学点按 100 人核定公用经费，并切实落实”。笔者在田野调查中发现，上述政策被一些地方政府官员片面地理解为多办教学点，争取上级拨款。为获得更多的教育财政转移支付，一些地方打政策擦边球，将一部分完全小学拆分为多个教学点，以套取更多的公用经费。此外，在农村小规模学校缺乏独立法人身份的背景下，中心学校往往以统筹的名义，截留、挤占、挪用、克扣村小学和教学点公用经费。上述现象表明，在后“撤点并校”时代，建立有效的激励机制和政府问责机制，确保学校布局调整真正回归教育本位，这是一个十分重大的理论与现实问题。

十多年来，人们围绕乡村学校的价值、学校布局标准、调整程序、推进策略及政策实施效果的争议各执一词，莫衷一是。其争论的焦点，已不仅仅局限于学校在地理空间上的分布，更涉及学校布局调整政策背后的公平、质量与效率等多维价值目标之冲突与整合，学校布局调整问题已成为衡量中国教育治理体系和治理能力现代化的重要指标之一。当前，各种错误的观念对地方政府的学校布局调整决策形成了严重干扰。为澄清观念、穷究事理，为纷繁复杂的学校布局调整实践打开一扇“对话窗口”，下面尝试以学校布局调整中最基本的五个问题为聚焦点，通过文献梳理，从学理上进行必要的观念澄清。此五个议题分别是：(1) 何为学校布局调整？(2) 为什么要实施学校布局调整？(3) 如何实施学校布局调整？(4) 学校布局调整的效果如何？(5) 未来学校布局调整要破解的难题是什么？

第二节　何为学校布局调整？

学校布局是指一套应用于规划学校的空间分布和特征的技术和管理程序，应用这种方法可以使学校的发展与适龄人口的分布相匹配，并达成教育政策的目标[①]。什么是学校布局调整？学界对此至少有四种理解。其一，学校布局调整是指学校在地理空间上的分布和变化，在此意义上学校布局调整是一个地理学上的概念。其二，学校布局调整是指与学校

① T.胡森，T.N.波斯尔斯韦特.教育大百科全书[M].郭华，译.重庆：西南师范大学出版社，2011：65.

地理空间变动相关联的教育资源配置过程，在此意义上学校布局调整是一个经济学的概念。学校布局不仅涉及学校地理空间的变动，更影响到教育设施设备、生源、师资、经费等要素的流动和重新配置。学校规模、教育成本、组织效能及资源配置效率等是决策者尤为关注的指标。其三，学校布局调整是社会利益的博弈和调整，在此意义上学校布局调整是一个社会学和政治学的概念。学校布局调整必然导致生源流动和家校距离变动，这对家庭、村民、学生及教师等利益相关者将产生重大影响。比如：撤并村里的学校会损害村民的情感，甚至引发“护校”行动；学生到更远距离的学校求学可能面临更多的交通风险和文化适应不良。其四，学校布局调整是指为满足教育教学需求，促进学生发展而进行的学校撤并、兼并、新建、改建或扩建的过程。是否有利于学生发展、是否有利于教育发展成为衡量学校布局调整合理与否的关键标准，在此意义上学校布局是一个教育学的概念。

不同的学科视野、不同的价值导向对义务教育学校布局调整的价值选择产生巨大影响。地理学和经济学界往往以学校规模大小为依据推动学校的合并与兼并，教育规模经济理论是其主要的理论基础；社会学、人类学、政治学界往往从社会公平、权力制衡、利益博弈等视角探讨学校布局调整的利弊得失，对弱势群体的关切、对区域文化传承的忧虑，成为他们主张保护小规模学校、反对盲目撤并学校的主要理由。相对而言，教育学界对学校布局调整的理解比较多元化，有的鼓励学校大撤大并，有的赞成学校适度撤并，有的认为要保持学校原有格局，遵循自然撤并模式①。

义务教育学校布局调整有多种形式，包括改建、扩建、新建、兼并、合并学校等。（1）改建与扩建学校。即不改变学校地理位置，对校舍、教育教学设施进行改造以拓展学校办学空间。（2）新建学校。即根据学生生源变动趋势，重选校址建学校。（3）兼并学校。即以一所规模较大、质量较高的学校为主将临近学校合并过来（“强弱兼并”）。（4）合

① 雷万鹏，谢瑶.学校规模经济效应及其政策反思[J].全球教育展望，2013，42(5)：49-58，90；石人炳.用科学发展观指导中小学校布局调整[J].中国教育学刊，2004(7)：3-5.

并学校。即将两所及以上学校重新整合为一所学校（“强强合并”或“弱弱合并”）。无论是“强弱兼并”“强强合并”还是“弱弱合并”，其本质都属于“撤点并校”。其共同点是通过减少学校数量，扩大学校服务范围和办学规模，实现学校集约化发展。也有研究者将学校合并的方式概括为“完全合并式”“集中分散式”“兼并式”和“交叉式”等四种类型①。

学校布局调整的丰富内涵与多元化类型，表明学校布局调整不应当只有一个模式，各级政府应充分尊重儿童发展需求和教育发展规律，因地制宜地制定区域内学校布局规划。大量的研究表明，我国一些地方政府往往采取一刀切式的“撤点并校”模式，并将短期内关闭学校的数量作为政绩来考量②，这显然不符合学校布局调整的基本内涵，也违背了学校布局调整多样性原则。

第三节　为什么要实施学校布局调整?

为什么要实施学校布局调整？有关学校的适度规模或规模经济的研究对此有深入探讨。规模经济是指在其他因素一定的情况下产品的平均成本及其产量的反向关系。大多数研究者借助教育成本函数分析方法讨论了教育规模经济问题。早期的研究表明，在其他条件不变的情况下，学校规模越大，生均成本越低。Cohn 对爱荷华州 377 所高中学区研究显示：爱荷华州高中办学存在显著的规模经济效应，但“最优化”的适度规模点并不存在。在后续研究中，Cohn 对成本分析进行了新的尝试，使用更能体现教育生产特点的分项目成本折算方式，对不同项目的研究结果表明：学校合并在学生人数达到一定规模后能有效降低成本。Chakraborty 和 Lewis 等使用犹他州学区的面板数据对教育规模经济效应进行了评估，结果表明：学区存在显著的规模经济效应，但学校的规模

① 中西部地区农村中小学合理布局结构研究课题组，范先佐，周芬芬，贾勇宏，等.我国农村中小学布局调整的背景、目的和成效：基于中西部地区6省区38个县市177个乡镇的调查与分析[J].华中师范大学学报(人文社会科学版)，2008(4)：121-127.

② 庞丽娟.当前我国农村中小学布局调整的问题、原因与对策[J].教育发展研究，2006(4)：1-6.

经济效应相对较弱。

由于没有考虑全口径的教育成本（包括公共教育成本、私人直接教育成本和间接成本），上述研究结论还难有说服力——即使大规模学校降低了机构成本，但学生远距离求学所增加的私人教育成本（比如交通费、住宿费、生活成本差距等）有可能抵消上述效应。基于这样的考虑，学者们将学生上学的交通成本、家长的时间成本等纳入教育生产函数。Holland 和 Barittlle 的研究考虑了学生交通成本，结果表明在地广人稀的农村合并学校，其成本节约效益微乎其微。Tao 和 Yuan 对台北县 200 所公立小学的研究认为：平均成本曲线在加入通勤成本之后将会由原来的 L 形拉高为 U 形，因此不考虑交通成本盲目扩大学校规模是无意义的。

以上研究表明，教育规模经济效应在不同类型学校、不同区域的表现是不一致的。地广人稀的农村地区合并学校所带来的成本节约效应远远低于平原地区和城区。因此，通过学校合并，集中办学不一定带来成本的节约。更重要的是，学校是一个教育组织而非生产单位，教育所具有的经济、社会、文化功能对是否撤并学校的决策有重要影响。大量研究表明，大规模学校与小规模学校各有优势、各有弊端，并不存在适用于所有国家或地区的适度规模标准①。

国内有关义务教育规模经济效应的研究并不多见，实证研究更为稀少。申美云和张秀琴基于浦东新区中小学教育成本和学校规模数据，探讨了教育成本、规模效益及其对中小学布局结构调整的影响②，但此项研究缺乏对农村中小学的关注。基于 11 个省的数据，2009—2010 年华中师范大学乡村教育课题组探讨了义务教育学校适度规模问题。研究表明，我国义务教育学校不存在明显的适度规模点，但是存在显著的规模效应——在校生规模越大，学校生均成本越低。考虑到私人教育成本及学校的多元价值，学校规模经济效应不是决定学校是否存在的唯一标准③。

---

① T.胡森，T.N.波斯尔斯韦特.教育大百科全书[M].郭华，译.重庆：西南师范大学出版社，2011：206-210.

② 申美云，张秀琴.教育成本、规模效益与中小学布局结构调整研究[J].教育发展研究，2004(12)：85-88.

③ 雷万鹏，谢瑶.学校规模经济效应及其政策反思[J].全球教育展望，2013，42(5)：49-58.

结合我国实际，应保留必要的教学点，实行“反规模经济效应”政策。

除学校规模效应研究文献外，也有研究从宏观视角探讨学校数量变化的影响因素，此类研究对于人们理解学校数量改变的引致因素有重要帮助。有研究表明，城镇化发展与人口流动对学校布局影响深远。首先，基础设施改善为学校合并提供了物质基础。美国国家农村教育协会于2005年提交的一份关于农村学校合并的报告指出：汽车的发明和道路铺设使得学生在更短时间内去更远的地方上学成为可能，由此减少了农村地区对“单间学校”的需求。有学者探讨了人口变动对学校布局的影响，研究表明：人口规模、人口年龄结构与区域分布将导致学校数量和结构的变化。人口数量增加、年轻化及居住分散将导致教育服务需求扩张；反之，学校布点将减少。经济发展水平、区域地理环境及上学距离对学校布局有显著影响。除了纯粹技术上的考虑，文化因素对学校布局的影响也日益受到关注。比如，在学生上学距离方面，有学者提出三种衡量方法：一是物理距离，即实际的空间距离，用公里来衡量；二是文化距离，当儿童不得不离开自己的社区到另一个把他们当作外人并对他们不友好的社区上学，从而导致辍学的距离；三是时间距离，考虑诸如山地、河流、森林等自然条件的阻碍而延长上学途中的时间。

改革开放以来我国义务教育学校数量急剧下降，其影响因素是什么？有研究认为，农村税费改革导致的农村教育经费短缺，城镇化发展引发的人口流动以及农村适龄人口数量下降，是推动我国义务教育学校布局调整的直接原因①。不过，上述判断主要基于经验观察和描述，在影响学校布局调整或“撤点并校”的众多因素中，我们需要进一步分辨出各主要变量的边际影响。有研究者以我国31个省（自治区、市）为单元建立多元回归模型，探讨了影响义务教育学校数量变化的因素。结果表明：“在校生数量”是影响学校布局的最主要因素，班级规模、交通设施、城镇化发展水平及教育政策对学校布局的影响也不可忽视。我国学

① 范先佐.农村中小学布局调整的原因、动力及方式选择[J].教育与经济,2006(1):26-29;王定华.关于我国农村义务教育学校布局调整的调查与思考[J].华中师范大学学报(人文社会科学版),2012,51(6):141-146;刘小强,王德清,伍小兵.学龄人口变动对教育均衡发展的影响[J].教育与经济,2011(3):10-15.

校布局调整更多体现为“自然型调整”——顺应人口、区域特征、经济社会发展及城镇化发展趋势进行的调整。但另一方面，城镇学校“大班额”、农村学生“择校”、农村家长“陪读”及2001年之后义务教育学校数量显著减少的事实表明：义务教育学校数量变动受制于“政策型调整”①。

2001年之后“政策型调整”的影响力越来越明显的事实表明，行政主导的政策型调整加快了义务教育学校布局调整速度，导致学校数量短期内急剧减少。因此，我们有必要反思：学校布局调整中的动机合理性、过程合理性以及结果合理性问题。学校布局调整是一个动态的过程，根据城镇化与人口流动趋势推进学校布局调整是大势所趋；但在实施策略上，推进速度不宜过快过猛，不可为“调整”而“调整”。否则会适得其反，造成教育发展生态的巨大破坏。

第四节　如何实施学校布局调整?

如何实施学校布局调整？有的学者主张短期内撤并小规模学校，实行集中化办学。有的主张尊重家长教育选择权，考虑农村家庭教育需求的差异性，采取渐进的、分类的、自然型调整②。也有学者从行政推进策略看，提出了“示范方式”“强制方式”“示范与强制相结合的方式”③。从学理上看，学校布局调整标准和程序是讨论学校布局调整政策实施必不可少的范畴。

学校布局调整的标准也常被称作学校撤并标准。学校撤并标准是决定某所学校保留或关闭的依据和评判指标，它不但蕴含技术标准，更包含重要的价值选择。耶格尔提出关闭学校的三条标准：其一，综合考虑上学距离、对交通工具的需求等因素，将学生转到新学校的不适最小化；

---

① 雷万鹏.义务教育学校布局：影响因素与政策选择[J].华中师范大学学报(人文社会科学版)，2010,49(5):155-160.

② 雷万鹏.家庭教育需求的差异化与学校布局调整政策转型[J].华中师范大学学报(人文社会科学版)，2012,51(6):147-152.

③ 范先佐.农村中小学布局调整的原因、动力及方式选择[J].教育与经济，2006(1):26-29.

其二，将关闭学校对社会的影响降到最小；其三，原学校建筑可作其他用途。也有一些国家和地区提出了学校布局的具体指标。比如印度北方邦规定：小学低年级平原地区学校覆盖半径为 1.5 公里，山区 1 公里，小学高年级 3 公里[①]。美国弗吉尼亚州对家校距离有明确要求，其中，小学生乘公交车单程不应该多于 30 分钟，初中生乘公交车单程不应该多于 45 分钟，高中生乘公交车单程不应该多于 60 分钟。

国内学者针对义务教育学校布局调整标准进行了多角度分析。王远伟、钱林晓根据服务半径、服务人口、学校规模、班级规模和班级数量五个指标，设计出不同地理条件下农村中小学的布局标准[②]。邬志辉通过检视国家、地方教育政策文本和学术研究中的学校撤并标准后发现，国家政策对学校撤并标准的规定笼统模糊；县市教育行政部门自行设置的布局调整标准忽视了农民的利益诉求。作者提出，学校布局调整标准是一个多目标线性规划问题，其目标函数受制于包括物质性约束条件、社会性约束条件和教育性约束条件在内的 12 项约束条件，并基于以上约束条件理论，提出“底线+弹性”的农村学校布局调整标准设计模型[③]。

华中师范大学乡村教育课题组搜集了 1998—2009 年各地学校布局调整政策文本，研究发现，近一半政策文本仅仅阐明了布局调整指导思想和实施步骤，对于学校撤并标准却没有任何明确说明；在有明确标准的政策文本中，近 90% 的将“学校规模”“服务人口”和“服务半径”视为学校撤并的核心指标。可见，我国义务教育学校撤并标准过于推崇教育规模效应，一刀切式的“撤点并校”行为导致农村大量小规模学校被合并或关闭，引发了新的社会问题。因此，我国义务教育学校布局调整标准应从单一标准向多元标准转变[④]。多元化学校布局调整标准包括：

---

① 石人炳.国外关于学校布局调整的研究及启示[J].比较教育研究,2004(12):35-39.

② 王远伟,钱林晓.关于农村中小学合理布局的设计[J].华中师范大学学报(人文社会科学版),2008(3):136-140.

③ 邬志辉.中国农村学校布局调整标准问题探讨[J].东北师大学报(哲学社会科学版),2010(5):140-149.

④ 雷万鹏,张婧梅.学校布局调整应回归教育本位:对学校撤并标准的实证分析[J].教育研究与实验,2010(3):6-10.

（1）学业成绩与学校教育质量；（2）学校交通便捷性；（3）儿童上学安全；（4）生均教育成本；（5）学校规模；（6）服务人口；（7）学校物质设施使用状况；（8）学校对社区的价值等。决策者应在多元标准基础上对学校进行综合评价并赋值打分，从而决定学校是否应该撤并。

学校布局调整的程序正义问题也是学术界关注的议题。公平正义的学校撤并程序有利于拓展民众沟通渠道，遏制盲目的“撤点并校”行为，真正办人民满意的教育。邬志辉发现，一些地区学校撤并行为过于简单化，缺少必要的程序。为确保农村学校撤并程序的公正性，他认为需要建立最低限度的程序公正标准。构建完善公正的学校撤并程序包括以下环节：收集与分析学校运营事实、研究与制订学校撤并标准、讨论与决定学校撤并名单、告知与公布师生调转计划、评估与处置学校空闲资产①。从国际视角来看，发达国家对学校撤并有严格的法律程序规定，民众参与是最核心的内容之一。然而，有研究发现，在我国农村学校撤并决策过程中，广大居民、家长和教师参与率极低，部分群众对学校撤并效果不满意，低收入者和边远山区农民对学校撤并效果满意度更低。转变政府职能，理顺中央与地方权责关系，扩大民众参与，构建多元化利益表达机制，实施规范的学校撤并程序是改革的必由之路②。

从学术界有关学校布局调整标准和程序的讨论中可以得出以下结论：其一，学校布局调整标准不应是自上而下的单一标准，而应是考虑本土教育发展实际的多元化标准；其二，学校布局调整标准应是建构性的，而非外来强加的普适性标准。换言之，标准产生于公正的程序之中，是在多元利益主体平等参与、互动与博弈中产生的。因此，彰显弱势群体的利益，让家长、社区、教师等主体有更多的知情权和利益表达机会，既符合程序公平正义的原则，也能确保学校布局调整的有效性。

---

① 邬志辉.农村学校撤并决策的程序公正问题探讨[J].湖南师范大学教育科学学报，2010，9(6)：5-11，22.

② 雷万鹏，张婧梅.构建公正的学校撤并程序：对民众参与度和满意度的实证调查[J].全球教育展望，2011，40(7)：67-73.

第五节　学校布局调整效果

在缺乏严格因果关系设计的基础上评价义务教育学校布局调整政策实施效果是一件很困难事情。现有研究从三个方面间接回应了上述问题。其一，学校布局调整的效果评价；其二，学校布局调整存在的问题；其三，学校布局调整的满意度评价。

有学者在问卷调查的基础上分析，认为我国义务教育学校布局调整促进了教育资源的合理配置，提高了农村学校的规模效益，促进了区域内教育的均衡发展，提高了农村学校的教育质量①。有学者对学校布局调整效益提出了质疑。东梅等人运用 DID 方法对陕西省农村小学布局调整对学生学习成绩的影响进行了实证分析，结果显示：合并学校与未合并学校学生成绩的差异并不显著。如果将成绩作为衡量教育质量的指标之一，我们没有充分证据证明农村学校合并政策一定能够提高农村学校教育质量②。卢珂、杜育红使用广西壮族自治区的面板数据考察农村小学布局调整对学生成绩的影响，对比两水平增值模型和 OLS 估计结果发现，学校布局调整总体上对小学生成绩具有负向影响，对语文成绩的影响尤为显著③。范铭等对农村中小学布局调整的成效表示质疑，他们通过对陕西省 13 个区县展开实证调查后提出，农村中小学布局调整所追求的三个目的——合理配置教育资源、提高教育质量、促进教育均衡发展均未达成④。

目前学校布局调整中存在的问题主要表现在以下几个方面：一是布局调整加重了家庭教育负担。二是布局调整引发了社会纠纷与矛盾。三

① 范先佐，郭清扬.我国农村中小学布局调整的成效、问题及对策：基于中西部地区 6 省区的调查与分析[J].教育研究，2009(1)：31-38.

② 东梅，常芳，白媛媛.农村小学布局调整对学生成绩影响的实证分析：以陕西为例[J].南方经济，2008(9)：42-49.

③ 卢珂，杜育红.农村学校布局调整对学生成绩的影响：基于两水平增值模型的分析[J].清华大学教育研究，2010，31(6)：64-73.

④ 范铭，郝文武.对农村学校布局调整三个"目的"的反思：以陕西为例[J].北京大学教育评论，2011，9(2)：178-187.

是撤并农村学校损害了社会弱势群体的利益，也对学校的文化传承功能带来不利影响。四是布局调整带来了学校管理及教育不公平问题，如学校规模增大所引发的学校机构臃肿、“大班额”问题。万明刚和白亮的研究表明，学校规模不能过大、过于集中化办学，否则会带来公平与效益的双重损失①。五是布局调整引发了教育质量的下滑与学生辍学率的回升等。

学生、教师和家长等利益主体如何评价学校布局调整政策？通过对经历过学校布局调整的学生进行调查发现，少部分学生对过远的上学距离及在校寄宿比较反感，大多数小学生对学校撤并持反对态度②。汪传艳的研究表明：绝大多数学生对布局调整后新校的硬件和师资水平给予了积极评价。进一步调查显示，59.8%的学生更喜欢新学校，17.9%的学生认为两者差不多，22.3%的学生更喜欢原来的学校。

华中师范大学乡村教育课题组对11个省中小学教师的调查显示：（1）总体上讲，学校布局调整改善了教师的工作环境。（2）学校布局调整对不同教师产生了不同的影响。对于部分教师来说，学校布局调整发挥了积极效应，如教学条件改善、信息渠道拓宽、教师交流增强等。然而，对于相当一部分教师来说，学校布局调整导致其生活上不便利，工作上不适应，心理压力加大。教师对学校布局调整效果的评价为：认为布局调整“利大于弊”的占31.9%，认为“弊大于利”的有12.5%，认为“不好说”的达到55.6%③。

对家长的调查显示，总体上对学校撤并表示“赞成”的农村家长占40.0%，“不赞成”的家长占24.5%，另有35.5%的家长对此不置可否④。进一步的分析发现，不同类型的农村家长群体对学校撤并的态度存在差异：其一，近3成的农民家长对学校撤并持反对态度；其二，家

① 万明钢，白亮.“规模效益”抑或“公平正义”：农村学校布局调整中“巨型学校”现象思考[J].教育研究，2010，31(4)：34-39.

② 刘静，解光穆.基于中小学生视角的学校布局调整的实证分析与建议：以宁夏回族自治区为例[J].现代中小学教育，2014，30(1)：5-10.

③ 张婧梅.义务教育学校布局调整政策研究[D].武汉：华中师范大学，2012.

④ 叶庆娜.农村中小学布局调整的评价：家长视角[J].教育发展研究，2012，32(24)：14-18.

庭年收入越高者，对学校撤并表示赞同的比例越高，反之则对学校撤并表示不赞同的比例越高；其三，生活在不同区域的家长对学校撤并的赞同度不同。与平原地区的农村家长相比，山区、丘陵地区的农村家长可能基于交通的考虑而对学校撤并的赞同度相对较低①。

以上研究表明，义务教育学校布局调整是一项复杂的改革。新一轮学校布局调整在引发诸多问题的同时，该政策希望达到的目标（无论是提高资源配置效率还是提高教育质量）的真正实现，目前还缺乏更充分更科学的证据。其次，对不同利益主体的调查显示，农村家庭对子女的教育需求存在差异性，学生、教师群体对学校布局调整效果的评价也存在差异。因此，在实施学校布局调整过程中应采取多元化模式而不是单一模式。

第六节 学校布局调整需破解的难题

以上五个方面议题的讨论和文献梳理给我们一些重要启示。首先，有关学校布局调整形态、学校布局调整影响因素、学校布局标准和程序及政策实施效果的研究有助于拓展我们的思维，辨明真相。某些错误的观念应当抛弃，这些观念包括："学校规模越大越好""小规模学校就是差学校""集中办学一定会降低成本""布局调整就是撤点并校""教育城镇化就是学校进城"等。其次，从研究方法上看，现有文献研究方法多元，围绕学校布局调整问题，学者们运用了经济学、地理学、教育学等多学科研究方法。不过，从研究品质来看，无论是量化研究还是质化研究，其研究质量都有待加强。从量化研究来看，目前基于因果关系设计的量化研究数据还相当缺乏，这直接影响到对学校布局调整效果的评价；从质化研究视角来看，跨区域的个案比较研究还比较缺乏。从研究范式变革来看，未来的研究应当在研究设计、数据库建设及质化与量化结合方面下功夫。

---

① 姜荣华.农村学校布局调整:农民选择与农民认同[J].东北师大学报(哲学社会科学版),2010(5):162-166.

从新型城镇化发展、人口流动及户籍改革新趋势来看，未来若干年我国义务教育学校布局调整亟须在以下几方面寻求重点突破。

一、农村小规模学校发展问题

越来越多的证据表明，一刀切式地、运动式地撤并学校给农村教育的健康发展带来了巨大的破坏，并引发了学生上学难、辍学率回升等问题。目前，国家已经在战略上认识到村小和教学点等农村小规模学校发展的重要性，但如何在经费投入、管理体制变革、课程建设、师资配置、学校文化建设等方面促进农村小规模学校的发展？只有回归乡土、融入自然、拓展农村小规模学校的文化传承功能方能令其焕发生机与活力，才能真正打造美丽乡村教育，在此方面需要进行跨学科研究。

二、农村校车发展问题

学校布局调整政策的实施使得学生的上学距离变得更加遥远，义务教育阶段“就近入学”的原则面临严峻挑战。在远距离求学背景下，如何有效保障学生上学安全，减少学生花费在上学路上的时间？从当前现实看，我国农村校车发展还存在诸多难题，包括校车需求问题、校车财政保障问题、学生校车资助问题、校车管理问题以及校车发展中政府责任问题等。对这些问题的深入研究有助于构建校车发展的长效保障机制，为学校布局调整政策的实施提供重要支撑。

三、农村寄宿制学校发展问题

兴办寄宿制学校有助于缓解学生“上学远”的问题，但任何政策都是一柄双刃剑。寄宿制学校儿童身心能否健康发展？寄宿制学校公用经费拨款是否充足？生活教师、保安及后勤人员的编制如何解决？寄宿制学校管理如何提升？这些问题构成了评价学校布局调整政策效果的一面镜子。对上述问题的研究既是关注学校布局调整遗留问题，也是着眼长远、推进农村教育可持续发展的重要议题。作为一种学校发展形态，学界还缺乏对寄宿制学校运行机制与效果的科学评价，这显然是一个空白点。

四、闲置校产处置问题

在义务教育学校布局调整过程中，学校的闲置校产引发了人们极大的关注。从理论上讲，闲置校产处置应当是学校布局规划的重要组成部分，但新一轮学校布局调整因过于追求速度和效率，许多地方“先撤后建”的结果导致闲置校产的基线统计、产权归属和资产利用等问题依然悬而未决。如何明晰闲置校产的产权属性？如何有效利用闲置校产以推进教育和公共事业发展？这是一个涉及教育、土地、规划、建设、财政等部门的综合性问题，需要多学科协同研究。尤其是考虑到新型城镇化发展、户籍改革新政及适龄人口回升的趋势，如何恢复、保护和利用闲置校产更显得十分迫切。

五、布局调整与教育治理

探讨义务教育学校布局的标准，思考标准产生的决策程序，这是学校布局调整政策分析和政策研究的重要课题。人们应反思“效率至上”的价值观，探索如何建立一个包含公平、质量、均衡、效率等多元目标的学校布局标准；同时，在学校撤并或恢复过程中，如何以公正的程序保障结果公平，这是学校布局调整研究必然要面对的问题。从教育治理视角审视学校布局调整问题，构建平等、参与、互动式学校布局调整决策机制，让多元主体有更畅通的利益表达渠道，这是一个重大的研究议题。

六、地方政府教育决策机制

无论是盲目地“撤点并校”还是盲目地恢复教学点，无论是“等、靠、要”还是教育支出的“挤出效应”，这些现象都暴露出地方政府教育决策中的扭曲行为。是什么机制导致地方政府教育决策的持续扭曲？什么样的制度安排有助于矫正地方政府在学校布局调整政策实施中的偏差行为？这显然需要对地方政府绩效考核制度以及中国特色的教育集权与分权制度进行深入探讨，尤其是要深入思考加大省级政府统筹力度与“以县为主”教育管理体制改革的关系问题。

第三章　义务教育学校布局调整与农村家庭教育需求差异化

第一节　问 题 提 出

城市化或城镇化是指第二、三产业在城镇聚集，农村人口不断向非农产业和城镇转移，从而使城镇数量增加，城镇规模扩大的一种历史过程。改革开放以来，我国城镇化水平不断提高，2011 年城镇化率达到 51.27%，到 2020 年我国城镇化率已达到 60%。城镇化与人口流动冲击了我国基础教育管理体制和学校布局结构。一方面，不断扩张的农民工随迁子女挑战着流入地城市的教育承载力，在学校设置、师资配置、课程与教学改革等方面，流入地城市面临空前的压力；另一方面，农民工子女向城镇流动，导致农村生源数量持续下降，许多农村学校因人数锐减而成为“空壳学校”。因此，顺应适龄人口变动趋势对义务教育阶段学校进行合理布局，既是合理配置教育资源的需要，也是推进城镇化发展的重大战略选择。

2001 年 5 月，国务院《关于基础教育改革与发展的决定》提出：“因地制宜调整农村义务教育学校布局。按照小学就近入学、初中相对集中、优化教育资源配置的原则，合理规划和调整学校布局。”在该决定的指导下，全国各地大力推进学校布局调整工作，在效率至上理性主义观念指导下，大规模的“撤点并校”运动导致许多小规模学校被关闭。集中办学、规模办学、城镇化办学成为新一轮学校布局调整的主导模式，中小学布局调整呈现鲜明的城镇化趋向。统计显示，2001 年至 2010 年，我国义务教育学校数量从 55.7 万所下降到 31.2 万所，其中农村学校下降了 47%，减少了 21.1 万所[①]。如何评价新一轮学校布局调整政策的效果？教育城镇化是不是要消灭农村学校？目前，在学校布局调整的政策导向上有两种观点值得关注。一种观点认为：与发达国家比较，我国城镇化还存在显著差距，应大力推进教育的城镇化，鼓励农村人口向城镇地区聚集。在此观点的指导下，一些地区大办“教育新城”和“教育园区”，以行政手段强力推进学校布局的城镇化，以此作为新城建设、开发区建设或房产开发的重要引擎。与此相对应，另一种观点认为：教育的城镇化有其发展的历史阶段性，不能盲目地以经济社会发展外在需要一刀切地将学校搬迁到城镇地区，从而导致一部分农村人口不得不以“陪读”或举家迁移的方式被动地到城镇学校读书。农村学校有其独特的价值和功能，义务教育学校布局应尊重老百姓意愿和教育规律，不能以行政命令的方式强制性地撤并农村学校。在这种观点的影响下，一些地区主张学校布局调整应稳步推进，避免因快速城镇化导致学生“上学远”“上学难”和“上学贵”。有的地区为方便山高路远地区儿童入学，还恢复了一些原先被撤并的教学点，并选派优质师资到农村小规模学校支教。

我国城乡之间、区域之间发展差异巨大，以上任何一种观点都可以在现实生活中找到案例支撑。要深入理解我国义务教育学校布局调整的路径和方向，仅仅依靠个案研究已难有说服力。以宏观数据为基础，构建统计模型探讨学校布局调整的影响因素是一个需要研究者努力的方向。此外，以农村家长为研究对象了解农村家庭教育需求也是估判学校布局调整政策合理性的重要基础。循此方向，华中师范大学乡村教育课题组以全国 31 个省统计数据为基础建立了计量模型。研究发现：在影响学校数量变化的诸因素中，与人口相关的因素是影响学校数量变化的主要因

---

① 数据来源：《中国教育统计年鉴》(2001 年和 2010 年)，2001 年农村学校为 45.1 万所，2010 年减至 24 万所。

素，学校布局调整总体上是适应城镇化发展与人口流动的“自然型调整”。不过，2001 年之后，城乡教育发展差异加大，城镇学校“大班额”及新一轮学校布局调整政策实施导致人为的“政策型调整”的作用力日趋凸显①。

量化分析模型表明，我国义务教育学校布局调整顺应了城镇化发展的主导方向，具有历史的必然性。但是，历史发展必然性只是预示了事物发展的趋势和方向，在特定的历史发展阶段，学校布局调整应遵循怎样的规律，采取怎样的策略？大量研究表明：在新一轮学校布局调整中，因过于倡导集中化办学和规模效益，大量“撤点并校”行为导致学生“上学远”“上学难”、交通风险与寄宿成本上升，近 1/3 的家长对学校布局调整政策不满意②。在此意义上，了解农村家庭教育城镇化偏好显得至关重要，因为它将成为评估学校布局调整政策实施效果的重要指标，也为学校布局调整政策制定提供了信息基础。现有关于学校布局调整的研究，要么忽略了农村家庭教育需求，要么将家庭教育需求视为单一的需求，这种缺憾令学校布局调整政策效果之评价缺乏充足依据，也难以估判学校布局调整政策的未来走向。在学校布局调整中家庭是最重要的利益主体之一，对农村家庭教育需求的研究有助于打开一扇窗口，为不同利益主体的对话与沟通提供机会。而这种沟通与对话，对于提升公共政策的议论水平来说是十分必要的③。鉴于上述考虑，我们利用 11 省大规模实证调查数据，聚焦于农村家庭教育需求问题研究，以此反思义务教育学校布局调整政策变革。

第二节 农村家庭教育需求分析

本研究数据来自教育部哲学社会科学研究重大课题攻关项目“义务

① 雷万鹏.义务教育学校布局：影响因素与政策选择[J].华中师范大学学报(人文社会科学版)，2010，49(5)：155-160.

② 雷万鹏，张婧梅.构建公正的学校撤并程序：对民众参与度和满意度的实证调查[J].全球教育展望，2011，40(7)：67-73.

③ 曾荣光.教育政策研究：议论批判的视域[J].北京大学教育评论，2007(4)：2-30，184.

教育学校布局问题研究”。2009年4月至2010年10月，华中师范大学乡村教育课题组对山东、浙江、湖北、湖南、山西、青海、内蒙古、黑龙江等11个省（区）进行了大规模调研。调研对象包括：学生、家长、教师、校长、社区人士、教育行政部门负责人等群体。调研工具包括：问卷、信息表和访谈提纲。剔除无效样本，此次调研获得的有效样本量分别是：学生样本46912个，教师样本12353个，家长/监护人样本11005个。非特别说明，本研究所用数据均来自此次调研。需要说明的是，本研究仅仅讨论家长对子女接受义务教育的需求偏好，家长本人的教育需求并不是本研究的内容。表3-1是家长/监护人样本基本信息。

表3-1　家长/监护人样本基本信息

类别	占比（%）	类别	占比（%）
性别		**家庭地理环境**	
男	52.2	山区	27.8
女	47.8	丘陵	12.5
平均年龄（岁）	39.4	平原	42.3
		其他	17.3
受教育程度			
小学及以下	17.2	**孩子就读年级**	
初中	45.7	1~6年级	62.8
高中（中专）	21.2	7~9年级	37.2
大专及以上	16.0		
		家庭总收入	
职业		1万元以下	49.1
农民	53.2	1万~3万元	36.4
工人	13.3	3万元以上	14.5
个体户或商业人员	13.7		
专业技术人员	12.0		
其他	7.8	**样本总量**	11005

表 3-1 是对样本基本信息的描述。在有效样本中，家长/监护人（简称家长）中男性占 52.2%，家长平均年龄为 39.4 岁。从受教育程度来看，具有初中及以下教育程度的家长占 62.8%，高中教育程度的家长占 21.2%，大专及以上的家长占 16.0%；从职业类型来看，农民占绝大多数，比例为 53.2%，工人占 13.3%，个体户或商业人员占 13.7%，专业技术人员占 12.0%，其他类型占 7.8%；从家庭年总收入来看，总收入在 1 万元以下的家庭占 49.1%，1 万~3 万元的家庭占 36.4%，3 万元以上的家庭占 14.5%；从家庭所处的地理环境来看，山区、丘陵、平原家庭分别占 27.8%、12.5% 和 42.3%，其他地理环境的家庭占 17.3%；从孩子就读的年级来看，孩子就读小学的家庭占 62.8%，就读初中的家庭占 37.2%。

一、绝大多数家庭希望子女到城镇学校读书

表 3-2 实际就读学校与希望就读学校（占比:%）对比

	实际就读学校	希望就读学校
村里的学校	30.7	13.4
镇上的学校	41.3	25.3
县城的学校	28.0	61.3
合计	100.0	100.0

表 3-2 是农村学生实际就读学校与家长期望子女就读学校的对比，从表 3-2 可以看出，在村里、镇上和县城学校实际就读的学生比例分别为 30.7%、41.3% 和 28.0%。但从家长的需求意愿来看，绝大多数家长希望孩子能够到县城读书（61.3%），其次是乡镇学校（25.3%），最后是农村学校（13.4%）。如果将城区学校和乡镇学校统称为城镇学校，可以发现，86.6% 的家庭希望子女到城镇学校就读。由此可知，农村家庭教育需求的城镇化趋向是十分强烈的。

将学生实际就读学校与家庭期望就读的学校进行对比，可以发现，农村学校就读比从 30.7% 下降到 13.4%，下降幅度为 56%；镇上的学校

就读比例从41.3%下降为25.3%，下降幅度为40%；县城学校就读比例从28%上升到61.3%，提高了120%。以上信息表明，县城教育需求的增量主要来自农村地区，其次是乡镇。通过对农村家庭教育需求集中趋势的分析我们得到的启示是：新一轮学校布局调整顺应了老百姓的教育需求意愿，学校布局向城镇聚集具有现实的必然性。

二、家庭教育需求的差异性

考虑到我国巨大的地区差异、城乡差异和阶层差异，不同区域、不同收入水平家庭的教育需求是否存在差异？下面将从四个角度分析农村家庭教育需求的差异。

（一）家庭教育需求的区域依赖性

表3-3　居住区域与家庭教育需求（占比:%）

类别		村里的学校	镇上的学校	县城的学校
居住区域	村里	22.2	28.5	49.3
	乡镇	3.3	39.6	57.1
	县城	0.8	5.5	93.7

从表3-3可以看出：第一，无论居住在村里、乡镇还是县城，大多数家长希望孩子到县镇学校读书，这反映出农村家庭教育需求的城镇化倾向；第二，居住于城乡不同区域的家庭，其教育需求存在差异。相对于乡镇和县城的家庭，住在村里的家长希望子女在村里学校读书的比例更高（22.2%）；相对于农村和县城的家庭，住在乡镇的家长希望子女在镇上学校读书的比例更高（39.6%）；相对于农村和乡镇的家庭，住在县城的家长希望子女在县城读书的比例更高（93.7%）。这反映出家庭教育需求的区域依赖性，这种区域依赖性往往与义务教育阶段就近入学的特征相联系。因此，学校布局应考虑农村家庭居住地点的匹配性。此外，从表3-3中还可以看出：第一，相对而言，农村学校对居住于农村的家庭具有更大吸引力。对一部分家长来说，孩子在村里的学校读书不仅方便孩子，也方便了家长，相比远距离入学，“就近入学”有助于降低求

学的交通风险和额外的教育成本。第二，乡镇学校不仅对居住在乡镇的家庭（近40%）有吸引力，其对居住在农村的家庭（近30%）也有吸引力。因此，在大力发展城区教育的过程中，不能忽视乡镇学校的独特价值。

（二）山区农村学校和乡镇学校的作用不容忽视

表3-4　不同地理环境家庭教育需求（占比：%）

类别		村里的学校	镇上的学校	县城的学校
地理环境	山区	19.5	23.8	56.7
	丘陵	16.4	24.0	59.6
	平原	11.6	25.7	62.7
	其他	6.6	27.8	65.5

从家庭所处的地理环境来看，不同地理环境家庭的教育需求存在差异：第一，无论是居住在山区、丘陵还是平原，家长对县镇学校均表现出较强的偏好，8成以上的家长希望子女就读于县镇学校。第二，不同地理环境的家长对受教育地点的潜在需求呈现出差异，比较而言，平原地区的家长对县镇学校的潜在需求最强烈，88.4%的家长希望子女就读于县镇学校；从另一个视角来看，山区的家长对村里的学校的潜在需求要高于丘陵地区和平原地区家长，达到了19.5%。换言之，尽管绝大多数家长希望子女到城镇地区读书，但是仍然有近20%的山区家庭希望子女在农村学校读书。山区地广人稀，儿童上下学交通存在较大风险，如果不能保留一定数量的农村学校，山区儿童求学将面临更大困难。第三，无论是山区、丘陵还是平原地区，乡镇学校对大约1/4的家庭有吸引力。这表明教育城镇化不仅要注重城区教育发展，乡镇教育如何发展也应当引起高度重视。在农村人口流动大潮中，乡村的凋敝与过疏化凸显出乡镇的重要性。对于在城乡之间游走的农民工及其子女来说，乡镇学校布局具有重要的战略意义。在地理位置上乡镇是沟通城市与乡村的桥梁，在教育城镇化进程中乡镇学校担负了“蓄水池”的功能——对于那些希望到城市读书但缺乏足够经济实力和监护条件的家庭，或者从城市回流

到乡村的学生，乡镇学校将是接纳这些学生的重要场所。

（三）不同收入水平的家庭教育需求存在差异

表 3-5 不同收入水平家庭的教育需求（占比:%）

类别		村里的学校	镇上的学校	县城的学校
家庭年收入	1 万元以下	17.9	29.9	52.2
	1 万~3 万元	11.0	22.2	66.8
	3 万元以上	3.7	17.7	78.6

从表3-5可以看出，其一，无论家庭收入水平高低，绝大多数（8成以上）家庭希望子女在县镇学校就读；其二，不同收入水平家庭的教育需求存在差异。家庭经济收入水平越高，其对县城和镇上的学校的需求越高，对村里的学校的需求越低。家庭收入低于1万元的家庭希望子女就读县城和镇上的学校的比例是82.1%，家庭收入1万~3万元的家长希望子女就读县城和镇上的学校的比例为89.0%，收入在3万元以上的家庭的相应比例为96.3%。家庭收入为1万元以下、1万~3万元、3万元以上的家长希望子女就读村里的学校的比例分别是17.9%、11.0%和3.7%。将家庭年总收入与对受教育地点的相关分析表明，“家庭年收入”与“家长对受教育地点的潜在需求”显著正相关（$r=0.206$，$p<0.01$）。

在我国现在城镇化快速推进与人口流动的大背景下，教育资源与学校布局向城镇聚集已成为一个必然趋势。尽管如此，我们不得不反思：教育城镇化对不同社会阶层的家庭是否具有同等效用和价值？教育城镇化发展到底令谁受益？谁受损？社会阶层的分化必将导致不同家庭在经济资本、社会资本和政治资本的占有上存在差异，这种差异必将影响家庭教育需求，进而影响到家庭的教育选择。相对而言，农村低收入家庭子女教育城镇化的成本和代价更大。从公共政策视域看，政府应当更加关注社会弱势群体的教育需求并建立有效的需求回应机制。就学校布局调整政策而言，在学生寄宿费用、交通费用补偿、困难补助发放及营养餐资助等方面应当对社会弱势群体给予更多关切和支持。

（四）相对而言，农村学校对低龄学生家庭更有吸引力

表 3-6　孩子就读学段与家长希望子女就读的学校（占比%）之对比

类别		村里的学校	镇上的学校	县城的学校
子女就读年级	1~3 年级	20.8	24.0	55.1
	4~6 年级	14.6	24.6	60.9
	7~9 年级	7.3	26.4	66.3

根据学生学段的差异，我们将孩子就读年级划分为三个学段：1~3 年级、4~6 年级和 7~9 年级。就读于不同学段的孩子的家长对受教育地点的需求的特点是：（1）无论子女就读于哪一个学段，家长对县镇学校的需求都很高（达到 8 成以上）；（2）学生在不同学段求学，其家庭教育需求存在差异，子女就读年级越低，对“村里的学校”需求越强。1~3 年级、4~6 年级、7~9 年级学生的家长中，希望子女就读县镇学校的分别占 79.1%、85.5%和 92.7%；而相应群体希望子女就读“村里的学校”的家长的比例分别为 20.8%、14.6%和 7.3%。

农村家庭教育需求必然要考虑儿童求学年龄和求学年段，在小学 1~3 年级，让孩子在家门口就近入学有相当的必要性；同时，调研样本中有 20.8%的家庭希望子女在农村小学就读。由此可见，学校向城镇聚集并不能等同于消灭农村学校。

三、影响家庭教育需求的因素分析

对家庭教育需求的描述统计表明，不同群体对子女就读学校的需求存在差异，家庭居住地点（乡村或城镇、山区或平原等）、家庭收入水平及子女就读年段对家庭教育需求均有影响。由于上述因素是相互关联的，为进一步判断影响家庭教育需求的主要因素，我们试图建立回归模型进行深入分析。

以农村家庭城镇化教育需求为因变量，以学生个体特征、家庭社会经济背景、家庭居住区域等为解释变量，建立回归模型（参见表 3-7）。回归模型的解释度为 19%（$R^2=0.191$）。从模型中可以看出：家长教育

程度越高，家庭对子女教育的城镇化需求倾向越明显，但这种影响不具有统计上的显著性（$p=0.889$），孩子上学距离越远，家庭对子女在城镇地区就读的意愿越低，但这种影响不具有统计上的显著性（$p=0.073$）。相对而言，居住区域、家长职业、家庭收入、家长对学校的满意度、孩子上学的年级对家庭教育需求有显著影响。具体来说，家庭居住区域对子女求学地点有显著性影响。越是靠近城镇地区的家庭，其教育需求的城镇化倾向越强烈；反之，越是远离城镇地区的家庭，其教育需求的城镇化倾向也越弱。经济收入越低，职业等级越低的家庭，家庭教育需求的城镇化倾向越弱；家长对现有学校教育质量满意度越低，家庭教育需求的城镇化倾向越强。这表明，家庭教育需求的城镇化意愿与优质教育意愿有一定的重合度；子女就读学段越低，家长越不希望孩子在城镇地区读书。

表 3-7　家庭城镇化教育需求的影响因素

变量	非标准化系数	标准化系数
家长教育程度	0.002	0.002
家庭居住区域	0.355***	0.357***
家长职业	0.030***	0.048***
家庭收入	0.036***	0.071***
教育质量满意度	0.129***	0.096***
就读年级	0.046***	0.085***
上学距离	0.000	-0.016
常数项	1.657***	
R^2	0.191	
N	9603	

注：*** $p<0.001$。

从上表可以看出，受家庭背景等因素影响，农村弱势群体家庭的城镇化偏好相对较弱。学生到城镇地区学校就读不仅意味着求学地点的改变，在上学距离、家庭经济负担以及生活便利度等方面对家庭都会带来影响。对于农村中的弱势群体，其适应环境变化和抵御风险的能力相对较弱，故此类家庭对子女到城镇地区，特别是到城区读书的意愿会受到一定程度的抑制。

因此，农村家庭教育需求具有多元化和分层化的特点，义务教育学校布局应当充分关注家庭的教育需求。在城镇化发展进程中，我们既要大力发展城区教育，满足老百姓对优质教育的需求，也要发展农村学校和乡镇学校并不断提升其质量。相对而言，保留农村学校对农村弱势群体来说显得更为重要。

第三节　研究结果与政策反思

一、研究结果与反思

（一）教育城镇化发展的趋势不可阻挡

研究发现，80%以上的家长希望子女在城镇地区读书，这反映出农村家庭对子女在城镇地区读书有强烈偏好。新一轮学校布局调整政策推动学校向城镇聚集是有其民意基础的。这种调整不仅受人口变动及流动性影响，它也是对农村家庭教育需求意愿的回应。在对学校布局调整政策的总体判断上，我们应当认识到此项改革的必要性，不能因为学校布局调整中暴露出的问题而否认此项改革的合理性。

（二）学校布局调整的城镇化要因地制宜、因“人”制宜

调研发现，在学校布局调整程序上，大约有1/3的家长没有被征求意见，这种程序的不民主导致部分家长对学校布局调整政策强烈不满①。另外，大约有11.8%的家庭存在“被动选择”学校的问题，即学校被撤并后，学生因无处选择只得到其他学校就读，这反映在学校布局调整的推进上还存在违背老百姓意愿的行为。

① 雷万鹏，张婧梅.构建公正的学校撤并程序：对民众参与度和满意度的实证调查[J].全球教育展望，2011，40(7)：67-73.

（三）要高度重视农村学校发展对社会弱势群体的效用和价值

调查表明：绝大多数农村家庭有强烈的动力追求优质教育，面临城乡教育发展的差距，绝大多数家长已经为孩子的教育做出了选择——“以脚投票”送孩子到城镇学校就读；对于那些仍然在农村学校，特别是农村教学点读书的孩子来说，其家庭往往是社会中的弱势家庭，大多数是“走不出去”的家庭。这些家庭的共同特点是缺少将孩子送到城镇学校读书或选择优质学校的资本和实力。所以，农村学校的存在，是保障农村弱势家庭子女平等受教育权的重要屏障。如果不顾及农村弱势群体的教育需求而大量关闭农村学校，这部分群体的利益将受到严重伤害。

（四）不可忽视乡镇学校的“蓄水池”功能

自2001年基础教育实施“以县为主”管理体制改革以来，县域内教育的人力、物力和财力上收到县，乡镇一级政府普遍缺乏支持本地农村教育发展的热情。在强化县级政府统筹的同时，如何加大乡镇政府和社区对乡土教育的支持力度，激发起民众关心本土教育发展的热情？这涉及教育管理体制改革与学校治理模式变革。从长远来看，大力发展乡镇教育，尤其是以实施义务教育均衡发展为契机，大力推进乡镇学校标准化建设和“教育强镇”建设势在必行。调研发现，近1/4的农村家长希望孩子在乡镇读书，这是一个重要的信息。在乡村与城市之间，乡镇学校充当人口转移的“蓄水池”功能。办好乡镇学校，有助于分流和吸引一部分农村学生，减少因城区教育资源短缺而导致的“大班额”现象；同时，也有助于提高教育资源利用效率，使得教育资源不必以“村村办学”的方式分散于每一个村落。

从根本上看，义务教育学校布局调整也就是学校在城乡间的合理配置问题。这涉及学校数量在城市、县镇与乡村的分布，涉及不同类型学校在城乡之间的合理比例。社会分层化导致农村家庭教育需求的差异化和多元化。立足于农村家庭教育需求差异化的现实，有必要构建以需求为本的教育供给模式和决策机制。我们既要适应城镇化趋势大力推进教育的城镇化，也要考虑社会发展阶段性以及社会弱势群体独特的教育需求，认识到教育城镇化不等于将学校全部建于城镇地区，不等于让农村学校消失。大力发展农村教育，让农村孩子在家门口享受优质教育，这是学校布局调整政策制定和实施的价值所在。

二、学校布局调整政策转型

公共政策是政府依据特定目标，对社会公共利益进行权威性分配的过程。学校布局调整的本质是社会利益调整，其根本目的是在各利益主体间寻求利益均衡点，以教育资源优化配置促进学生的发展。

对农村家庭教育需求的研究表明，农村家庭教育需求具有差异性和多元性，即不同社会背景的家庭教育需求是不一样的，因此学校布局调整政策不能齐步走和一刀切，应当根据家庭教育需求的差异性实行分层化和差异化布局调整。在教育城镇化成为农村家庭教育“主导需求”和“强势需求”的背景下，学校布局向城镇化聚集是大势所趋；但仍需保留一定数量的农村学校以满足社会弱势群体的需求，大力发展乡镇学校以发挥其“蓄水池”功能，从而形成乡村学校、乡镇学校与城区学校合理布局与协同发展。这是我国义务教育学校布局调整政策转型的基本方向。2012 年 8 月 29 日，国务院常务会议专题讨论规范农村义务教育学校布局调整工作。会议指出要科学制定农村义务教育学校布局规划，合理确定县域内教学点、村小、中心小学、初中学校布局，确保学校布局与学龄人口居住分布相适应；要办好村小和教学点，提高村小和教学点教学质量。正如 2001 年国务院《关于基础教育改革与发展的决定》颁布后，一些地方对学校布局调整政策刻意曲解而演化为“撤点并校”运动一样，新的学校布局调整政策也必须考虑中央政府与地方政府的博弈，以及政策实施中表面化、局部化和变异化的问题。这一点要引起特别的关注。

结合国务院有关学校布局调整政策精神以及农村家庭教育需求的差异性特征，我国农村义务教育学校布局调整政策转型体现在以下几方面：

第一，学校布局整体战略要从大规模撤并学校向基本稳定学校数量转变。研究表明，2008 年全国中心小学辐射 0.82 个乡镇，初中辐射 1.02 个乡镇；中心小学服务半径约 8 里，服务人口为 1.1 万人，覆盖

7.2个村庄；初中服务半径大约是15.6里，服务人口为2.7万人，覆盖16.2个村庄。这表明：经过10年左右学校布局调整，“村村办学”模式已基本转变为“联村办学、集中办学”模式。一个乡镇办一所中心小学和一所初中的格局基本形成，预示着新一轮学校布局调整达到了阶段性目标。基本稳定学校数量，提高教育质量、走内涵发展道路是学校布局调整政策的基本选择。

第二，学校布局调整政策应当从关注农村家庭教育的“强势需求”向关注“弱势需求”转型。在政策制定过程中让社会弱势群体有更通畅的表达渠道，对社会弱势群体的教育需求给予更多关切和回应。扩大不同阶层家庭参与渠道，构筑民主化决策机制，使公共产品提供真正让百姓受益。要改革地方政府的考核评价机制，将地方公共服务的供给质量和老百姓满意度纳入评价体系，从制度上强化对区县政府学校布局调整行为的监控和督导，遏制地方政府任意撤并学校的行为。

第三，高度关注农村小规模学校的生存和发展，在硬件投入、师资配置、财政投入等方面对农村小规模学校给予倾斜性政策。（1）提高对农村小规模学校的公用经费拨付标准，加大生均拨款权重；（2）提高农村小规模学校教师收入水平和福利待遇，让小规模学校教师在工资收入上更具竞争力；（3）突破优质师资补充瓶颈，在“特岗教师”计划和“免费师范生”政策实施中为农村小规模学校单列指标，开辟优秀教师补充的绿色通道；（4）强力推进义务教育均衡发展，扩大优质教育资源覆盖面。在教师配置、城乡教师交流、学校捆绑发展等方面构建促进农村教学点和小规模学校发展的长效机制。充分考虑交流教师在交通、住宿与生活等方面的困难，建立包含交通费补偿、生活费补偿、教师周转房建设及教师绩效考核的一整套激励机制。通过优质教师的补充和流动，让农村孩子在家门口能够享受优质教育资源。

第四，提高乡镇教育质量，实施“强镇教育”工程。乡镇教育具有重要的“蓄水池”功能，在战略上要凸显乡镇教育的主体地位，不能将乡镇教育视为城区教育的附庸。因此，在优质教师补充、标准化学校建设和寄宿制学校改造等项目实施中应加大对乡镇教育的投入力度。在乡镇学校生源下降的背景下，大力推进小班化教学，提高乡镇中小学的教育质量，增强乡镇学校的内在吸引力，使之真正能够与城区教育竞争和“媲美”，从根本上缓解城区学校“大班额”问题。

第五，建立学校布局调整的利益补偿机制。加大对布局调整中利益受损者，尤其是对弱势群体的补偿力度。根据家庭在学校布局调整中的教育成本消耗（包括交通、住宿、生活及家长陪读等额外发生的成本），建立公共财政补偿机制，切实减轻农村家庭的经济负担。

第四章　从县级教育行政部门看学校布局调整政策执行

第一节　问 题 提 出

2001年起，我国实施了新一轮中小学校布局调整政策。该政策的一个主导模式是“撤点并校”，包含教学点在内的农村小规模学校急剧减少。据统计，2001至2011年间，我国普通小学、初中分别减少了25万和1.5万所，下降幅度高达50.9%和17.4%。中小学校的大量撤并，很大程度上对“城镇大班额”“学生交通事故”及“学生辍学”等社会问题起到了推波助澜的作用，也引发了人们对学校布局调整政策利弊得失的审视与反思。

美国学者艾利森认为：“在实现政策目标的过程中，方案确定的功能只占10%，而其余取决于有效的执行。”① 优化教育资源配置，为适龄人口提供更优质的教育是教育政策的初衷，但政策执行中的偏差或不利却会削弱甚至损害政策的效果。学校布局调整政策作为关乎我国基础教育发展与改革的重大政策，其执行过程具有典型的中国特色：中央高位推动，地方变通执行。在省、市（州）、县（区市）、乡镇四级行政区划中，县级政府处于承上启下的关键位置，政策落实在很大程度上取决于

① 钱再见.公共政策执行的风险与对策[J].理论探讨,2001(5):72-73.

县级政府的执行。因此，从政策执行者的角度出发进行分析，有助于我们更深入地理解政策执行中面临的问题和成因。鉴于此，本章通过对11个省（自治区）的县级教育行政部门调研数据研究，基于“高位推动—层级性治理—多属性治理”政策执行的理论分析框架，探讨县级教育行政部门在学校布局调整政策的目标细化过程、政策执行方式等相关议题。

第二节　研究方法及样本描述

2009年4月至2010年10月，华中师范大学“义务教育学校布局问题研究”课题组对11省（区）进行了专项调查。课题组设计了面向不同群体的调研工具，并使用量化与质化相结合的研究方法，用于把握义务教育学校布局调整的宏观脉络和微观动态。调研工具包括：面向学生、家长（监护人）、教师的问卷，面向学校和县（市）教育局的信息表以及各类访谈提纲。“县市信息表”发放属于“普查”性质，即对调研省（区）内所有县（市）进行调查，由县（市）教育局相关负责人员填答。学校信息表及问卷发放遵循差异原则：根据经济发展水平、地形地貌、人口密度、教育发展的差异，在每个样本省（区）内，随机选取样本进行调查。

调研省（区）有：山西、内蒙古、黑龙江、浙江、安徽、湖北、广西、湖南、青海、山东、河南。共有648个县（市）回收有效样本，其中学生样本46912份，家长（监护人）样本11005份，教师样本12353份，学校样本4011份。本研究以“县市信息表”样本数据分析为主，结合其他问卷数据及观察访谈资料开展研究。“县市信息表”样本中：山区县占35.84%，丘陵县占33.11%，平原县占25.43%；其他地理环境县占5.63%。需要指出的是：由于调研范围广、难度大、时间短，“县（市）信息表”未实现原定计划的普查。但从回收情况来看，样本县（市）2008年城镇居民人均可支配收入12585元，农村居民人均纯收入5047元，与全国平均水平较接近，样本具有代表性。

第三节 县级教育行政部门在学校布局调整中的政策执行

上世纪 70 年代中期开始，西方国家兴起了公共政策执行研究热，继而应用“自上而下”“自下而上”和“整合型”的研究路径对政策执行展开了丰富的研究。由此，地方政府政策执行的关键性作用得到普遍认可。在我国，随着对特殊国情下公共政策执行的持续研究，学者们也逐步形成了一些共识性的研究框架。有学者在回顾前人研究的基础上，整合提出的“高位推动—层级性治理—多属性治理”的政策执行研究框架具有代表性，本章将沿用这一框架进行分析。此研究框架认为，由于中国共产党在国家中的特殊地位以及多层级政府和多元参与者的存在，我国公共政策执行一般为中央“高位推动”，地方“变通执行”，并在政策执行过程中呈现层级性和多属性的特点。“政策的层级性”集中体现为地方政府根据自身的偏好将中央目标具体化为具有本地特色的地方目标；“政策的多属性”则体现为重大的公共政策往往拥有一个以上的目标群体，因此在政策执行过程中需要考虑不同群体的利益整合及部门间的合作。

学校布局调整政策实施体现了政策执行的层级性和多属性的特点。本部分主要以县级教育行政部门为对象，以实证数据描述县级教育行政部门在布局调整政策实施中的偏好、动机和行为，以此勾勒出学校布局调整政策执行过程的复杂性和不确定性。

一、目标设定：“认识”和“行动”之差距

考虑到不同层级和类型部门的协调和均衡，中央政策目标的文本表述一般具有抽象性与模糊性。而政策在落实过程中的一次次被细化和再规划，不同层级的地方政府会根据自身的地方性知识、特殊性和地区性利益运用自由裁量权对中央政策采取具体化处理。2001 年，国务院下发

了《关于基础教育改革与发展的决定》，开启了新一轮中小学布局调整工作，该决定对学校布局调整的目标采取了指导性的描述："按照小学就近入学、初中相对集中、优化教育资源配置的原则，合理规划和调整学校布局。"针对语义较为模糊的政策文本，县级教育行政部门如何解读？在实际行动中又是如何弹性化处理的呢？

（一）城乡学校布局规划

图 4-1 显示了样本县教育行政部门对小学和初中学校城乡分布的认识。从小学来看，35. 16% 的县级教育行政部门认为小学应主要设置在村里，46. 27% 认为应设置在乡镇，余下两成认为应设置在县城或城郊。从初中来看，六成以上的县级教育行政部门认为初中应主要设置在乡镇，三分之一认为应主要设置在县市中心或城郊。由此看出县级教育行政部门在政策执行中的双重考虑：一方面，县级教育行政部门"集中办学"的取向比较明显；另一方面，小学和初中学校城乡布局差异也显示出，县级教育行政部门对中央有关"小学就近入学，初中相对集中"政策精神有比较准确的理解。

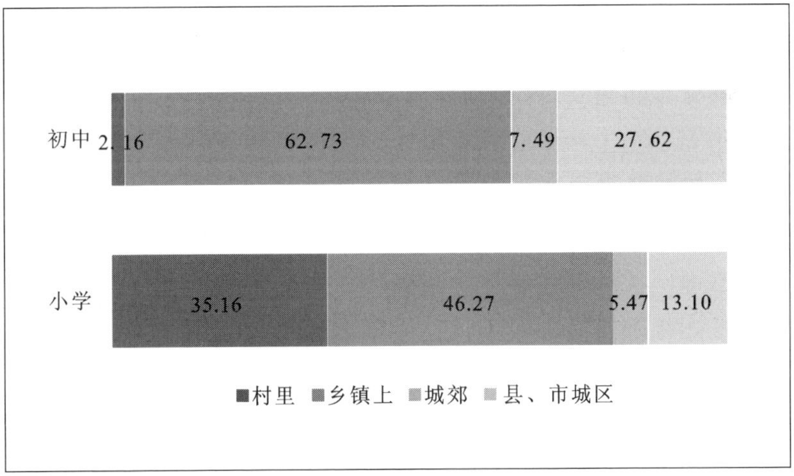

图 4-1 小学和初中的合理城乡布局

（二）学校合理布局调整标准

在区域规划之后，学校布局调整必须有相应操作化的指标。表 4-1

显示了教育行政部门偏好的合理布局指标。从学校服务半径和服务人口来看，教育行政部门认为合理的布局调整标准为：小学服务半径 5 里，服务人口 5000 人；初中服务半径 10 里，服务人口 20000 人。从学校规模、班级规模和生师比来看，教育行政部门认为小学和初中在校生数应分别达到 800 人和 1000 人左右；理想的班级规模应控制在 40 人和 50 人左右，生师比应控制在 18∶1 和 15∶1 左右，以上看法在不同地理环境、经济发展水平的县（市）间没有显著差异。

表 4-1　县级教育行政部门认为合理的学校规模

规模指标	小学	初中
服务半径（里）	5	10
服务人口（人）	5000	20000
学校规模（生/校）	777	1000
班级规模（生/班）	40	50
生师比（学生/教师）	18∶1	15∶1

以上信息表明，除“学校规模”这一指标外，“班级规模”“生师比”“服务半径”“服务人口”等指标与义务教育学校布局的标准基本吻合。那么在实际政策执行中，这些标准是否被运用到了学校撤并过程中呢？课题组对全国 172 份地方有关学校布局调整规划的政策文本分析显示：在校生规模作为一个较易量化操作的指标，大量的地方性政策文本中都设定了“学校规模”的底线标准，“学校规模”遂成为决定学校存在与否的准绳。关涉到学生上学距离的“服务半径”指标只被 23.9% 的有效政策文本提及，而班级规模、生师比等与教育质量相关的指标基本未被提及。这反映出县级教育行政部门在学校布局标准的理性认识与实际操作中存在较大差距，“学校规模”被赋予的权重过大，这也是引发各地一刀切地撤并农村教学点和村小等小规模学校的重要原因。

（三）因地制宜执行学校布局政策的考量

学校布局调整涉及教育的发展、资源的整合以及利益的重新分配。在政策执行中，始终存在这样一组矛盾：如何处理“就近入学”和“提高资源利用效率”，并在“公平”和“效率”之间寻求各方利益的最大化？调查结果显示：“学校规模过小，学校布局分散，教育资源浪费”“行政管理成本过高”“学校发展不均衡，教师资源配置失衡”“学生上学不便利”等因素构成了地方政府撤点并校的动因。考虑到其中有一定程度的交叉或重叠，笔者从“效率”“公平”及“学生上学便利性”三个维度对动因进行了合并，结果如表 4-2 所示。

表 4-2　县级政府推行学校布局调整的动因占比（%）

动因	响应百分比	个案百分比
效率	55.9	217.2
公平	36.4	141.9
学生上学便利性	5.9	22.9
其他	1.8	7.2
总计	100.0	389.2

从表 4-2 可以看出，基于效率或效益的理由（比如：扩大办学规模、减少教育资源浪费、实行集中化办学等）合并学校成为县（市）政府推行学校布局调整政策的主要理由，占 55.9%；其次是公平的考虑（比如：学校发展不均衡、教师资源配置不均衡等），占 36.4%；最后是学生上学便利性，占 5.9%。由此可知，县级政府在推进学校布局调整过程中，统筹考虑了多种因素，但“效率”的考虑被放在绝对优先的位置。而师资配备均衡、学校发展均衡等“公平”目标则被次要考虑，“学生上学便利性”这一中央政策文本中原本可以凸显的指标基本被忽略。

二、执行方式：政府和群众感知之差距

在政策执行过程中，对相关利益群体进行政策宣传，加强与家长等群体的沟通，使用民主的决策程序，有助于提高目标群体的政策认知，从而为政策的有效执行提供良好的基础。但调查显示，各地教育行政部门在政策执行中推进速度快，行政色彩浓厚，导致部分家长对学校布局政策不理解、不支持和不认同，并产生了相当的政策阻力。

调查显示，教育行政部门在推进学校布局调整工作时，普遍使用了三种工作推进方式：(1)行政主导与协商沟通相结合的方式；(2)自然选择的方式，即通过减少对拟撤并学校的投入，令其自然关闭；(3)行政命令、强制撤并的方式。对此，家长和教育行政部门产生了截然不同的认识。如表4-3所示，县级教育行政部门认为他们使用上述三种模式的比例分别占86.3%、10.5%和2.2%。而家长则认为布局调整采用以上三种模式的比例分别占60.5%、5.6%和28.5%。

表4-3　教育行政部门与家长对布局调整政策认可的占比（%）

主要做法	教育行政部门	家长
（1）行政与协商结合	86.3	60.5
（2）自然关闭	10.5	5.6
（3）行政命令	2.2	28.5
（4）其他	1.0	6.2

政府和家长对学校布局调整政策执行方式的感知何以产生如此大的反差？这与地方政府的决策方式有很大关系。研究显示：超过75%的教师、居民和家长未参与学校撤并决策；从布局调整的时间来看，所调查县（市）大量撤点并校工作的平均时间跨度仅为3.5年。一方面，由于不透明和不民主的决策程序，使得民众对学校决策的公正性和科学性产生怀疑，影响其政策认同度；另一方面，由于行政手段具有强制性、具体性和无偿性的特点，发挥作用较之其他手段为快，政府会在工作落实中倾向于使用行政主导的执行方式。

政策执行中浓厚的行政色彩直接影响了民众政策满意度，并使得政策推进产生相当大的阻力。在民众满意度方面，大约1/3的家长对学校撤并效果不满意。经历过学校撤并的家长中，41.8%的家长对学校撤并效果表示满意；30.5%的家长对此不置可否；27.7%的家长表示他们对学校撤并效果不满意。在政策执行阻力方面，有44.8%的县级教育行政部门表示阻力比较大，这些阻力主要来源于家长、村民和村干部（见图4-2）。

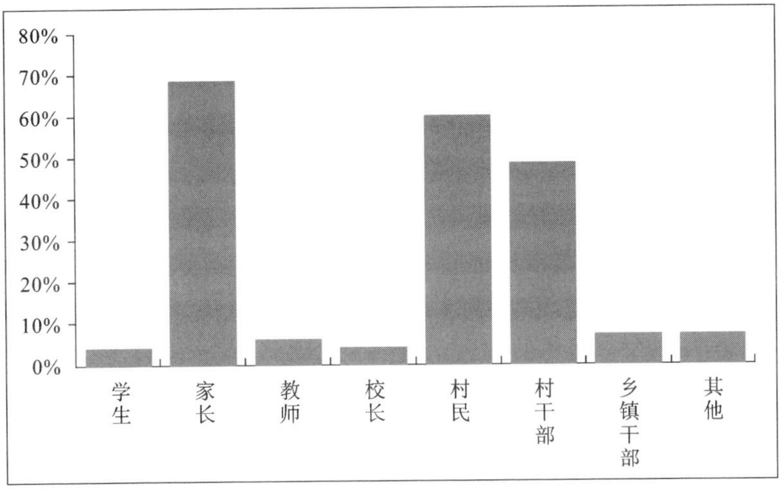

图 4-2　县（市）政府推进布局调整工作的阻力来源

公共政策关涉到多个参与者的利益，其具体操作有赖于不同利益群体的共同参与。由于在决策时缺乏必要的话语权和资源，教育行政部门也只能执行“不合理”的规划，运用行政手段快速强制推进学校布局调整工作。这种一刀切的快速调整方式很容易引发社会问题，使政策执行成本加大，影响政府公信力。

三、政策执行未来趋势：“稳定型”与“撤并型”并存

2005 年后，各地大量撤点并校引发的问题引起了社会的高度关注。国务院和教育部多次发文，要求各地布局调整要“降温”“刹车”。2012 年 9 月 6 日，国务院出台《关于规范农村义务教育学校布局调整的意见》指出，坚决制止盲目撤并农村义务教育学校。多数学生家长反对或听证会多数代表反对，学校撤并后学生上学交通安全得不到保障，并入学校住宿和就餐条件不能满足需要，以及撤并后将造成学校超大规模或“大班额”问题突出的，均不得强行撤并现有学校或教学点。那么，各地学校布局调整工作是否开始降温了？为此，课题组对县级教育行政部门在下一阶段推进学校布局调整的工作重点进行了调查。

调查结果显示：6 成以上县级教育行政部门下一阶段将进一步撤并

教学点和村小，实行集中化、规模化办学，我们将这类县（市）归为布局“撤并型”县（市）；6成的教育行政部门表示将稳定现有布局，着力提高学校质量和办学水平，我们将这类县（市）归为布局“稳定型”县（市）。表4-4对比了“稳定型”与“撤并型”县（市）下一阶段的工作任务的异同。可以看出，发展农村教育和缓解城镇学校大班额问题是各县（市）下一阶段工作的共同重心，而“撤并型”县（市）在寄宿制学校建设、校车发展等问题方面，压力较之“稳定型”更大。

表4-4 “稳定型”县（市）与“撤并型”县（市）下一阶段工作重点对比（%）

重点工作任务	稳定型	撤并型
（1）提高教师素质，加强农村教师队伍建设	80.03	81.45
（2）着力解决城镇学校“大班额”问题	72.69	77.9
（3）重点发展农村教育，增强农村学校吸引力	59.54	54.62
（4）新建、改扩建一批寄宿制学校	70.61	80.05
（5）改善寄宿制学校条件，提高其办学水平	38.76	47.31
（6）探索学校“班车”工程，解决学生上学难问题	40.24	48.4
（7）其他	1.27	2.61

学校布局调整工作是一个系统工程，新建、撤并、改扩建学校必须考虑与此相关的校车、寄宿制等配套工程的建设。一般来说，撤并力度越大，与学校布局调整相关联的校车及寄宿制学校建设的需求就越迫切，地方政府的压力也越大。以上信息表明，还有很多区域继续实施“撤点并校”政策，在新形势下加大对县域内学校布局工作的督导和统筹，这是当务之急。

第四节 反思与建议

上面分析表明：学校布局调整政策执行具有复杂性和不确定性，教育政策执行效果存在偏差和扭曲有着深层的制度原因。

第一，县级教育行政部门处于相对弱势地位。学校布局调整是一项系统工程，需要各级教育行政部门以及县（市）政府多个职能部门的通力合作。在目前的行政管理体制下，教育政策执行效果的好坏很大程度上取决于县内主要领导的重视程度，而在服务经济发展和 GDP 政绩考核机制驱动下，常常出现教育发展让位于地方经济建设，教育行政部门在政策执行中往往缺少话语权和调配权，导致其对政策目标的认识和行动落实产生巨大差距。为提升教育政策的执行效果，有必要在项目规划决策、教育经费的使用调拨及人事方面赋予县级教育行政部门更多的权力，让其在制定和执行包括布局调整政策在内的教育政策时能优先考虑教育需要，以促进学生发展为最终出发点，让学校规划布局回归教育本位。

第二，各级政府的义务教育财权与事权不对等。在“以县为主”的基础教育管理体制和各级政府间实行财政分担的制度背景下，中央和省级政府对义务教育这一公共物品财政投入明显不足，财政自给能力相对较弱的县级政府承担了义务教育的大部分责任。随着老百姓对优质教育资源及教育公平的需求日益高涨，县级政府以中小学布局调整政策为契机，采取集中化办学的方式，整合教育资源，扩大优质资源覆盖面，体现出县级政府“自力更生”缓解公共教育服务供需矛盾的努力。从这个层面上说，学校布局调整政策执行扭曲是县级政府“巧妇难为无米之炊”的变通之举。因此，需要加大中央、省级政府对义务教育财政的分担比例，保障地方教育经费投入，使财权和事权统一于一个责任体。

第三，政策执行过程缺乏有效监管。我国幅员辽阔，政治体制为单一制，这种政治体制决定了我国公共政策执行中不可避免地存在较大的执行差距。中央政府在政策制定时必须兼顾各地的差异性，在政策目标的设定上给地方留有因地制宜的弹性。地方政府作为地方利益、自身组织利益、个人利益的承载者，总是以对己有利的方式在政策执行中变通执行中央政策。在上面执行方式分析中可以看到，县级政府在政策执行过程中缺乏基本的程序控制，行政色彩浓厚，导致政府和群众对政策执行的感知产生强烈的差距，影响政府公信力。如何给地方权力“上锁”，形成有效的监管是政策目标落实的重要保障。因此，需要构建包含公共服务绩效、民众参与、民意测评等在内的多元地方政绩考核体系，以社会舆论、媒体关注等形成政策问责机制，使得学校布局调整成为一个公共决策的过程，让地方政府为自身的决策承担责任。

第二篇

随迁子女教育与发展

第五章　公平视野下农民工随迁子女教育政策研究

第一节　问 题 提 出

改革开放以来，我国经济体制、社会结构和城镇化发展水平发生了巨大变化，主要表现为：从计划经济体制向社会主义市场经济体制转轨，从传统社会向现代社会转型，从静态的人口管制到人口流动社会的形成，推动着我国现代化发展水平和质量不断提升。1978 年我国城镇化率为 17.92%，2021 年城镇化率达到 64.72%，人口与社会经济结构变迁催生了乡土中国向城乡中国的转变。城镇化与大规模人口流动改变了人口在城乡之间的分布状况。相比于农村居民，农民工是占有一定城市资源的群体；相比于城市居民，农民工又是被排斥在城市居民之外的非正式城市群体，农民工市民化成为中国式现代化发展必须解决的重大战略问题。

2020 年我国流动人口规模达到 3.76 亿，其中有 2 亿左右的农民工群体。有研究表明，我国以农民工为主体的人口流动呈现出两种增强趋势，一是家庭化流动，二是跨省流动。研究表明，我国人口流动大致会经历以下四个阶段：个人外出流动、夫妻共同流动、核心家庭流动和扩展家庭流动。目前我国流动人口家庭化发展正处于从第二阶段向第三阶段过渡的时期，这意味着今后将会有更多的儿童加入流动人口行列①。伴随家庭化人口流动增多，跨省流动人口比例也呈增长趋势。研究显示，1982—2020 年间，跨省流动人口比例上升了 16.78 个百分点。人口流动方向主要是从中西部欠发达地区流向东部发达地区，各省流入人口规模和流入强度呈现出“大者恒大”“强者恒强”的态势②。2020 年农民工随迁子女规模最多的省份仍然是广东、江苏、浙江等发达地区，农民工随迁子女流动趋势与流动人口在全国各省区的分布基本一致。

“望子成龙，望女成凤”是中国普通家庭最真实最朴素的期盼，在儒家社会，子女教育永远是家庭最重要的牵挂。在城镇化进程中，如何优先保障农民工随迁子女教育，通过解决好农民工随迁子女教育问题带动农民工的社会融入，从而推动农民工市民化和新型城镇化发展，这是实现社会共同富裕、促进城乡一体化发展的必然趋势。本章基于华中师范大学研究团队 20 年来的研究成果及相关文献，从教育公平的视野探讨农民工随迁子女教育发展问题、相关政策演变及未来政策制定和实施中亟须关注的议题。

第二节　农民工随迁子女教育公平之审视

围绕农民工随迁子女教育问题，学者们从人口学、心理学、社会学等不同学科视角进行了深入研究。人口学主要采用人口迁移理论、推-拉理论、托达罗模型等理论模型进行研究，心理学则采用身份认同理论、人格特征理论、心理适应理论等分析框架进行探讨，社会学主要运用社会排斥理论、社会资本理论、社会分层理论等展开分析。上述研究对我们深入思考农民工随迁子女教育政策问题有重要参考价值。本节立足教育公平理论透视农民工随迁子女教育政策实施状况及其演变特征，同时借助人口学和社会学相关理论探讨农民工随迁子女教育政策研究需要关

① 段成荣，吕利丹，邹湘江. 当前我国流动人口面临的主要问题和对策：基于 2010 年第六次全国人口普查数据的分析[J]. 人口研究，2013，37(2)：17-24.

② 王桂新. 中国人口流动与城镇化新动向的考察：基于第七次人口普查公布数据的初步解读[J]. 人口与经济，2021(5)：36-55.

注的议题。

教育公平与教育平等、教育正义密切关联，事实上三者既有区别也有联系。从三者的区别看，公平是一个程序和过程的概念，是社会制度的首要原则；平等是一个状态或结果的概念，指向的是人类最基本的权利；而正义本质上是一个应然的概念，是人类社会之首善①。从三者的联系看，罗尔斯关于公平的观点集中体现在他提出的两个正义原则之中：(1) 平等的自由原则，主要规范公民的基本自由；(2) 公平的机会平等原则和差别原则，主要调节社会和经济的不平等以及机会的公平分配②。因此，按照公平的原则分配资源，其结果不是追求数量上的绝对平等，而是成比例的相等③。教育公平不仅要确保所有人享有受教育权利，而且要保证受教育机会平等地向所有人开放，并对弱势群体提供教育补偿。从操作性定义看，本节重点从教育起点公平、过程公平、结果公平探讨农民工随迁子女教育发展现状与问题，此操作路径基本遵循了科尔曼和胡森等学者对于教育公平或教育机会均等问题的探究思路。

一、教育起点公平

教育起点公平，指学生受教育权利平等和入学机会平等，使来自不同社会背景的学生有机会进入同样质量的学校④。起点公平是实现教育公平的前提条件，体现的是“有教无类”的思想。当前，农民工随迁子女在义务教育阶段的起点公平取得了巨大成就，但是在部分地区农民工随迁子女在城市就学还面临较高的“入学门槛”，遭遇各种显性与隐性的教育不公。有学者运用文本分析方法，分析了全国 117 个地区政策文本中设置的“入学门槛”⑤，其特点为：(1) 入学所需条件种类繁多、权

---

① 俞可平.重新思考平等、公平和正义[J].学术月刊,2017,49(4):5-14.

② 约翰·罗尔斯.正义论(修订版)[M].何怀宏,等译.北京:中国社会科学出版社,2009:47.

③ 亚里士多德.政治学[M].吴寿彭,译.北京:商务印书馆,1965:132.

④ 褚宏启.教育公平的原则重构与制度重组:兼论什么样的教育不平等是公平的[J].教育学报,2020,16(5):19-27.

⑤ 雷万鹏,汪传艳.农民工随迁子女“入学门槛”的合理性研究[J].教育发展研究,2012,32(24):7-13.

重不一。(2)“门槛”设置存在区域差异。珠三角地区“入学门槛”相对较高，长三角地区“入学门槛”相对偏低；省会城市和直辖市“入学门槛”高于县（市、区）级城市。（3）显性“门槛”与隐性“门槛”并存。有64个地区将中央规定的“就近入学”解释为在“定点学校”或“指定学校”就读（占54.7%)；与此同时，约10%的地区将“入学”曲解为“非转学”，仅接收小学一年级和初中起始年级学生。可见，对于经济收入低、学历低、居住时间短的农民工而言，城市暂住证、户口簿、居住合同、劳务合同、社会保险证明、学籍档案等一系列入学条件都会增加其随迁子女就读公立学校的难度。一项基于对46个地级及以上城市的调查发现，北上广深农民工随迁子女获得教育公平的难度明显高于全国其他地区。上述地区62.87%的随迁子女在公办学校就读，比全国平均水平低9.98个百分点；16.10%的随迁子女在民办学校就读，比全国平均水平高出9.54个百分点①。

针对随迁子女异地高考政策的分析发现，不同地区的“高考门槛”存在差异。其中，发达地区（如上海、北京、广州等）和经济不发达地区（如新疆、青海、甘肃等）以实行“高门槛政策”为主，而其余大部分省市实行相对的“低门槛政策”。从各地的政策方案来看，异地“高考门槛”各有高低，大不相同，但有相当一部分地区将“高考门槛”设置与随迁子女家长身份挂钩。例如，北京市随迁子女异地高考政策要求，农民工须持有有效期内的北京市居住证、居住登记卡或工作居住证；有合法稳定住所和职业；连续缴纳一定年限的社会保险；其子女有本市学籍且已连续就读高中3年。但是，符合上述资格的考生仅可申请参加高等职业学校招生考试。

二、教育过程公平

如果说教育起点公平强调的是学生受教育权利和受教育机会，那么

① 李晓琳.进一步完善农民工随迁子女教育政策:基于对46个地级及以上城市的问卷调查[J].宏观经济管理,2022(6):38-45.

教育过程公平则是在保障所有学生平等权利的同时，尊重不同学生之间的差异和多样性，是一种“有差异的平等”①。在现有的教育公平评价指标中，教育过程公平指标往往被学业成绩、受教育年限等教育产出指标所遮掩，没有得到足够的重视。事实上，教育过程公平涵盖了教育教学的全过程，包括学生的分班分组、课程教学、同伴交往、师生关系、学校文化等多个层面，追求教育过程公平，能够保障来自不同社会背景的学生在教育过程中受到公平的对待。

随迁子女进入城市学校后，面临新的生活环境和人际关系，能否尽快适应和融入学校成为衡量其教育过程公平的重要指标。有学者指出，由于农民工随迁子女面临“入学门槛”的限制，同时伴随父母工作地点的转换，部分随迁子女往往面临频繁转校的问题，加上转入校和转出校在师生交往、课程教学、校园文化、教育质量、社区环境等方面的差异，从而增加了随迁子女学习适应难度，形成“弱势积累”效应②。从纵向弱势积累来看，频繁转学不利于学生掌握扎实的知识和培养良好的学习习惯；从横向弱势积累来看，某一课程薄弱会影响到其他课程的学习。华中师范大学乡村教育课题组采用张大均等编制的《青少年心理健康素质调查表》之适应分量表，从“身体适应”“情绪适应”“人际适应”“学习适应”“社会适应”“生活适应”六个维度对全国六市（区、县）的学生进行学校适应性调查③。研究发现，随迁子女学校适应性存在以下四个方面的差异：（1）性别差异。虽然男生和女生在总体学校适应性上没有显著差异，但男生在情绪适应上优于女生。（2）家庭差异。在随迁子女群体内部，独生子女与非独生子女的学校适应性有显著差异，独生子女在情绪适应、人际适应、学习适应、社会适应和生活适应几个维度上均优于非独生子女。（3）学校差异。在公办学校就读的随迁子女的学校适应性优于民办学校的随迁子女。在公办学校就读的随迁子女在身

① 杨小微.为促进教育过程公平寻找合适的“尺度”[J].探索与争鸣,2015(5):8-10.

② 邬志辉,李静美.农民工随迁子女在城市接受义务教育的现实困境与政策选择[J].教育研究,2016,37(9):19-31.

③ 徐璐.公平视野下农民工随迁子女教育问题研究[D].武汉:华中师范大学,2017.

体适应、情绪适应、社会适应和生活适应等方面优于民办打工子弟学校学生。(4) 流动类型差异。跨省流动的随迁子女学校适应性比省内流动的随迁子女更好，且存在显著差异。跨省流动的随迁子女在情绪适应、人际适应上比省内流动的更好。

围绕农民工随迁子女学校适应不良问题，越来越多的学者开始关注家庭、学校和社会在随迁子女成长中的协同作用。研究发现，来自父母和朋友的支持能显著提高随迁子女的情绪适应和行为适应的发展，其中，良好的亲子关系能够有效缓解各种压力事件对随迁子女社会行为的消极作用，而积极的同伴关系能有效保护随迁子女免于遭受压力事件带来的消极情绪体验①。对北京市随迁子女的追踪调查显示，增加公立学校学习机会、降低流动频率和提高心理弹性等举措能减少随迁子女的孤独感②。还有研究指出，社会支持能显著调节随迁子女对负面生活事件的感知，从而保持健康的心理发展③。

三、教育结果公平

教育结果公平指的是让所有学生在发展水平上都达到基本标准④。结果公平是农民工随迁子女教育公平的最终目标。随迁子女的教育结果公平实际受到两种力量的支配：一是来自政府的政策安排，即从制度上降低或扭转随迁子女的教育机会不公平；二是来自流入地学校教育水准以及随迁子女家庭教育参与能力⑤。从教育结果来看，随迁子女学业成绩是教育产出的重要衡量指标。有学者指出，不仅在民办学校与在公办

① 王晖，熊昱可，刘霞.亲子关系和朋友支持对流动儿童情绪和行为适应的保护作用[J].心理发展与教育，2018，34(5)：614-624.

② 叶枝，柴晓运，郭海英，等.流动性、教育安置方式和心理弹性对流动儿童孤独感的影响：一项追踪研究[J].心理发展与教育，2017，33(5)：595-604.

③ 杨会芹，刘晖，周宁.社会支持在城市流动儿童生活事件与心理健康关系中的调节效应[J].中国临床心理学杂志，2016，24(6)：1120-1122.

④ 褚宏启.新时代需要什么样的教育公平：研究问题域与政策工具箱[J].教育研究，2020，41(2)：4-16.

⑤ 卢伟，褚宏启.基于结构方程模型的随迁子女学业成绩影响因素研究：起点、条件、过程、结果的全纳视角[J].教育研究与实验，2019(2)：59-67.

学校就读的随迁子女之间存在较大成绩差距和心理发展差距[①]，城市儿童与随迁子女在学业成绩上也有显著差异[②]。

华中师范大学乡村教育课题组基于对湖北和广东两省农民工随迁子女的调研发现，随迁子女学业成绩上存在群体差异，语文、数学和英语成绩差异来自学生个体及家庭的因素分别为57%、59%和38%，来自班级和学校的因素分别为43%、41%和62%[③]。具体来说，在个体及家庭层面，女生在语文和英语成绩上优于男生，男生数学成绩更优；转学次数和跨省流动均对成绩有负向影响；亲子沟通和交流对语文、数学和英语成绩有显著促进作用；家长的陪伴时间与子女的语文和英语成绩成正相关；家长教育期望越高，子女的语文成绩越好。在班级和学校层面，班级中随迁子女占比与语文和英语成绩显著负相关，教师接纳度对语文成绩有显著正向影响，就读于公办学校的随迁子女，其语文和数学成绩显著高于打工子弟学校学生。

本研究从起点公平、过程公平和结果公平三个维度对农民工随迁子女教育公平问题进行了梳理，基本结论如下：第一，在随迁子女教育起点公平方面，我国义务教育基本实现了随迁子女“有学上”的目标，但“上好学”的目标还远未实现。虽然异地中高考政策有所松动，但随迁子女“多上学”（义务教育后就地升学）的诉求未根本满足，城乡间、区域间、城市间“以邻为壑”的制度壁垒还未消除。第二，在随迁子女教育过程公平方面，随迁子女与本地儿童的学校适应性存在差距，在公办学校与民办学校就读的随迁子女间学校适应性表现有差异，前者优于后者。第三，在随迁子女教育结果公平方面，在公办学校与民办学校就读的随迁子女间学业成绩表现有差异，前者优于后者。总的来看，农民工随迁子女教育取得显著成效。不过，从教育公平视野来看，农民工随迁子女在起点公平、过程公平和结果公平方面有待进一步改进。农民工

① 王蕊.城市随迁子女能力发展及其影响因素：不同就读条件下的实证分析[J].全球教育展望，2020，49(5)：3-18.

② 朱斌，王元超.流动的红利：儿童流动状况与学业成就研究[J].人口与发展，2019，25(6)：38-51，95.

③ 徐璐.公平视野下农民工随迁子女教育问题研究[D].武汉：华中师范大学，2017.

随迁子女教育，不单单是一个教育问题，更是一个社会问题。经济发展、产业结构、区域差异、社会分层等因素对农民工随迁子女教育政策产生重要影响，农民工随迁子女教育政策的完善也不是一蹴而就的，而是有一个历史演变过程。

第三节　农民工随迁子女教育政策之演变

从政策演变过程来看，20 多年来我国农民工随迁子女教育政策可以划分为以下四个阶段（详见表 5-1）。

第一，严格限制阶段（1998—2000 年）。1998 年，国家教委联合公安部发布《流动儿童少年就学暂行办法》规定，“流动儿童少年就学以在流入地全日制公办中小学借读为主，也可入民办学校、全日制公办中小学附属教学班（组）以及专门招收流动儿童少年的简易学校接受义务教育”。但与此同时，受城乡户籍制度的制约，该政策严格控制义务教育阶段学龄儿童的外流规模，只有符合一定条件的流动儿童方能在流入地获得就学机会。面对学龄段随迁子女的失学现象，我国政府以部门法规的形式对之作出较为明确的规定，体现了政府对随迁子女义务教育诉求的回应和对教育问题的积极干预。但是，这一时期随迁子女只能以借读或择校的方式缴费进入公办学校或质量较差的民办学校就读，不仅借读费较高，而且入学条件较为严格。

第二，“两为主”阶段（2001—2013 年）。2001 年，国务院出台了《关于基础教育改革与发展的决定》，首次提出了“两为主”政策，即以“流入地政府管理”和“全日制公办中小学”为主，该政策明确了承担随迁子女教育的责任主体。2003 年，教育部等六部委印发《关于进一步做好进城务工就业农民子女义务教育工作的意见的通知》，要求进一步落实“两为主”政策，并在政府责任、行政规章、接收渠道、经费保障、教育费用、民办学校扶持等方面作了具体规定。2010 年，《国家中长期教育改革和发展规划纲要（2010—2020 年）》指出，不仅要确保进城务工人员随迁子女平等接受义务教育，还要研究制定进城务工人员随迁子女接受义务教育后在当地参加升学考试的办法。2012 年，教育部等四部门印发《关于做好进城务工人员随迁子女接受义务教育后在当地参加升学考试工作的意见》，向各省市提出“因地制宜制定随迁子女升学考试具体政策”，“统筹做好随迁子女和流入地学生升学考试工作”的要求。同年，国务院发布的《关于深入推进义务教育均衡发展的意见》首次增加了“在公办学校不能满足需要的情况下，可采取政府购买服务等方式保障进城务工人员随迁子女在依法举办的民办学校接受义务教育”的规定，回应了公办学校无法容纳全部随迁子女的问题。从整体来看，上述政策体现了以下特点：其一，要求流入地政府协调教育、公安、财政等部门做好随迁子女义务教育工作，体现了流入地政府从“严格限制”阶段的“被动应对”转变为“两为主”阶段的“主动接纳”。其二，在评优奖励、入队入团、课外活动等方面，要求全日制公办中小学做到进城务工就业农民子女与城市学生一视同仁，凸显了政府对随迁子女教育起点、教育过程和教育结果公平的关注。其三，加强政府对以接收农民工随迁子女为主的民办学校的扶持和管理，以政府为主导购买市场服务，增加随迁子女家庭能够选择的学校种类和数量，满足规模日益庞大的随迁子女异地就学需求。

第三，“两纳入”阶段（2014—2015 年）。2014 年国务院先后出台《国家新型城镇化规划（2014—2020 年）》《关于进一步推进户籍制度改革的意见》《关于进一步做好为农民工服务工作的意见》，从国家战略层面对农民工随迁子女的教育责任、教育融入和教育需求三方面的问题给予了高度重视。这一阶段政策的特点为：一是将随迁子女的义务教育纳入各级政府教育发展规划和财政保障范畴（简称“两纳入”），通过强调各级政府及其教育职能部门在随迁子女教育中的责任，以解决地方政府事权与财权不对称问题，并进而突破随迁子女在流入地接受义务教育的瓶颈；二是保障农民工随迁子女接受义务教育以公办学校为主，并与城镇户籍学生混合编班，统一管理，这打破了以往城市户籍学生与随迁子女分校就读、分班就读的隔离现象，促进了随迁子女的教育融合与城市融入；三是完善和落实了随迁子女在流入地接受普惠性学前教育和参加升学考试的政策。在随迁子女平等接受义务教育得到保障后，政策的关注点逐步向义务教育学段的两端延伸，涵盖了学前教育、异地中考和异地高考。

第四，“两统一”阶段（2016 年至今）。2016 年，国务院出台《关于统筹推进县域内城乡义务教育一体化改革发展的若干意见》，要求统一建立以居住证为主要依据的随迁子女入学政策，统一推动“两免一补”资金和生均公用经费基准定额资金可随学生流动，通过强化中央政府的分担责任，缓解地方政府的管理压力（简称“两统一”）。2017 年，《县域义务教育优质均衡发展督导评估办法》将随迁子女在公办学校和政府购买服务的民办学校的就读比例（不低于 85%），作为衡量县域义务教育优质均衡发展的重要指标。2020 年，《关于进一步加强控辍保学工作 健全义务教育有保障长效机制的若干意见》要求做好随迁子女就学工作，保障适龄随迁子女接受义务教育的权利。在这一阶段，随迁子女教育政策更关注过程公平和结果公平，政府在教育中的作用不仅是提供充足的教育服务，更要保障教育资源的有效配置和公平配置。

从政策演变历程看，农民工随迁子女教育保障工作已取得了重大成就。主要体现在以下六个方面：（1）流入地政府从“被动应对”到“主动接纳”。从 2001 年之前严格限制义务教育阶段适龄儿童外流，到形成“农民工子女向城流动是必然趋势”的共识，随迁子女教育政策从“两为主”“两纳入”到“两统一”的政策定位，体现了国家对农民工随迁子女教育问题积极应对的政策设计思路。（2）政策对象从泛化到精准化。从 2001 年之前的“流动人口子女”到 2003 年起政策对象确定为“农民工随迁子女”，政策话语从泛化到精准化。这表明国家对农民工随迁子女教育问题的关注不断加强。（3）从保障入学机会到关注教育过程与教育结果公平。新时代，我国义务教育发展的主要矛盾已经转变为人民日益增长的优质教育需要与不平衡、不充分的教育发展之间的矛盾。经过几十年发展，农民工随迁子女“有学上”的需求已基本得到满足，未来随迁子女教育政策必须适应教育供求关系变化，关注随迁子女教育过程公平和教育结果公平。（4）从义务教育学段向学前教育和高中教育

表 5-1　农民工随迁子女教育政策演变（1998—2020 年）

年份	政策名称	颁发部门	主要内容	政策阶段
1998	《流动儿童少年就学暂行办法》	国家教育委员会、公安部	“流动儿童少年常住户籍所在地人民政府应严格控制义务教育阶段适龄儿童少年外流”；“流动儿童少年就学，以在流入地全日制公办中小学借读为主”。	严格限制阶段
2001	《关于基础教育改革与发展的决定》	国务院	首次提出“两为主”政策。	“两为主”阶段
2003	《关于进一步做好进城务工就业农民子女义务教育工作的意见》	教育部等六部门	进一步落实“两为主”政策，并在政府责任、行政规章、接收渠道、经费保障、教育费用、民办学校扶持等方面作了具体规定。	
2010	《国家中长期教育改革和发展规划纲要（2010—2020 年）》	中共中央国务院	“坚持以输入地政府管理为主、以全日制公办中小学为主，确保进城务工人员随迁子女平等接受义务教育，研究制定进城务工人员随迁子女接受义务教育后在当地参加升学考试的办法。”	
2012	《关于做好进城务工人员随迁子女接受义务教育后在当地参加升学考试工作的意见》	教育部、发展改革委、公安部、人力资源社会保障部	向各省市提出“因地制宜制定随迁子女升学考试具体政策”、“统筹做好随迁子女和流入地学生升学考试工作”的要求。	

续表

年份	政策名称	颁发部门	主要内容	政策阶段
2012	《关于深入推进义务教育均衡发展的意见》	国务院	“在公办学校不能满足需要的情况下，可采取政府购买服务等方式保障进城务工人员随迁子女在依法举办的民办学校接受义务教育。”	“两纳入”阶段
2014	《国家新型城镇化规划（2014—2020年）》	中共中央 国务院	“建立健全全国中小学生学籍信息管理系统，为学生学籍转接提供便捷服务。将农民工随迁子女义务教育纳入各级政府教育发展规划和财政保障范畴，合理规划学校布局，科学核定教师编制，足额拨付教育经费，保障农民工随迁子女以公办学校为主接受义务教育。对未能在公办学校就学的，采取政府购买服务等方式，保障农民工随迁子女在普惠性民办学校接受义务教育的权利。逐步完善农民工随迁子女在流入地接受中等职业教育免学费和普惠性学前教育的政策，推动各地建立健全农民工随迁子女接受义务教育后在流入地参加升学考试的实施办法。”	
2014	《关于进一步推进户籍制度改革的意见》	国务院	进一步调整户口迁移政策：全面放开建制镇和小城市落户限制；有序放开中等城市落户限制；合理确定大城市落户条件；严格控制特大城市人口规模；重点解决进城时间长、就业能力强、可以适应城镇产业转型升级和市场竞争环境的人员落户问题。（关于随迁子女教育的讨论同上）	

续表

年份	政策名称	颁发部门	主要内容	政策阶段
2014	《关于进一步做好为农民工服务工作的意见》	国务院	“公办义务教育学校要普遍对农民工随迁子女开放，与城镇户籍学生混合编班，统一管理。”	两统一”阶段
2016	《关于统筹推进县域内城乡义务教育一体化改革发展的若干意见》	国务院	统一建立以居住证为主要依据的随迁子女入学政策，统一推动“两免一补，资金和生均公用经费基准定额资金随学生流动可携带。	
2017	《县域义务教育优质均衡发展督导评估办法》	教育部	全县符合条件的随迁子女在公办学校和政府购买服务的民办学校就读的比例不低于85%”。	
2020	《关于进一步加强控辍保学工作健全义务教育有保障长效机制的若干意见》	教育部等十部门	“认真做好随迁子女就学工作，户籍所在地应掌握随迁子女就学情况，随迁子女在流入地（即其学籍所在地）辍学的，原则上由流入地负责组织劝返；辍学后跨省流动的，原流入地应书面通知户籍所在地省份，由户籍所在地会同新流入地做好劝返复学工作。”	

延伸。在“两为主”阶段，随迁子女教育政策重心在义务教育学段，到“两纳入”阶段，我国已经开始关注随迁子女接受普惠性学前教育以及“普职分流”的问题。(5) 政府主导与市场机制的互补性。在政策早期，我国以市场自发解决随迁子女教育问题为主，到“两为主”阶段，流入地政府的随迁子女教育责任不断凸显，强调以政府购买服务等方式保障农民工随迁子女的受教育权利。(6) 农民工群体分化与教育融合。随着我国农民工群体规模日益庞大，新生代农民工引起了社会的广泛关注。该群体与第一代农民工相比，不仅在成长环境、社会认知等方面存在显著差异，而且其对子女接受优质义务教育的需求更为强烈。从各地的典型做法看，探索随迁子女教育融合机制已成为随迁子女教育发展的重要问题。

第四节　农民工随迁子女教育政策之反思

从推进城乡一体化发展与社会共同富裕的战略视野来看，我国农民工随迁子女教育政策亟须变革，以下七方面的问题是制定与实施相关政策时必须关注的议题。

第一，“入学门槛”合理性问题。“入学门槛”的设置反映了人口流动与属地化教育管理之间的矛盾。《2021 年农民工监测调查报告》统计数据显示，2021 年全国农民工总量 29251 万人，其中，外出农民工 17172 万人，比上年外出务工人数增长 1.3%。农民工家庭化迁移特征使得大量随迁子女涌入城市就学，城市教育容量与随迁子女教育需求之间的供求矛盾不断凸显。依据人口学“推-拉理论”，虽然流入地城市优质的教育资源对农民工及其子女的融入产生了强大的拉力，但是流入地城市设置的过高“门槛”也使得相当部分农民工及其子女未能融入城市。究其根本，这是多方利益主体相互博弈的结果。在政策设计过程中，义务教育被视为一种社会福利，只有满足城市经济社会发展的“理想居民”才能享受当地的教育福利[①]。以此观之，政府设定的“入学门槛”无异于是一种新的筛选机制，不仅将弱势的农民工群体排斥在城市公共服务之外，而且在随迁子女内部带来了新的教育不平等。从教育公平的视角来看，各地方政府有必要创造条件不断降低随迁子女“入学门槛”，乃至取消“入学门槛”，保障农民工随迁子女的合法权益，促进社会流动和社会融合。

第二，“流动”还是“留守”。“流动”还是“留守”是农民工父母外出务工时必须为孩子作出的选择。在乡村振兴和城乡融合的背景下，举家迁移是农民工市民化的关键，有助于避免家庭离散和家庭教育功能弱化。从父母外出的影响效应来看，农村留守儿童会首先受到父母照料缺失的负面影响，随后才会获得父母收入增加的正向影响[②]。从两类农村儿童的发展状况来看，相比于留守子女，随迁子女的家庭文化环境更优，且认知能力发展水平更高[③]。在现实生活中，子女随迁与否需要农民工父母多方权衡利弊，随迁子女的个体特征、家庭背景和流入地的政策都会影响农民工对其子女的随迁选择。在众多因素中，农民工父母能否为子女提供物质保障、子女就学的难易程度是影响其决策的最主要因素[④]。因此，为避免“拆分型”家庭模式对农村儿童的不利影响，政府应通过制度变革的方式，提高农民工社会保障水平，取消歧视性教育政策，为农民工家庭化迁移决策提供有利条件。

第三，两端延伸与异地中高考。城镇化进程中人口的大规模流动，不仅带来随迁子女义务教育问题，还有随迁子女接受学前教育和异地中高考问题。在随迁子女接受学前教育的机会方面，虽然随迁子女与户籍儿童的在园概率没有显著差别，但是随迁子女进入公立幼儿园的概率远

---

① 余晖.农民工随迁子女入学门槛缘何提高?:多源流模型的视角[J].基础教育,2018,15(5):72-79.

② 高玉娟,白钰,马跃,等.正负效应的先来后到:父母外出对留守儿童学业表现的影响研究[J].劳动经济研究,2018,6(3):97-113.

③ 俞韦勤,胡浩.随迁与留守子女认知能力及影响因素差异:基于中国教育追踪调查2013—2014年数据[J].湖南农业大学学报(社会科学版),2018,19(6):49-56.

④ 杨舸,段成荣,王宗萍.流动还是留守:流动人口子女随迁的选择性及其影响因素分析[J].中国农业大学学报(社会科学版),2011,28(3):85-96.

低于户籍儿童，仅有后者的38%。进一步的分析表明，随迁子女接受学前教育的机会受到了户籍制度和教育制度的双重排斥①。围绕不同特征的随迁子女家庭的研究也发现，农业户籍、跨省流动家庭的随迁子女入园机会更低，而父母学历高、有家庭教育储蓄的随迁子女入园机会显著更高②。可见，户籍仍是制约随迁子女入园的关键因素。

各地随迁子女异地中高考政策的出台为随迁子女在流入地的升学问题提供了解决方案，保护了进城务工人员子女的受教育权利。但是，从公共政策合理性的视角来看，流入地政府设置的异地高考政策还存在诸多不合理的地方，具体表现为：一是部分地区关于家长的准入条件不合理。如某些地区将家长具有合法稳定职业、合法稳定住所以及参加社会保险年限作为准入条件。其中，前两项规定体现了异地工作家长的辨识度和常住人口的基本特征，在某种程度上意在限制“高考移民”现象，设置较为合理；但后一项规定并未涵盖城市中的灵活就业或自主创业人员，很显然其子女将被异地高考政策排除在外。二是部分地区关于学生的准入条件不合理。在异地高考方案中，大部分省份均将学生有高中学籍且连续就读3年作为准入条件，但有相当一部分省份还要求其有本地的初中毕业证书或中考成绩，这加大了随迁子女异地高考的“门槛”限制。三是部分地区在报考院校方面区别对待，符合准入条件的随迁子女仅能报考高职院校，未能同当地学生享有同等待遇。因此，政府应继续以教育公平为价值取向，一方面逐步改革现有的户籍制度，在人口聚集压力较小的城市适当放宽落户条件，促进农民工市民化，保障随迁子女享有城市优质教育资源；另一方面政府要填补随迁子女学前教育政策的“空白地带”。中央政府应建立随迁子女学前教育经费保障机制，同时各地方政府应科学研判未来人口分布趋势，规范不合理的幼儿园招生政策，以确保随迁子女的学前教育机会和权益。此外，政府还要对不合理的异地中高考政策进行修正，突出对学生“学籍”的合理要求，弱化对家长

---

① 杨菊华，谢永飞.流动儿童的学前教育机会：三群体比较分析[J].教育与经济，2015(3)：44-51，64.

② 邢芸，胡咏梅.流动儿童学前教育选择：家庭社会经济背景及迁移状况的影响[J].教育与经济，2015(3)：52-57.

"参加社会保险"等准入条件的限制，建立"常住户口+学籍"的异地高考制度。

第四，家庭教育决策机制与教育需求表达。农民工家庭化迁移是重要的公共政策活动，将家庭视角纳入公共政策，更有助于完善随迁子女教育政策。从家庭政策视角来看，虽然父母与子女分离是流动家庭主动选择的结果，但是流入地的教育阻力也是十分重要的因素①。家庭经济条件和城市户籍的限制使得随迁子女"上好学"的家庭教育需求难以得到满足。从横向来看，农民工随迁子女和当地适龄儿童在家庭教育支出上存在显著差距。在同一县区内，农民工随迁子女家庭的教育支出明显更高，且这一差距在东部地区更为突出。从纵向来看，民办打工子弟学校学生的家庭教育支出显著高于公办学校学生②。教育决策的理性行动理论认为，个体能否接受教育取决于本人及其家庭对教育成本和收益的理性判断，教育成本、升学概率和教育投资回报是影响家庭教育决策的重要因素③。从社会分层理论的角度来看，学历、收入差距和职业差别使得农民工群体内部产生了社会分化，这种分化对其教育决策产生了重要影响④。父母学历高、家庭收入高、职业类型更稳定的农民工，其子女随迁就读的意愿更强。但是，流入地较高的生活成本和不利的制度阻碍了随迁子女获得教育公平。因此，一方面，政府应当关注弱势农民工家庭的教育需求，承担"兜底"的教育保障责任；另一方面，依据利益获得原则，流入地政府享受到流动人口红利的同时，应该承担相应的公共服务责任，尽力消除教育发展的制度障碍，确保随迁子女义务教育政策更公平更有成效。

第五，新生代农民工随迁子女教育问题。依据《中国流动人口发展

---

① 徐晓新，张秀兰.将家庭视角纳入公共政策：基于流动儿童义务教育政策演进的分析[J].中国社会科学，2016(6)：151-169，207.

② 周丽萍，庾紫林，吴开俊.新生代农民工随迁子女义务教育财政公平探究：基于中国教育追踪调查和实地调研[J].教育发展研究，2019，39(20)：61-69.

③ BREEN R，GOLDTHORPE J H. Explaining Educational Differentials：Towards a Formal Rational Action Theory[J].Rationality & Society，1997，9(3)：275-305.

④ 雷万鹏，徐璐.城镇化背景下农民工子女就学地选择意愿及其影响因素研究[J].华中师范大学学报(人文社会科学版)，2016，55(6)：150-158.

报告2018》数据统计，2017年流动人口中，新生代流动人口所占比重为65.1%。新生代农民工作为我国农民工群体的主力军，已成为现代化建设的重要力量。在城镇化背景下，“代际效应”已成为农民工对子女教育选择最重要的特征。相比于第一代农民工，新生代农民工对子女就学地点的意愿有强烈的城市偏好，实现这种意愿的能力也较强①。但是，受社会身份、经济地位和流入地教育资源等因素的束缚，新生代农民工随迁子女“上学难”“上学贵”问题日益突出，学前教育阶段尤为明显②。有学者认为，在城市人口政策和家庭教育决策的双重影响下，农民工子女频繁在“农村留守儿童”和“城市随迁子女”两种身份中转换，形成了“钟摆式”或“候鸟式”流动轨迹。还有学者认为，在新型城镇化背景下，中小城市的落户政策和面向农民工子女的教育产业为随迁子女教育提供了新的选择，产生了儿童“离城不回乡”与“回流不返乡”现象③。由此看来，虽然新生代农民工随迁子女与第一代农民工子女有相似的教育问题，但是在新的时代背景下又呈现出独特性和复杂性，在义务教育属地化管理的背景下，如何构建与人口流动相适应的教育资源配置机制，成为促进新生代农民工随迁子女教育发展的重要议题。

第六，县镇教育的“蓄水池”功能。在我国传统城镇化进程中，人口异地城镇化占据主导模式，导致出现了一系列负面效应，如：“城市病”“空心村”“留守儿童”“随迁子女”等。为化解异地城镇化带来的经济、社会和环境等问题，就地城镇化和就近城镇化成为我国新型城镇化的现实路径选择。县镇作为就近、就地城镇化的载体，是城市与乡村的连接点。发挥县镇教育的“蓄水池”作用，有利于减少农民工及其子女的无序流动，缓解大城市教育供求矛盾。研究发现，教育城镇化发展趋势势不可挡，80%以上的农村家长希望子女在城镇地区读书，对于游

---

① 雷万鹏，徐璐.城镇化背景下农民工子女就学地选择意愿及其影响因素研究[J].华中师范大学学报(人文社会科学版)，2016，55(6)：150-158.

② 雷万鹏.新生代农民工子女教育调查与思考[J].华中师范大学学报(人文社会科学版)，2013，52(5)：139-146.

③ 韩嘉玲，余家庆.离城不回乡与回流不返乡：新型城镇化背景下新生代农民工家庭的子女教育抉择[J].北京社会科学，2020(6)：4-13.

走在城乡之间的农民工及其子女而言，乡镇学校是接纳那些希望到城市读书但缺乏足够经济实力家庭学生的重要场所[①]。也有学者指出，县域经济的迅速发展尚无法与其人口承载能力相匹配，部分随迁子女的父母再次外出到大城市务工，导致“流动中的留守儿童”这一新群体的出现，他们相比于一般随迁子女处于更劣势的地位，在学业表现、同伴关系、心理适应方面均存在不同程度的问题[②]。因此，在就地、就近城镇化发展思路下，各地政府有必要大力提高县镇公共服务水平，推动“教育强县”“教育强镇”建设，避免“流动中的留守儿童”再次成为家庭“被迫”的理性选择，帮助随迁子女在家门口享受优质教育。

第七，中央与地方、流入地与流出地政府责任。从不同政府间的责任分担情况来看，中央政府并没有明确规定地方政府应尽的责任和义务，农民工随迁子女教育问题仍未得到有效解决。一方面，“钱随人走”政策导致流出地政府义务教育经费缩减，教育供给数量和质量难以保证；另一方面，在现有随迁子女入学体制下，农民工集中流入地政府在公共产品供给方面经受着巨大的财政压力。2015 年，国务院发布的《关于进一步完善城乡义务教育经费保障机制的通知》指出，“落实生均公用经费基准定额所需资金由中央和地方按比例分担，西部地区及中部地区比照实施西部大开发政策的县为 8∶2，中部其他地区为 6∶4，东部地区为 5∶5”。按此规定，农民工随迁子女的可携带资金被限定为生均公用经费基准定额的一部分，仅能覆盖随迁子女生均经费支出的一小部分。由于农民工随迁子女的生均教育经费与当地适龄儿童存在巨大差距，中央政府“以奖代补”的激励机制难以补偿流入地政府所支出的教育成本。此外，随迁子女义务教育属地管理的原则，导致责任主体层层下移，基层政府事权与财权不对称，农民工随迁子女的义务教育不公平问题长期存在且未能完全解决。为保障随迁子女的受教育权利，教育资源充裕的流入地政府应将全部随迁子女纳入地方教育接收范围之内，教育资源承

---

① 雷万鹏.家庭教育需求的差异化与学校布局调整政策转型[J].华中师范大学学报(人文社会科学版),2012,51(6):147-152.

② 杜海峰,张若晨,刘朔.就地就近城镇化背景下“流动中的留守儿童”在校状况与适应[J].西安交通大学学报(社会科学版),2018,38(3):1-11.

载能力较弱的流入地政府应确保在城市长期居住的农民工的随迁子女入学，而中央政府亟须对弱势随迁子女承担“兜底”的教育保障责任，并实行专项教育补偿。

当前，农民工随迁子女教育政策仍陷于“基于身份”还是“基于权利”、“基于个人”还是“基于家庭”的迷障之中，重“户籍身份”轻“教育权利”、重“个人支持”轻“家庭支持”等不合理政策理念还未完全转变。从教育公平视角来看，接受教育是每个儿童少年都应享有的基本权利，各地不能因为教育供求矛盾而剥夺农民工随迁子女的教育权利。从流动家庭化的基本特征来看，“只见个人不见家庭”的政策取向已难以适应城乡融合发展大势[①]。随着新型城镇化战略的快速推进，将会有越来越多的农民工及其子女加入流动大军。目前，受户籍制度和教育制度的双重约束，新老两代农民工随迁子女依然面临各种“制度性门槛”，这不仅有悖于教育公平与社会公正，而且制约了农民工市民化和城乡一体化发展。在推进社会共同富裕背景下，如何破解制约农民工随迁子女教育公平的体制机制障碍，深度推进随迁子女教育高质量发展，既是一个教育议题也是一个重大的社会议题。

---

① 聂飞.农民工家庭化迁移研究：基于家庭视角下的公共政策研究[J].新疆社会科学，2021(4)：158-167.

第六章　农民工子女就学地选择意愿及其影响因素研究

第一节　问 题 提 出

改革开放以来，我国城镇化率不断提高。国家统计局的数据显示，1978 年城镇化率为 17.92%，2015 年达到 56.1%。在城镇化发展进程中，学术界有关城镇化的发展模式始终存在争议，归纳起来至少有三种观点。其一，大城市优先发展论，认为大城市有利于资源聚集、产业分工和社会分工，从而带来更高的规模效益，因此要以核心大城市的发展带动城市群的发展，中小城镇的发展也要以大城市为依托①。其二，小城镇优先发展论，认为在中国人口规模巨大，城乡差异悬殊的背景下，发展小城镇是遏制人口盲目向大城市流动的屏障和“蓄水池”，有利于释放基层的巨大潜力，也有更强的现实基础②③，还有学者提出要适度集中小城镇，以发展县域或县域中心城镇为主④⑤。其三，中等城市优先发展论，

① 陆铭，向宽虎，陈钊.中国的城市化和城市体系调整：基于文献的评论[J].世界经济，2011，34(6)：3-25.

② 费孝通.小城镇 大问题(之二)：从小城镇的兴衰看商品经济的作用[J].瞭望周刊，1984(3)：22-23.

③ 李强，陈振华，张莹.就近城镇化与就地城镇化[J].广东社会科学，2015(1)：186-199.

④ 辜胜阻，李永周.我国农村城镇化的战略方向[J].中国农村经济，2000(6)：14-18.

⑤ 蔡荣，虢佳花，祁春节.县域经济与城镇化的协调发展[J].统计与决策，2007(18)：118-120.

认为我国中等城市数量较多，分布比较均匀，应大力发展承上启下的次经济中心城市①。

城镇化发展模式的争议，反映了我国城镇化道路选择的复杂性和多样性。党的十八大以来，政府提出以人为本的新型城镇化发展战略。2014年的《关于进一步推进户籍制度改革的意见》提出，要全面放开小城镇和小城市落户限制，有序放开中等城市落户限制，逐步放宽大城市落户条件，合理设定特大城市落户条件，有序推进农业转移人口市民化。在此政策导向下，政府提出“就地城镇化”与“就近城镇化”的发展思路。也就是说，农民工的流动将不再是从农村到城市的单一路径，部分农民工可以以中小城镇为依托就业与生活。从理论上看，就地城镇化与就近城镇化将降低城镇化的制度障碍和社会成本，缓解城市资源的供给压力，但这种制度安排是否对农民工有足够激励，取决于农民工的家庭决策以及城镇对他们的吸引力。

城镇化不是简单的城市人口比例增加和城市面积扩张，更重要的是实现产业结构、就业方式、人居环境、社会保障等一系列由“乡”到“城”的重要转变，根本落脚点在于关注人的发展。在城镇化发展历史进程中，教育是不可或缺的一部分。传统儒家文化始终将教育视为头等大事，子女能否在城市享有平等受教育权利、自由选择就学地不仅是农民工融合城市的核心与关键，更是农民工“市民化”的重要标志。城镇化发展的不同选择模式，必然影响教育资源配置和学校布局结构。2001年以来，中央和地方执行以“撤点并校”为主导模式的学校布局调整政策，一定意义上顺应了城镇化发展趋势，带动了教育资源向城镇地区聚集。十多年来，城镇化引发的教育资源过度向城镇聚集也带来了城镇“大班额”与乡村学校“空壳化”并存的局面。研究表明，均等化的公共服务可以在一定程度上缓解人口向大城市聚集，促使劳动力的空间分

---

① 吴良镛，毛其智.关于我国中等城市发展问题的探讨：兼论京津冀地区中等城市的成长[J].城市发展研究，2004(6)：49-53.

布更均匀化，有效缓解大城市公共服务供给压力和拥挤效应①。因此，随着新型城镇化战略实施及户籍制度改革步伐的加快，教育资源配置必须兼顾乡村、县镇和城市发展的功能定位，以义务教育均等化发展调节人口流动。在此背景下，从需求视角探讨农民工子女就学地点选择意愿及其影响因素，有助于我们从家庭教育决策透视城镇化的内在驱动力，客观认识城乡不同区域教育发展地位，推动教育资源配置与经济社会的协调发展。

有鉴于此，本研究拟以就学地点的选择意愿为切入点，探讨城镇化背景下农民工子女教育需求的两种效应及其政策启示。其一是“分化效应”。农民工子女的教育需求在城市、县镇与乡村之间是否存在区域分布差异？其影响因素是什么？在国家鼓励一部分农民工就地城镇化的背景下，县镇教育对农民工家庭吸引力如何？其二是“代际效应”。与老一代农民工相比，新生代农民工对其子女就学地点的选择偏好是否存在差异？如果存在差异，这种差异对我国教育政策制定有怎样的启示？下文结构安排如下：第二部分是文献综述；第三部分是数据来源和研究方法；第四部分是实证研究结果与讨论；第五部分是政策启示。

第二节　文献回顾

儿童的留守或随迁是中国城乡人口迁移过程中的一个独特现象，在具有中国特色的城镇化背景下，农民工对子女就学地的选择，不是简单的教育决策，它关乎农村劳动力是否举家迁移的理性选择，也反映出政府对农民工迁移的制度安排。政府对农村劳动力迁移的态度与偏好，与每个阶段城镇化的发展路径密切相关，背后折射出中国城镇化独特的发展历程及动力机制。因此，探讨农民工子女教育选择问题，应置于城镇化的宏观背景，以及农村劳动力迁移的生命周期之中，如此才能从经济

① 夏怡然，陆铭.城市间的“孟母三迁”：公共服务影响劳动力流向的经验研究[J].管理世界，2015(10)：78-90.

社会发展的宏观层面深刻理解农民工子女教育问题。

新中国成立以来，我国城镇化发展大致经历了起步期、停滞期、平稳期以及高速期[①②]。每个阶段的发展重心，不仅是经济社会发展的规律使然，更体现了政府强大的调控力。具体而言，我国的城镇化经历了从改革开放初期提出“严格控制大城市”，2000 年提出“多样性城镇化道路”，2006 年提出以“城镇群作为推进城镇化的主体形态”[③]，到十八大报告提出“要增强中小城市和小城镇产业发展、公共服务、吸纳就业、人口集聚功能”的过程。从人口政策上来看，改革开放以前，政府通过户籍制度严格限制农民向城市的迁移；改革开放后，制造业的兴起推动劳动力从农村向城市流动；20 世纪 80 年代，劳动力流动仍然受到户籍制度的严格约束；到 90 年代后，我国逐步推进户籍制度改革[④⑤]。由此可以看出，在我国的城镇化进程中，不论是发展路径的选择还是对劳动力流动与迁徙的管控，政府均发挥了主导作用。

我国城镇化的独特性，不仅体现在发展阶段上，还反映在城镇化发展的动力机制上。政府主导和市场主导是推动城镇化发展最主要的两种力量。政府主导是通过行政手段和政策引导等政府行为对城市发展进行调控；市场主导是通过市场自身力量配置资源、调节供需，促进产业发展升级进而推动城镇化发展[⑥⑦]。与欧美国家城市化的演进不同的是，政府主导的资源配置在我国城镇化进程中发挥了重要作用。一方面，政府主导实现了我国城镇化高速发展；另一方面，城乡二元分割体制、部分地方政府的短期行为、政府与市场的边界模糊等因素，也制约了城镇化

① 李浩，王婷琳.新中国城镇化发展的历史分期问题研究[J].城市规划学刊，2012(6)：4-13.

② 武力 . 1978—2000 年中国城市化进程研究[J].中国经济史研究，2002(3)：73-82.

③ 李强，陈振华，张莹.就近城镇化与就地城镇化[J].广东社会科学，2015(1)：186-199.

④ 陆铭.玻璃幕墙下的劳动力流动：制度约束、社会互动与滞后的城市化[J].南方经济，2011(6)：23-37.

⑤ 孙文凯，白重恩，谢沛初.户籍制度改革对中国农村劳动力流动的影响[J].经济研究，2011，46(1)：28-41.

⑥ 胡杰，李庆云，韦颜秋.我国新型城镇化存在的问题与演进动力研究综述[J].城市发展研究，2014，21(1)：25-30.

⑦ 李强，陈宇琳，刘精明.中国城镇化“推进模式”研究[J].中国社会科学，2012(7)：82-100，204-205.

健康持续发展[①②]。

政府主导下的城镇化发展，导致我国人口迁移和流动有其独特性。在城乡分治的体制下，传统城镇化是以农民工为主体，以流动就业为主要形式，农民工很难实现在城镇“落户”，也无法享受城市的公共服务和社会福利，他们处于“非城非乡”的边缘化处境，由此影响家庭迁移决策。段成荣提出，人口迁移的家庭化过程有四个阶段，分别是个人外出流动阶段、夫妻共同流动阶段、核心家庭化阶段，以及扩展家庭化阶段。有数据显示，2013 年，夫妻共同携带 0～15 岁未成年子女流动的比例占已婚有子女流动家庭的 64.7%[③]。现在我国正处于第二阶段到第三阶段，即让子女从留守到随迁的过渡中[④]。新迁移经济学指出，家庭是迁移决策的基本单元，农村家庭会根据家庭整体预期收入最大化和风险最小化的原则，决定家庭成员是否外迁[⑤]。因此，农民工子女就学地点的选择，实际上是农民工家庭安排子女留守还是随迁的决策，而探讨教育决策需要置于农民工家庭化迁移决策的动态过程及农民工家庭的生命周期之中。

国内学者针对我国农村劳动力举家迁移开展了丰富的实证研究。结果表明，城乡收入差距在家庭迁移决策中起决定作用[⑥⑦]，城乡收入差距扩大以及就业率差距缩小能够提高农村居民举家迁移的可能性[⑧]，迁移成本也是影响举家迁移决策的重要因素[⑨]。随着对家庭迁移决策研究视

---

① 杨发祥，茹婧.新型城镇化的动力机制及其协同策略[J].山东社会科学，2014(1)：56-62.

② 李晓梅，赵文彦.我国城镇化演进的动力机制研究[J].经济体制改革，2013(3)：20-24.

③ 国家卫生和计划生育委员会流动人口司.中国人口发展报告[M].北京：中国人口出版社，2014：181.

④ 段成荣，吕利丹，邹湘江.当前我国流动人口面临的主要问题和对策：基于 2010 年第六次全国人口普查数据的分析[J].人口研究，2013，37(2)：17-24.

⑤ STARK O，BLOOM D E.The New Economics of Labor Migration[J].American Economic Review，1985，75(2)：173-178.

⑥ 陈卫，刘金菊.人口流动家庭化及其影响因素：以北京市为例[J].人口学刊，2012(6)：3-8.

⑦ 朱农.论收入差距对中国乡城迁移决策的影响[J].人口与经济，2002(5)：10-17.

⑧ 邓曲恒.农村居民举家迁移的影响因素：基于混合 Logit 模型的经验分析[J].中国农村经济，2013(10)：17-29.

⑨ 李强.农民工举家迁移决策的理论分析及检验[J].中国人口·资源与环境，2014，24(6)：65-70.

角的拓展，研究者发现除了经济因素外，非经济因素诸如迁移者的个体特征、家庭结构、家庭社会网络、信息渠道、制度因素、融入情况等都会对家庭迁移决策产生影响[①②③④⑤]。公共服务在劳动力流动决策中起着重要作用，其中，子女教育是影响农村家庭迁移决策的重要因素之一。降低农民工子女在城市接受教育的门槛和成本，将有利于提高农村居民举家迁移的概率，促进农村转移人口市民化[⑥]。

子女教育是农民工作出举家迁移决策的重要考量，举家迁移又是农民工“市民化”的重要标志，因此，子女教育选择的意愿实质是农民工“市民化”意愿的一部分。在我国，由于户籍制度限制了人口的自由迁徙，缺乏通过“用脚投票”选择公共服务的机制，农村家庭子女的流动决策，往往受到来自内在和外在多种因素的制约和影响。在农民工子女就学地选择的决策机制方面，研究者立足家长视角，主要从儿童、农民工个体和城市就读政策等方面进行考察。从儿童因素来看，儿童的性别、年龄影响其就学地点的选择。研究表明，农民工携带子女流动具有明显的“男孩偏好”，女孩处于明显的劣势[⑦]。从农民工自身来看，其文化程度、工作性质、收入水平、外迁时间等所反映的家庭迁移能力，是影响其家庭选择整体迁移还是个体迁移的关键因素，对于其子女在城市就读有显著正向影响[⑧⑨]。从政策因素看，计划经济体制遗留下的户籍制度被认为是造成大量留守儿童难以进城就学以及流动儿童在城市就学难的主

---

① 侯佳伟.人口流动家庭化过程和个体影响因素研究[J].人口研究,2009,33(1):55-61.

② 洪小良.城市农民工的家庭迁移行为及影响因素研究:以北京市为例[J].中国人口科学,2007(6):42-50,96.

③ 袁霓.家庭迁移决策分析:基于中国农村的证据[J].人口与经济,2008(6):15-20,26.

④ 盛亦男.中国的家庭化迁居模式[J].人口研究,2014,38(3):41-54.

⑤ 周皓.中国人口迁移的家庭化趋势及影响因素分析[J].人口研究,2004(6):60-69.

⑥ 邓曲恒.农村居民举家迁移的影响因素:基于混合 Logit 模型的经验分析[J].中国农村经济,2013(10):17-29.

⑦ 吕利丹,王宗萍,段成荣.流动人口家庭化过程中子女随迁的阻碍因素分析:以重庆市为例[J].人口与经济,2013(5):33-40.

⑧ 许召元,高颖,任婧玲.农民工子女就学地点选择的影响因素分析[J].中国农村观察,2008(6):12-21,80.

⑨ 许传新,张登国.流动还是留守:家长的选择及其影响因素[J].中国青年研究,2010(10):52-55,51.

要原因①。与二元户籍制度相关的是，城市公办学校的入学难易程度是流动人口子女是否随迁的主要影响因素之一②③。

总的来看，农民工对子女流动还是留守的教育决策，受到儿童、家庭及政策等因素的影响。已有研究对于本研究框架的构建提供了有益参照，但仍存在可以进一步探讨的空间。第一，已有实证研究对农民工子女就学地点，仅划分为农村和城市。而在当前“就地城镇化”和“就近城镇化”的战略导向下，对县镇教育的关注不可或缺。基于此，本研究首次把县镇就学纳入教育需求的考察对象，将就学空间细化为农村、县镇、城市，进一步深化对分化效应的探讨。第二，尽管已有研究发现，农民工家庭教育决策已经存在一定分化，家长收入、学历、流动经历的差异带来子女就学区域选择的不同。而已有研究未考察代际差异在教育选择中的影响。本研究基于人口结构变化特点，在解释变量中引入代际差异，凸显研究的时代性。

第三节　数据来源与研究方法

一、数据来源

2010 年 7 月至 10 月，华中师范大学乡村教育课题组赴深圳、东莞、广州、杭州、武汉、宜昌六城市实地调研，获取了有关农民工子女教育的问卷、访谈、视频等第一手数据。其中，问卷采用整群分层抽样方法，发放 3700 份问卷，回收有效问卷 3431 份，有效回收率为 92.7%。本研究主要基于该问卷数据。表 6-1 显示了样本农民工的基本情况。

---

① 辜胜阻，易善策，李华.城镇化进程中农村留守儿童问题及对策[J].教育研究，2011，32(9)：29-33.

② 杨舸，段成荣，王宗萍.流动还是留守：流动人口子女随迁的选择性及其影响因素分析[J].中国农业大学学报(社会科学版)，2011，28(3)：85-96.

③ 陶然，孔德华，曹广忠.流动还是留守：中国农村流动人口子女就学地选择与影响因素考察[J].中国农村经济，2011(6)：37-44.

表 6-1 农民工样本特征

类别	占比	类别	占比	类别	占比
男性	60.4%	文化程度		子女迁移状况	
平均年龄（岁）	34.4	小学及以下	10.4%	没有孩子	3.3%
流动类型		初中	50.8%	选择性留守	27.5%
跨省	53.7%	高中（中专）	30.2%	选择性随迁	62.1%
省内跨县市	35.4%	大专	6.8%	留守和随迁	7.1%
本县市内	8.7%	本科及以上	1.8%	住房状况	
其他	2.2%	流动状况		自己租住	45.6%
职业分布		本市生活时间	9.3（年）	与人合租	7.9%
建筑业	18.8%	初次务工年龄	21.2（岁）	集体宿舍	23.4%
制造业	32.7%	务工时间	11.1（年）	单位房	7.7%
服务业	34.1%	换工作次数	2.9（次）	亲戚家	1.7%
其 他	14.4%	务工城市数	2.1（个）	自购房	13.3%

二、研究假设

结合已有研究与田野调查发现，影响农民工子女就学地选择的因素很复杂。家庭教育决策理论认为，在一定的约束条件下，儿童最优的教育水平是家庭追求效用最大化的结果①。

第一，家长个人禀赋影响子女就学地的选择。在个人禀赋中，重点关注农民工对其子女教育安排的代际差异，假设相对于老一代农民工，新生代农民工更倾向于将子女带到城市和县镇就读。

第二，家庭社会经济地位影响子女就学地的选择。假设家长的收入

① BECKER G S.Family Economics and Macro Behavior[J].The American Economic Review,1988,78(1):1-13.

水平、职业类型、工作稳定度等因素将影响其对子女的教育决策，收入越高、职业稳定性越高，拥有越高社会经济地位的家庭越愿意让子女在城市就读；对于在县镇就读意愿的影响有待验证。

第三，家庭流动类型影响子女就学地的选择。假设相对于城市，跨省流动的家庭更倾向于将子女安排在农村老家就读；对在县镇就读意愿的影响有待验证。

第四，家长对城市和县镇教育政策的感知及认同程度影响子女就学地的选择。此处提及的教育政策是指义务教育学校入学政策以及中高考政策，假设农民工对城市教育政策的了解程度和认同度越高，越希望子女在城市就读；对于在县镇就读的作用有待检验。

三、研究模型

研究探讨的是农民工对其子女就学地点的选择意愿，因变量是在“农村”“县镇”和“城市”几个区位就读的期望和偏好。由于因变量是取值两个以上类别的离散型称名变量且类别之间并没有高低次序之分，本研究采用多类别逻辑回归方法来处理。这类模型通常写作：

$$\mathrm{Log}\left[\frac{\Pr(Yi=m)}{\Pr(Yi=1)}\right]=\sum_{r=1}^{R}B_{mr}X_{ir}\quad(m=2,\ \cdots,\ M)。$$

其中，M 为因变量类别数，以其中一个做参照组，得到 $M-1$ 个方程。经过数学转换，logit 模型的参数估计值解释为，相对于参照组而言，在某个组别发生某事件 Pr（$Yi=1$）的比率，即相对风险比（Relative Risk Ratio，rrr）（用 a 表示）。如果 a 小于 1，则意味着目标组发生某一事件的概率更小；如果 a 等于 1，则意味着同等概率；如果 a 大于 1，则意味着发生某事件的可能性更大。

模型试图分析哪些因素影响了农民工子女教育地点的选择。以“农村”为参照组，分别考察不同因素对农民工选择“县镇”和“城市”就读意愿的影响。最终模型表达式如下：

$$\mathrm{Log}\left[\frac{\Pr\ (Yi=m)}{\Pr\ (Yi=rural)}\right]=f\ (X_p,\ X_S,\ X_m,\ X_p,\ B_0)。$$

其中，X_p是家长的个人特征；X_S是家庭社会经济地位；X_m是家长的迁移类型；X_p是家长对城市教育政策的认可和感知。

四、变量界定与分布

（一）因变量

模型中以农村、县镇和城市三个就学区域偏好为被解释变量，其中，选择“农村”作为基准组，分别考察“县镇”和“城市”组别的相对风险比。

（二）自变量

基于研究假设及数据可得性，选取家长个人特征、家庭社会经济地位及迁移类型、家长对城市教育政策的认知和感知四个维度的自变量。

（1）反映家长个体特征的变量包括：家长性别、年龄和受教育程度。其中，性别变量以男性为参照。为考察新生代农民工子女教育需求的影响因素，根据对新生代农民工的界定，将年龄变量重新编码为虚拟变量。受教育程度变量依据中国学制折算成相应年限。

（2）反映家庭社会经济地位的变量包括：家长的职业类型、工作稳定度及个人年收入。其中，家长的职业类型分别为建筑业、制造业和服务业三个类别；工作稳定度按照李克特五级等级赋值；个人年收入取均值。

（3）反映家长迁移类型的变量包括：家长是否为跨省流动。其中，省内流动是参照组。

（4）反映家长对城市教育政策感知的变量包括：家长对外来人员子女在城里读书的政策和规定的了解程度，以及对子女在城市公办学校就读需要提供证明的认可度。其中，前者按照李克特量表，从非常不熟悉到非常熟悉的不同等级赋值；后者在问卷中对应为多响应选项，以家长认为合理的证明个数作为其对证明认可度的替代变量。

具体变量界定、测量与分布如下：

表 6-2　变量名称、测量与分布

变量名称	变量界定与测量	均值	标准差
女性	性别：女=1；男=0	0.40	0.49
新生代农民工	年龄：16~30=1；31~59=0	0.31	0.46
文化程度	文化程度：小学及以下=6；初中=9；高中或中专=12；大专=15；本科及以上=16	10.12	2.39
建筑业	建筑业：建筑业=1；其他职业=0	0.18	0.39
制造业	制造业：制造业=1；其他职业=0	0.32	0.47
服务业	服务业：服务业=1；其他职业=0	0.33	0.47
工作稳定度	工作稳定度：一点也不稳定=1；不太稳定=2；一般=3；比较稳定=4；非常稳定=5	3.35	0.98
流动类型	流动类型：跨省流动=1；省内流动=0	0.53	0.50
收入	个人年收入（元）	22749.70	22663.37
政策感知	家长对政策熟悉程度：没听说过=1；不太清楚=2；一般=3；比较清楚=4；非常清楚=5	2.84	1.02
政策认可	家长对子女在城市公办学校就读需要提供证明的认可度：0~7	2.20	1.19

注：女性、新生代农民工、建筑业、制造业和服务业是二分虚拟变量，其对应的均值表示该变量中取值为 1 的样本占比。

第四节　结果与讨论

数据显示，69.0%的农民工期望子女在城市接受义务教育，22.3%的选择在县镇就读，5%的选择在农村就读，还有 3.7%不确定就读地点，表明农民工对子女就读学校有强烈的城市偏好。回归模型得出的结果如下表所示。

表 6-3　农民工子女教育需求影响因素的多项 Logistic 回归分析

	模型 1 县镇/农村		模型 2 城市/农村	
变量	EXP（B）	Z	EXP（B）	Z
女性	1.20	(0.81)	1.41	(1.57)
新生代农民工	0.79	(−1.12)	1.36***	(−4.93)
文化程度	1.07	(1.40)	1.15**	(3.06)
建筑业	0.31**	(−2.63)	0.17***	(−4.20)
制造业	0.59	(−1.23)	0.34*	(−2.53)
服务业	0.61	(−1.10)	0.64	(−1.01)
工作稳定度	1.26*	(2.30)	1.17	(1.58)
流动类型	0.70	(−1.63)	0.45***	(−3.93)
收入	1.15	(0.97)	1.56**	(3.24)
政策熟悉度	0.79*	(−2.33)	1.08	(0.85)
政策认可度	1.21*	(1.99)	1.52***	(4.52)
N	2757			
$pseudo\ R^2$	0.1128			
$LR\ \chi^2_{(33)}$	447.52			
$p>chi2$	0.0000			

注：①被解释变量是农民工子女就学地的意愿选择，农村组为参照组，参数估计值 Exp（B）为风险比（rrr）；

②* $p<0.05$，** $p<0.01$，*** $p<0.001$。

一、模型结果

模型 1 是家长在县镇学校和农村学校选择意愿的相对风险比。结果显示，影响农民工子女选择县镇接受义务教育的因素中，家长从事的职业、工作稳定度、对政策的熟悉程度以及对城市入学政策的认可度有显著影响。其中，家长工作越稳定、对入学政策越认可，越希望子女在县镇就读；但从事建筑业、对政策的熟悉程度低的家长选择县镇就读的概率更低，更倾向于将子女留在农村老家就读。

模型 2 是家长在城市学校和农村学校选择意愿的相对风险比。结果表明，影响农民工子女选择城市就读的因素中，家长的年龄、受教育程度、从事职业、迁移类型、家长收入、对城市入学政策的认可度有显著影响。其中，新生代农民工、受教育程度、家长收入、对城市入学政策认可度的影响是正向的；而从事建筑业、制造业、跨省流动的家长，更倾向于让子女在农村就读。

（一）家长个体特征对子女就读区域选择的影响

数据显示，家长个体特征变量中，年龄和受教育程度对子女就读区域的选择有显著影响。从年龄来看，新生代农民工选择子女在城市就读的概率高于老一代农民工。从家长受教育程度来看，平均受教育程度越高，对城市教育需求的概率越大。根据中国劳动力动态调查（2013 年）统计数据显示，2012 年中国劳动力平均受教育年限为 9.76 年。以初中为界进一步分析，结果显示，受教育程度在初中以上（不包括初中）的家长对在城市就读有显著正向影响。

（二）家庭社会经济地位对子女就读区域选择的影响

包括职业、收入和工作稳定度在内的反映家庭社会经济地位的变量均对子女就读区域的选择产生显著影响。从职业变量来看，在农民工主要的行业分布中，建筑业对子女就学地选择的影响最为显著。从事建筑业的家长选择在县镇、城市就读与参照组（农村）的相对风险分别为 0.31 和 0.16，他们尤其倾向于让子女在农村老家留守；从事制造业的家长对选择子女在城市就读有显著负影响，说明他们同样倾向于让子女留守农村老家。

从收入变量来看，家长个人年收入对选择在城市就学有正向显著影响，收入越高的家庭越希望子女在城市就读。国家统计局数据显示，2013 年我国城镇居民家庭人均可支配收入为 26955.1 元，以此为依据，将样本中的收入区间按照 25000 元为标准划分，以 25000 元以下为参照组。结果显示，收入在 25000 元以上的组别对在城市就读有显著正向影响，且较高收入群体在城市就读意愿比参照组的概率高 86%。

（三）家庭迁移类型对子女就读区域选择的影响

相对于省内流动的家庭，跨省流动对选择在城市就读有显著负向影响，跨省流动的家庭更倾向于让子女在农村老家接受义务教育，这一结论与假设一致。

（四）对城市教育政策的感知度对子女就读区域选择的影响

家长对外来务工人员子女在城里读书的政策和规定的了解程度，对其选择在县镇就读有显著负向影响。与县镇学校相比，对政策越了解的家庭，越希望让子女在农村就读，选择县镇学校的概率是农村学校的 79%。了解程度在城市组别没有显著性，这一结论并未印证我们的假设。家长对子女在城市公办学校就读需要提供证明的认可度对其选择在县镇和城市就读都有显著正向影响。对证明材料认可度越高，子女在县镇就读的需求越强，在城市就读的需求也越强。

二、结果讨论

（一）学历和收入越高、职业越稳定的农民工，越期望子女在城市就读

学历、收入差距、职业差别使得农民工群体内部产生了社会分化，这种分化对其作出教育决策产生了重要影响。受教育程度越高，收入越高，职业类型更稳定的农民工，让子女随迁的意愿更强。首先，从人力资本理论的角度来看，文化程度较高的农村劳动力在劳动力市场上处于优势，收入水平也相对较高，更易于由农村向城市迁移①。同时，受过较高教育的人群在家庭决策中有更理性的判断，家长会将子女的教育看

① SCHULTZ T W.The Reckoning of Education as Human Capital[J]. NBER Chapters,1970,362(1/2):21-31.

作一项长期投资[①]，因此期望让子女在城市接受相较农村更优质的教育。第二，经济收入较高的家庭倾向于将子女带到务工地就读。也就是说，农民工家庭的经济状况是影响儿童随迁还是留守的重要因素。在家庭预算约束下，城市较高的生活开支、教育开支是安排儿童随迁的重要制约。数据显示，农民工子女在家长务工城市生活每月所需的平均费用为 741.1 元，而被调查的农民工平均月收入为 1895.8 元，孩子每月日常花费占月收入的 39.1%，这对普通农民工家庭而言是沉重的负担。在农民工分布最多的三大行业中，建筑工人让子女在城市就读地意愿最低，从事服务业的农民工在城市中生活和工作的稳定度相对较高，家庭化迁移意愿相对较强。

（二）相比老一代农民工，新生代农民工对子女就学地点有强烈的城市偏好

农民工家庭教育决策中存在显著的代际效应。中国农民工正进入一个十分重要的代际转换时期。与老一代农民工相比，新生代农民工对子女就学地点的意愿有强烈的城市偏好，实现这种意愿的能力也较强。首先，新生代农民工有更强的城市融入意愿，他们渴望享受市民待遇，包括就业、医疗等公共服务，尤其是子女的平等受教育权利。与父辈相比，新生代农民工文化程度、职业地位都较高，流动性更弱，这为其融入城市提供了更好的基础。第二，城市成为新生代农民工子女接受教育的首选区域，可见乡村教育对新生代农民工缺乏吸引力。在“重城市、轻农村”的义务教育管理制度和财政制度的制约下，城乡义务教育发展存在巨大差距。新生代农民工对城市学校的偏好，实质表达的是对优质教育资源的诉求。尽管教育需求有所差异，但在户籍制度及其捆绑的福利分配制度的制约下，新生代农民工与老一代农民工有着相似的命运，更加凸显了新生代农民工“城乡双重边缘化”的尴尬地位。

① SCHULTZ T W. The Economic Importance of Human Capital in Modernization[J]. Education Economics, 1993(1):13-19.

（三）跨省流动家庭更倾向于让子女留守农村老家

该结论可以从三个方面去解释。第一，跨省流动农民工举家迁移意愿较弱。农民工跨省流动主要是从人口较为密集、经济欠发达的中部地区和西南地区，流向经济发达、产业集聚的东部地区。由于户籍限制和地域差异，跨省流动的农民工在异地生活成本较高，文化与风俗习惯差异大，心理归属感不强，举家迁移愿望较弱。第二，流入地入学门槛抑制跨省流动家庭举家迁移意愿。在基础教育属地化管理体制下，义务教育经费是省级统筹，为避免成为供不应求的“教育洼地”，跨省农民工较集中的东部发达城市通常会设置较高的入学门槛；与此同时，尽管目前流入地政府已基本落实“两为主”政策，但是部分地方政府除了明文设置入学的“显性门槛”外，还存在以屏蔽城市优质资源的方式限制随迁子女的教育选择权的现象，这种有限度开放的行为构成了农民工随迁子女入学的另一道“隐性门槛”。第三，跨省农民工随迁子女在流入地参加中高考的制度障碍。数据显示，对于子女在城市就读的跨省农民工而言，孩子不能在城里参加中考和高考（35.2%）、入学难（21.3%）是他们面临最大的困难。实际上，“异地中考”与“异地高考”是相互依存的，随着《关于做好进城务工人员随迁子女接受义务教育后在地参加升学考试工作意见的通知》的颁布，各地随迁子女异地中考政策已逐步完善，但“门槛过高”“局部开放”的问题仍然十分突出。尤其是跨省流动随迁子女比例较高的北京、上海、深圳等特大城市仅开放中等职业院校，重庆、福建等地则对报考的高中学校类型进行限制①。就目前已出台异地高考政策的省份来看，发达地区和落后地区采取“高门槛政策”，其他大部分省份实施“低门槛政策”。前者高考户籍制度基本上“没有实质性松动”，后者也只是“有限松动”，其背后依然有流入地政府利益的理性考虑与户籍考生利益的地方保护主义②。

---

① 张珊珊.随迁子女异地中考问题探寻[J].中国教育学刊,2015(9):12-15,20.

② 褚宏启.城镇化进程中的户籍制度改革与教育机会均等:如何深化异地中考和异地高考改革[J].清华大学教育研究,2015,36(6):9-16,52.

（四）农民工对教育政策熟悉度越高，希望子女在县镇就读意愿越弱

相对于县镇学校，在了解随迁子女在县镇就读政策和信息后，农民工家庭更倾向于选择农村学校，这里形成了一个十分有意思的反差。我们试图去解释这一现象。对县镇教育政策越了解的农民工，更易综合考量在县镇和农村学校就读的利弊。田野调查观察到，农民工子女从农村老家到县镇就读，家长需要为子女跨区就读付出额外的经济成本和时间成本，包括借读费、陪读开支等。农民工对在县镇就读的经济成本和政策障碍的了解，可能会抑制他们在县镇就读的意愿。从更宏观的视角来看，过去20多年来推行的农村中小学校布局调整政策，将大量撤并的村小、教学点合并为县镇学校，导致县镇地区大班额问题突出，据《2013年中国教育统计年鉴》测算，64%乡镇初中、45%乡镇小学班额超标。而今，在政府颁布《教育部关于进一步做好村小学和教学点经费保障工作的通知》等一系列以补偿性公平为目的的教育政策后，村小和教学点在硬件设施和师资配置上都有较大改善。综合权衡上述利弊，农民工可能做出“越了解，越逃离”的教育决策。

（五）农民工对入学政策认可度越高，希望子女在城镇就读意愿越强

目前，各流入地设置的“入学门槛”大致可分为三类：“积分制模式”“优惠政策模式”和“材料准入模式”①。外来务工人员在城市就读需要提供的证明材料主要包括户口、居住证、就业证、计划生育证明、房产证、家长学历及其他相关证明。数据显示，要求提供户口（33.9%）、居住证（28.4%）和计划生育证明（17.6%）是家长认为较为合理的。这些对子女在城市就读所需入学证明材料较为认可的农民工家庭，大多具有定居能力，其子女基本能够满足入学要求。与此同时，

① 雷万鹏，汪传艳.农民工随迁子女“入学门槛”的合理性研究[J].教育发展研究，2012，32(24)：7-13.

还有大量在城市非主要劳动力市场就业的农村劳动力，其职业稳定度较低，难以满足城市入学条件，其对政策的认同度自然较低，在城镇就读的意愿较弱。

第五节　政策启示

我们利用农民工子女教育调查的问卷数据，采用多类别 logistic 回归方法，分析了农民工对子女接受义务教育的就学地选择意愿的影响因素。得出的基本结论是：第一，影响农民工对其子女就学地选择的因素是多元的，家长个人特征、社会经济背景、流动类型及对教育政策的感知度对其子女就学地的选择意愿有显著影响。第二，在城镇化背景下，“分化效应”和“代际效应”已成为农民工对子女教育选择最重要的特征。前者体现在农民工对城市、县镇以及农村的需求差异，以及自身学历、收入、职业、流动类型等差异对教育需求的影响；后者体现在新生代农民工强烈的城市偏好。

教育城镇化不是城镇化的派生物，二者间是双向互动的。城镇化发展必将带来教育规模、结构和布局的调整；教育城镇化也会深刻影响未来城镇化的发展导向，前瞻性的配置适应城镇化发展的教育资源，将有利于引导农村人口有序流动，推动城镇化内涵式发展。在随迁子女与留守儿童长期并存的情况下，政策制定者应从客观上认识不同区域的战略定位，通过提供均等化的公共服务，让选择城市、县镇或是农村学校的农民工子女均能享受优质教育资源，进而促使农村劳动力的空间分布更均衡。

一、大力发展农村教育，保障弱势群体教育需求

过去的教育城镇化严重忽略了农民工教育需求的差异化和多元化，教育资源过渡向城镇聚集导致农村学校空壳化、凋敝化，城镇学校普遍大班额，特大城市不断提高的入学门槛。这种城乡分割的学校布局，不

符合、不适应我国教育发展实际，也进一步扩大了城乡差距，加剧了社会阶层的分化。那些选择让子女在农村留守的农民工家庭，往往是社会经济地位较低的家庭。他们占有的社会资源相对较少，拥有选择过上符合自己愿意生活的“可行能力”较弱。除了提高人力资本，教育能产生稳定社会秩序、降低犯罪率、改善公共卫生环境等正的外部效用在很多国家和地区被广泛证实①②。因此，提高这部分群体子女的受教育质量，不仅是教育公平的应有之义，也是维护社会稳定的必然选择。我们应高度关注农村学校发展，在财政投入、硬件设施、师资配合等方面给予倾斜性政策；大力推进乡村教师支持计划、寄宿制学校改造，提高农村学校公用经费标准，重点加强留守儿童、贫困儿童等困境儿童的教育，构建学校—家长—社区“三位一体”的关爱体系。

二、破解县镇教育瓶颈，增强县镇教育吸引力

当前，教育资源配置与城镇化发展存在不匹配甚至错位，具体表现为：在就地城镇化与就近城镇化的战略下，县镇学校应该成为接纳大量农民工子女的阵地；但从农民工的选择意愿来看，县镇学校吸引力明显不足，甚至出现“越了解，越逃离”的反差。在就近城镇化和就地城镇化发展思路下，需要提高县镇公共服务水平，办好县镇学校有助于分流和吸引一部分农村学生，减少因追求优质教育而流向城市学校的农民工子女；同时，也有助于提高教育资源利用效率，使得教育资源不必以“村村办学”的方式分散于每一个村落。政府应以实施义务教育均衡发展为契机，建设“教育强镇”，尤其解决好县镇学校“大班额”问题，改善寄宿制学校环境，加大贫困生补贴，推进县镇学校标准化建设，让县镇学校充当人口转移的“蓄水池”和“连续带”。

---

① MCMAHON W W. The External Benefits of Education[J]. International Encyclopedia of Education (Third Edition), 2010: 260-271.

② TRUMBULL W N. Estimation of Economic Model of Crime Using Aggregate and Individual Level Data[J]. Southern Economic of Journal, 1989, 56(2).

三、降低城市教育门槛，促进新生代农民工“市民化”

对于农民工家庭而言，除了就业、住房、社会保障等经济指标，子女在城市享受平等教育才是衡量农民工是否真正融入城市，是否能在城市“安居”和“生根”的关键要素。与老一代农民工相比，新生代农民工群体有更强烈的“市民化”意愿和能力，他们将成为“三个一亿人”① 中的生力军。因此，政策制定者应通过增加城市公共服务供给而非控制公共服务需求来缓解压力，制定顺应市场经济力量形成的人口空间分布和城市体系格局②。具体而言，在入学门槛的设置上，应综合考虑新生代农民工的留城意愿和能力，进一步降低城市教育门槛，积极探索改革异地中考和异地高考制度，促进新生代农民工及其子女的城市融合。从年龄上看，新生代农民工的子女大多处于学前教育和义务教育阶段，城市应根据新增学龄人口峰值，前瞻性规划学校布局，重点规划城乡接合部、城中村等新生代农民工分布较聚集的区域。在“两为主”“两纳入”政策基本落实的基础上，重点发展城市学前教育，加大对学前教育的财政资助，扩大学前教育的容纳能力，有效回应新生代农民工的子女教育诉求。

---

① “三个一亿人”即促进约1亿农业转移人口落户城镇，改造约1亿人居住的城镇棚户区和城中村，引导约1亿人在中西部地区就近城镇化。

② 夏怡然，陆铭.城市间的“孟母三迁”：公共服务影响劳动力流向的经验研究［J］.管理世界，2015(10)：78-90.

第七章　农民工随迁子女“入学门槛”的合理性研究

第一节　问题提出

我国是一个流动的社会，在城乡二元经济结构背景下，规模庞大的农民工在城乡之间、区域之间的持续流动对我国经济社会发展提出了巨大挑战。当前，大量涌入的农民工随迁子女冲击着城乡分割、区域分割的属地化教育管理体制，在经费投入、学校布局、课程教学、学籍管理等方面，流入地政府面临重重考验。为解决农民工随迁子女教育问题，我国相继出台了一系列政策法规。2001 年，国务院发布的《关于基础教育改革与发展的决定》指出，以流入地政府管理为主，以全日制公办中小学为主，解决流动儿童少年教育问题；2003 年，国务院办公厅转发了六部委的《关于进一步做好进城务工就业农民工子女义务教育工作意见的通知》，首次将农民工子女纳入政策对象，提出了农民工子女教育的“两为主”政策；2006 年修订的义务教育法以立法形式确立了“两为主”原则；2010 年颁布的《国家中长期教育改革和发展规划纲要（2010—2020 年）》将农民工随迁子女教育问题纳入国家发展战略予以高度重视。

据统计，2011年农民工随迁子女在公办学校就读的比例已达到79.2%①。尽管如此，各地农民工随迁子女教育还存在许多困境和障碍。有调查指出，农民工随迁子女就学成本较高，其辍学率远高于城市同龄儿童。此外，在享受优质教育资源方面农民工随迁子女也存在严重的不公平②。另有研究表明，各地为农民工随迁子女设置了过高的“入学门槛”，由此导致一部分农民工随迁子女被排斥在城市公共教育体系之外③。在城镇化发展进程中，以户籍改革为引擎推进农民工市民化已成为我国经济社会发展的必然趋势；大力加强农民工随迁子女教育，以教育融合促进农民工子女社会融合也是顺应时代发展之必然选择。在此背景下，探讨农民工随迁子女“入学门槛”的合理性问题将是一个十分重要的课题。

当前各地对农民工子女设置了哪些“入学门槛”？这些“入学门槛”的基本特征如何？什么是合理的“入学门槛”，什么是不合理的“入学门槛”？中央政府有无必要对各地林林总总的“入学门槛”进行规范和限制？笔者首先在网络上搜集了各地有关农民工随迁子女教育发展政策文本，从中筛选出有关“入学门槛”的文本表述并建立数据库。基于对政策文本的实证分析，揭示了各地“入学门槛”的基本特点，在此基础上反思了“入学门槛”的合理性问题，提出了促进农民工子女教育发展的对策建议。鉴于义务教育的重要地位，本章着重分析义务教育阶段的“入学门槛”问题，有关义务教育后“入学门槛”的讨论，将单独撰文予以阐述。

第二节　“入学门槛”的基本特征

内容分析法是对文献内容进行定量或定性分析的方法。政策文件及与政策相关的文本是政策行为的反映，文本的语义则是政策意图和政策

---

① 教育部.关于印发袁贵仁同志在教育系统“为民服务创先争优”活动经验交流视频会议上的讲话的通知[Z].2011-11-17.

② 刘鸿源.多元利益格局下的城市流动儿童教育问题研究[J].社会科学研究,2007(6):191-195.

③ 王智超.农民工子女就学的制度性障碍与建议[J].东北师大学报,2007(6):152-156.

过程尤为有效的客观凭证，内容分析法特别适合对政策文本的对比和解读①。

笔者以“农民工子女入读公办学校”“农民工子女义务教育”“进城务工人员随迁子女义务教育”等词汇在互联网上搜集各地地方政府政策文本。截至2011年12月，共搜集了117个地区的政策文本。文本时间跨度是2003年至2011年，发布机构包括省（自治区、直辖市）、县（市、区）政府和教育行政部门，涵盖了除宁夏、内蒙古、海南等地之外的28个省市。在政策文本中，属于省（自治区、直辖市）颁布的文件有10个，省会城市有17个，县（市、区）颁布文件有90个。从样本选择看，上述样本基本覆盖全国。非特别说明，本文所用数据均来自这117个政策文本。

“入学门槛”是指各地政府对农民工随迁子女在城市公办学校就读设定的准入条件。通过对政策文本的分析，我们发现各地设置的“入学门槛”有如下基本特征：

（一）“入学门槛”种类繁多，权重不一

文本分析表明，几乎所有地区都设置了“入学门槛”。各地通常以“入学条件”“须持以下证件”“所需材料”的字眼规定农民工随迁子女入读公办学校必须出具相应的证明材料，这些证明材料构成了随迁子女入学的准入条件。表7-1是对各地入学材料类型及其所占比例的描述统计。从表7-1可以看出，各地要求出具的证明材料种类繁多，涵盖了“身份证”“暂住证”“劳务合同”“户口簿”“学籍档案”等十多种。进一步分析发现，不同类型的证明材料在不同区域所占比例和权重不一。“劳务合同”“暂住证”“户口簿”“居住合同”及“原校同意外出就读证明”等是绝大部分地区要求提供的材料。在多种证明材料中，居于前五位的由高到低依次是：“劳务合同”（87.2%）、“暂住证”（83.7%）、“户口簿”（76.1%）、“居住合同”（66.7%）、“原校同意外出就读证明”（50.4%）。可见，对农民工身份的认定、就业状况及居住状况是流

① 李钢，蓝石，等.公共政策内容分析方法：理论与应用[M].重庆：重庆大学出版社，2007：3-4.

入地政府极为关注的内容，这些证明材料在决定农民工随迁子女入读公办学校问题上被赋予了更大的权重。

表 7-1 入学材料类型及权重（%）

身份证	暂住证	户口簿	居住合同	劳务合同	外出务工证明	计划生育证明	社会保险证明	申请书	学籍档案	预防接种证	原校同意证明	无监护证明
38.5	83.7	76.1	66.7	87.2	9.4	38.5	22.2	19.7	15.4	12.8	50.4	12.8

（二）“入学门槛”的设置存在地区差异

1. 各地设置的“入学门槛”的类型差异

各地设置的“入学门槛”大致可分为三类：“积分制模式”“优惠政策模式”和“材料准入模式”。“积分制模式”是按照一定标准计算积分，以此决定随迁子女是否有资格在城市公办学校就读。积分制又可分为“积分制入户”和“积分制入学”两类。“积分制入学”是根据父母一方的个人条件如学历、职称、在本地区的服务年限等项目计算积分，结合公立学校学位空缺情况按积分多少来确定入读公立学校的人选；“积分制入户”属于地方政府户籍改革新政，通过积分制取得本地户籍，从而自动消除户籍制度对享受城市福利的限制，满足入户条件者，其随迁子女可进入公办学校就读。积分制指标包括父母一方的文化程度、技术职称、服务年限、社保年限、计划生育、投资纳税、社会服务等内容，申请人需提交的材料多达十余项，需向户籍地和居住地的居委会、街道办、派出所等20多个部门开具证明。相对来说，“积分制模式”在珠三角地区比较普遍。

“优惠政策模式”是指只有享受当地优惠政策人员的子女才具有入读公办学校的资格，比如高端人才的子女往往享受入学的优惠政策。“材料准入模式”，即根据申请人提供的证明材料（如务工证明、居住证明、缴纳社会保险证明等）的完备程度决定随迁子女是否有资格在当地公办学校就读。

2. 珠三角地区“入学门槛”明显高于其他地区

在所搜集的117个政策文本中，除珠三角地区采取“积分制模式”和“优惠政策模式”外，其他地区均没有实行这两种方式。具体来讲，深圳等地只有享受本地优惠政策人员的子女才具有进入公办学校的资格，广州、东莞、佛山、珠海等地将其作为接收方式之一；东莞、佛山、珠海、中山等地主要采取“积分制模式”模式；广州、江门、肇庆等地主要采取积分制入户模式。无论是“积分制模式”还是“优惠政策模式”，都是依据父母条件进行“优胜劣汰”，这使得入读公立学校对普通农民工随迁子女来说无疑是“镜中花”和“水中月”。据统计，2008年在东莞公办初中就读的农民工子女占全市公办学校在校生总数的比例只有16.63%①。2010年，中山市火把开发区第一小学享受“积分制模式”的70多名随迁子女父母都是大学本科学历以上并具有中级职称的技术人员②。2011年上半年广州市首批1000名积分入户名单都是精英，根本看不到农民工的身影③。而从其他地区看，“十一五”期间，安徽省90%以上的随迁子女在公办学校就读④。截至2010年，绍兴市85%的进城务工人员随迁子女在公办中小学就读⑤。2011年上海市共有47.05万进城务工人员随迁子女在本市接受义务教育，其中约33.85万人在公办学校就读，占71.9%⑥。相对而言，珠三角地区农民工随迁子女公办学校入学比例显著偏低，这与其较高的“入学门槛”有一定关联。

3. 省会城市和直辖市“入学门槛”高于县（市、区）级城市

在117份政策文本中有21个省会城市、直辖市和87个县（市、区）采取“材料准入模式”，但省会城市和直辖市“入学门槛”显著高于县（市、区）级城市。表7-2是各地规定的入学材料数量之差异对比，从表

---

① 广东东莞督导评估制提升农民工子弟学校内涵[EB/OL].(2009-11-11)[2012-02-15].http://edu.qq.com/a/20091111/000199.htm.

② 宁波，冯媛.外来工入户：城门多为白领开，农民工进城难[N].南方日报，2010-04-14.

③ 陈小璇.积分入户未必能积分入学[N].羊城晚报，2011-08-02.

④ 陈婉婉.安徽实现九成以上农民工随迁子女在公办校入学[N].安徽日报，2010-12-07.

⑤ 柯进.流动人口子女如何融入城市[N].中国教育报，2010-12-13.

⑥ 上海市教育委员会.关于2011年加强以招收进城务工人员随迁子女为主的民办小学学校卫生工作的通知[Z].2011-06-15.

7-2 可以看出：要求随迁子女提交 6 份及以上证明材料的比例，省会城市和直辖市为 52. 4%，县（市、区）为 32. 1%，前者比后者多出近 20 个百分点；要求随迁子女提供 7 份及以上的比例，省份城市及直辖市为 28. 6%，而县（市、区）为 17. 3%，前者比后者高约 11 个百分点。可见，进入省会城市和直辖市要求提供的材料更多，更繁琐。

表 7-2　入学材料数量地区差异对比情况

入学材料数量	省会城市/直辖市	县（市、区）
3 份及以下	4. 8%	11. 5%
4 份	23. 8%	21. 8%
5 份	19. 0%	34. 5%
6 份	23. 8%	14. 9%
7 份及以上	28. 6%	17. 3%

（三）显性与隐形“入学门槛”并存

对 117 个政策文本的分析表明，一些地方并没有向农民工随迁子女开放所有的中小学校。这意味着，即使达到当地规定的“入学门槛”，农民工随迁子女并不能享受城市所有的优质教育资源，不能与城市户籍儿童一样享有均等的入学机会。换言之，地方政府在明文设置入学的“显性门槛”时，也可能以屏蔽城市优质学校的方式限制随迁子女的教育选择权，这种有限度开放的行为构成了农民工随迁子女入学的另一道“隐性门槛”。调查表明，有 64 个地区将中央规定的“就近入学”解释为“在指定的农民工子女学校范围内就近入学”，明确规定须在“定点学校”或“指定学校”就读（占 54. 7%）。在所有文本中，仅有 3 个地区明文规定“不能指定定点学校”“所有公办中小学都应接收”；约 10% 的地区将“入学”曲解为“非转学”，即仅接收小学一年级和初中起始年级学生，其他年级的学生视为“转学生”，不在政策关注的范围内。

以上分析表明，一些地方在贯彻执行中央政策的过程中存在政策截流现象。政策截流也称为选择性政策执行，是指政策执行者在执行政策过程中对政策的精神实质或部分内容有意曲解，导致政策无法真正得到贯彻落实，甚至出现与初衷相悖的结果[①]。一些地方有意曲解中央政策，致使中央政府的“两为主”政策内容被解读得残缺不全，在这些地区无法完整地落到实处。

(四)“入学门槛”设置的时间滞后

从中央到地方，我国有五级政府。在基础教育属地化管理体制下，从政策制定到政策实施存在时间滞后性，这种滞后性一定意义上影响到农民工随迁子女被城市公办学校接纳的进度。在此意义上，我们甚至可以认为：地方政府是否及时落实随迁子女入学政策，是否尽可能减少随迁子女在城市学校大门外的徘徊期？这也是一个具有时间向度的“入学门槛”。

作为我国有关随迁子女教育的权威性文件，中央六部委《关于进一步做好进城务工就业农民子女义务教育工作意见的通知》于2003年9月颁布，但地方政府对政策执行明显滞后。文本分析表明，2004年是各地政策制定的一个高峰期，主要集中在省级层面，但这一时期的政策多停留在指导思想和工作原则的阐述，没有建立起行之有效的地方教育政策体系及实施细则；2007年至2009年是政策制定的另一个高峰期，49.6%的地区在这段时间制定了地方政策；县（市、区）级政策出台的时间更晚，67.8%的县（市、区）级政策出台时间在2007年之后，详细信息参见表7-3。

我国的民工潮始于20世纪80年代，随迁子女的教育问题于20世纪90年代中后期才引起社会的关注，而具有执行力的政策却在21世纪第一个10年的中后期才迟迟出台。据统计，2000年，全国14周岁及以下流动儿童规模为1410万人，2005年已达到1843万人[②]。可见，随迁子女政策实施的相对滞后已致使相当数量的适龄儿童被阻挡在城市公办学

① 周佳.教育政策执行研究:以进城就业农民工子女义务教育政策执行为例[M].北京:教育科学出版社,2007:58.

② 中国进城务工农民子女教育研究及数据库建设课题组著.中国进城务工农民随迁子女教育研究[M].北京:教育科学出版社,2010:24.

校之外。

表 7-3　2003—2011 年各地相关政策出台所占比例

	省、省会城市、直辖市	县（市、区）	综合情况
2003 年	0	2. 2%	1. 7%
2004 年	44. 4%	18. 9%	23. 9%
2005 年	0	6. 7%	5. 1%
2006 年	3. 7%	4. 4%	4. 3%
2007 年	14. 8%	20. 0%	18. 8%
2008 年	18. 5%	13. 3%	15. 4%
2009 年	7. 5%	17. 8%	15. 4%
2010 年	7. 4%	10. 0%	9. 4%
2011 年	3. 7%	6. 7%	6. 0%

第三节　对“入学门槛”合理性的反思

以上分析表明，不同地区为随迁子女设置的“入学门槛”不仅种类繁多、权重不一，而且存在地区差异。从全国范围来看，珠三角地区的入学门槛较高，省会城市、直辖市的入学门槛要高于中小城市；流入地政府在制定及执行政策过程中存在政策截留和滞后现象，这变相抬高了“入学门槛”。如何看待农民工随迁子女“入学门槛”及其合理性问题？对此，我们将从以下几个方面进行反思。

一、为什么要设置“入学门槛”？

“入学门槛”的设置反映了尖锐的义务教育供求矛盾，反映了人口流动对属地化教育管理体制和投资体制的巨大挑战。我国正处在社会主义初级阶段，由于自然环境、地理条件等多种因素的共同作用，城乡间、区域间经济发展不平衡，东部发达地区成为接纳农民工的主要区域。据国家统计局《2011 年我国农民工调查监测报告》统计数据显示，2011 年全国农民工总量达到 25278 万人，举家外出农民工 3279 万人，在长三角和珠三角地区务工的农民工占 43.2%，在地级以上大中城市务工的占 64.7%。农民工的集中流动给这些城市教育系统带来了巨大的压力，城市的公共服务体系和公共产品供给能力经受着巨大考验。以广州市为例，如果以农民工随迁子女中 50% 在公办学校就读作为落实“以公办学校为主”的最低标准，经测算，2012 年广州市需向外来人员子女提供公办学位数为 34.29 万个[①]。在供不应求的情况下，必然会引起流入地政府设置各种门槛以抑制过量的教育需求。因此，从我国国情出发，从区域发展不平衡的现实背景出发，当前各地设置一定的“入学门槛”具有现实的必然性。

同时，从中央与地方政府、流入地与流出地政府责任分担来看，许多涉及农民工随迁子女教育的问题还悬而未决，流入地政府不得不通过设定“入学门槛”来保护本地居民的利益。其中，最突出的问题是以学籍（户籍）为本位的义务教育财政拨款体制。在现有教育财政体制下，农民工随迁子女的流动导致流出地政府继续“吃空饷”，但流入地政府却不得不承担随迁子女的教育成本。目前中央政府的主要做法是通过“以奖代补”的方式对解决随迁子女教育问题较好的省份给予奖励，但这种奖励难以补偿流入地政府付出的成本，未能从根本上对流入地政府积极接纳农民工随迁子女带来持久的激励。

此外，在现有政策中，中央政府并没有明确规定地方政府应承担的责任，结果导致责任承担主体被层层下移，区县政府成为接纳农民工随迁子女的主要责任主体。通过对 117 个地区的政策文本分析发现，随迁子女教育工作的管理主体和财政承担主体重心过低，区级（县级市）政府成为主要的责任主体。如北京市教育委员会、北京市财政局在《关于进一步做好来京务工人员随迁子女在京接受义务教育工作的意见》中指出：“坚持属地管理原则，区县政府对来京务工人员随迁子女接受义务

① 谢苗枫.广东取消义务教育借读费　外来工子女受惠不大[N].南方日报,2009-04-28.

教育负主要责任。”随迁子女接收工作难度大，责任主体重心过低必然导致基层政府事权与财权的不对称，引发基层政府对随迁子女教育责任的显性或隐形排斥。

二、哪些是不合理的“入学门槛”？

公共政策的合理性体现为工具理性与价值理性的平衡与统一。公共政策的合理性要求必须反映公共政策本质的价值内涵，必须考虑公共政策实现的制约条件及动态适应性①。因此，对于各地设置的“入学门槛”，我们不能一概加以指责。但是，保障农民工随迁子女合法的教育权利，最大限度地接纳外来子女融入城市教育系统，是追求社会公平正义、构建和谐社会的时代强音。因此，在理想与现实之间寻求均衡点、在需求与可能之间寻求平衡点应成为人们审视农民工随迁子女“入学门槛”合理性的重要参照。

以此观之，我们也要避免另一种趋向，即以不具备条件为借口设置种种不合理的“入学门槛”将农民工子女排斥在外。为此，仔细审视并严格规范各地设置的不合理“入学门槛”具有相当的紧迫性。对于行政部门而言，合理性是审查行政部门在法定的职权范围之内行使行政自由裁量权是否合理适当，是否违反法的原意和目的，是否符合公平正义的要求的基本准则。合理性要求行政主体在选择行政行为时必须依据一个客观理性的标准。合理性原则要求行政行为：（1）符合法的目的和法的原意；（2）具有正当合理的动机；（3）建立在正当考虑的基础之上（必须考虑相关因素，不考虑不相关因素）；（4）要符合法定的行政程序。②

从行政合理性视角来看，流入地政府设置的“入学门槛”还存在诸多不合理的地方，具体表现为：一是部分地区违背中央政策旨意，对相关政策截留或扭曲。二是部分地区制定的农民工随迁子女教育政策偏离了正当合理动机及正当考虑基础。如某些地区推行相关政策是以吸引优

---

① 曹锡环.哲学合理性理论在政策科学中的应用[J].江汉论坛，2001(7)：71-73.

② 高艳辉.行政合理性原则探析：兼论对自由裁量权的控制[D].北京：中共中央党校，2003：12-14.

秀人才为目的的，对于处于弱势群体的农民工来说，这些政策无异于是一种筛选工具——一种将农民工排斥在城市公共服务之外的“纳优排劣”工具。三是流入地政府在设置“入学门槛”问题上缺少法定程序，导致门槛的设置随意性较大。比如，要求提供“计划生育证明”有悖儿童的发展权益；要求父母“无犯罪记录证明”等条件实际上与确认随迁子女身份无实质性关联。此外，“务工证明”及“缴纳社会保险证明”的涵盖范围也不足，对于那些在城市灵活就业人员或未享受城市社会保障的农民工来说，其子女显然被排除在外了。

三、如何设置合理的“入学门槛”？

接受教育是每个儿童应享受的基本权利。从国际视野来看，不少国家和地区对流动人口子女都采取了包容性政策。英国伦敦的流动儿童只要提供在伦敦居住或工作的监护人信息，就可以接受义务教育，甚至是刚到伦敦的难民子女，也可以同样享受市民待遇①。美国 1982 年联邦最高法院的移民子女案判决德州法律违宪并确定：非法移民的学龄儿童亦有权就读免费公立学校，州不得因为教育需求与教育供给的矛盾而剥夺他们接受免费教育的权利，教师或管理人员等不得存在任何可能使非法移民及其子女产生恐惧心理的行为，比如问及身份、工作单位、社会保险卡号等②。从长期来看，我国应不断降低随迁子女“入学门槛”，乃至实施“零门槛”入学制度，将所有随迁子女全部纳入流入地教育系统。然而在短期内，流入地政府面临着校舍、师资、土地、资金等资源的制约以及“教育洼地”的尴尬境地，完全接纳所有外来随迁子女只是一种理想状态，短期内尚不具备“全纳”的条件。

如何设置合理的“入学门槛”？农民工随迁子女身份及流入地承载能力是两个必须考虑的条件，同时在实际操作中坚持“无歧视、不繁

① AUTHORITY G L.Offering more than They Borrow:Refugee Children in London[J].Greater Condon Authority,2004(5):68.

② MORSE S C,LUDOVINA F S.Responding to Undocumented Children in the Schools.ERIC Digest[J].Access to Education,1999(9):4.

琐”的原则也是十分必要的。具体来讲，对于公办教育资源充裕、接收难度不大的地区，凡能证明身份的农民工随迁子女都应纳入接收范围；对于接收难度大的地区，可优先解决长期居住的农民工随迁子女入学问题。“长期居住”可通过在本地连续务工年限和居住年限来判断，“长期居住”群体不仅包括在本地已购房和具有正式工作的优势群体，而且也包括在本地长期从事灵活就业并在城市长期租房居住的弱势群体。为保障流入地政府合理设置门槛，中央政府需从两方面对不合理的“入学门槛”进行规范和清理：一是根据随迁子女的分布情况和城市承载力评估流入地政府的接收难度；二是明确规定流入地政府不能设置不公平或有悖儿童发展权益的门槛（比如“计划生育证明”和父母“无犯罪记录证明”等）。基于以上分析，合理性门槛的设置分两类：一是流入地接收难度不大的地区，以提供户口簿、务工证明（劳动合同、营业执照或灵活就业证明）、居住证明（暂住证、租房合同或房产证）等证明材料作为接收条件；二是接收难度大的地区，可优先解决常住人口子女的就学问题，包括户口簿、一定年限的务工证明和居住证明等材料。

第四节　降低“入学门槛”的保障措施

制度的变迁具有很强的路径依赖性，正如诺思所说：“人们过去的选择决定了他们现在可能的选择。”2012 年，国务院办公厅转发了教育部等部门《关于做好进城务工人员随迁子女接受义务教育后在当地参加考试工作意见的通知》，文件对随迁子女在流入地参加升学考试提出了三个基本准入条件：家长条件、学生条件及城市条件。其中，学生的基本条件是在当地连续就学年限。可见，流入地接收随迁子女的义务教育政策直接影响着随迁子女后续在流入地受教育的可能性。因此，降低随迁子女在流入地接受义务教育的“入学门槛”对于保障农民工随迁子女的合法权益、促进社会融合具有重要的战略意义。从长远来看，不断降低农民工随迁子女的“入学门槛”，乃至实施“零入学门槛”政策，有赖于一系列的制度变革和体制机制创新。

一、构建以常住人口为基数的城市发展规划，扩大城市教育资源承载力

由于传统的城市规划没有充分考虑流动人口因素，致使城市各项建设指标出现偏差，许多大城市仍不同程度地存在常住人口多而城市容量小的矛盾，给城市的基础设施和环境带来沉重的压力。因此，在编制城市发展规划时，应以常住人口作为服务总人口，根据常住人口的数量、构成及分布状况和产业布局状况完善配套设施建设。

近年来，随着城市功能、产业结构的调整，外来务工人员主要集聚在城乡接合部，且总量有所增长。伴随城市人口分布的变化，城乡接合部及郊区城镇受教育适龄人口急剧增加，导致这些地区教育资源紧缺。鉴此，流入地应将常住人口纳入区域教育发展规划，在郊区新城和公建配套学校覆盖不到的城郊接合地区、街镇，一方面充分挖掘现有校舍办学潜力，另一方面增建一定数量的义务教育阶段学校。此外，流入地应将随迁子女全部纳入财政保障范围，以公共财政保障随迁子女均等地享受城市教育资源。

二、建立科学的转移支付制度

许多教育政策的推行是以可观的经济拨款为诱因和保障的。如美国“迁移者教育计划”政策执行几十年来之所以取得显著成绩，与联邦政府的财政支持有很大关系。美国设立了迁移者教育计划专项资金，由联邦政府根据各地流动儿童的数量直接拨款，调动了流入地接收流动儿童的积极性①。近几年，我国政府虽然安排了专项资金对“两为主”政策执行好的地区给予一定的奖励，但稳定的、持续的资金支持是工作得以顺利开展的保障。为此，我国应建立健全科学的转移支付制度，以当地财政预算内公用经费标准为基数，按照接收随迁子女人数向学校拨付公用经费。转移支付资金由中央政府和省级政府共同分担，其中，中央转移支付资金主要针对跨省流动的随迁子女，省级转移支付资金则面向省

① HILL E G.Improving Services for Migrant Students[R].Legislative Analyst’s Office,2006.

内流动的随迁子女。

三、创新体制机制，促进民办民工子弟学校发展

民办民工子弟学校对解决随迁子女义务教育问题起到了重要作用，特别是外来随迁子女集中的地区。为促进和规范民办学校发展，流入地应建立公共财政支持的扶持机制和成本核算的收费机制，规范民办学校财务会计和资产管理制度，在师资、教学管理等方面进行帮扶。近年来，流入地政府在扶持民办民工子弟学校上也积累了不少先进经验，如上海向民办学校购买学位的方式，温州公有民办、公益非营利形式的公益学校。以温州市公益学校为例，在办学体制上，教育局向公益学校配备不少于三分之一的公办教师，并提供不少于三分之一的公办经费和生均补贴；在管理体制上，实行董事会决策下的校长负责制①。这些经验为提高民办学校教育质量，解决随迁子女教育问题提供了有益借鉴。

四、建立促进农民工子女教育发展的监督和评估机制

中央政府应建立对流入地政府接收随迁子女工作的监督和绩效评估机制。从供给标准（包括质和量）、公平标准、规范标准（包括制度健全情况、执行中央政策情况、学校规范管理情况）及公众满意度等几方面进行考核。由于政策的执行受政策自身的缺陷、执行环境的差异、执行者的信念及利益主体间的博弈等诸多因素的影响，呈现出复杂化态势。因此，在设计绩效评估体系时要周密、客观，从多层次、多角度评估地方政府的努力程度，以保证评估结果的科学性、准确性。同时，应根据评估结果对地方政府进行督导，将农民工随迁子女教育发展纳入地方政府业绩考核范畴，促使地方政府不断完善随迁子女入学政策，不断降低随迁子女的“入学门槛”。

五、大力发展农村教育，推进城乡教育均衡发展

在城镇化发展进程中，大城市、中小城市、县镇和乡村都有其不可

---

① 陆健.温州成立新型农民工子弟学校[N].光明日报,2009-09-13.

替代的功能，其中，县镇是农村人口城乡流动的重要缓冲带，我国应大力发展以县镇为重点的农村教育，提高农村学校吸引力，减缓农民工随迁子女在城市学校就读的压力，这也是降低城市“入学门槛”的重要途径。推进义务教育均衡发展，缩小学校在区域间、城乡间、学校间的差距，构建城乡教育一体化发展格局，是从根本上降低“入学门槛”，乃至取消“入学门槛”，保障农民工随迁子女在城乡之间自由迁徙和流动的根本之策。

第八章　转学对农民工随迁子女学业成绩的影响

第一节　问 题 提 出

国家统计局发布的2018年国民经济和社会发展统计公报显示，截至2018年年底，我国城镇化率已经达到59.58%，比上年末提高了1.06个百分点。全国流动人口2.41亿人，外出农民工约占流动人口总量的71.64%。与此同时，流动儿童的数量逐年递增。根据2013年全国妇联发布的《我国农村留守儿童、城乡流动儿童状况研究报告》，全国流动儿童规模达到3581万，其中小学（6~11周岁）学龄儿童在随迁子女①中所占比例为27.89%，规模为999万人。人口流动催生了随迁子女的转学现象，农民工随迁子女教育已经成为中国城镇化进程中面临的重大挑战。

十多年来，各级政府持续推动随迁子女教育问题的解决，并取得了显著效果。2001年国务院《关于基础教育改革与发展的决定》提出，要

① 《2016年全国教育事业发展统计公报》将进城务工人员随迁子女界定为：户籍登记在外省（区、市）、本省外县（区）的乡村，随务工父母到输入地的城区、镇区（同住）并接受义务教育的适龄儿童少年。文中提到的随迁子女系指在目的地居住半年及以上、户籍登记地未发生相应改变的人口。既包括农民工随迁子女也包括外来非农村户籍人口的子女。人口学中通常将0~14岁的人口界定为“儿童”，由于本章只关注学龄段的随迁子女，因此，将其年龄限定在6~14岁。

重视解决流动人口子女接受义务教育问题，并首次提出了“以流入地区政府管理为主，以全日制公办中小学为主”的政策措施。2003 年，六部委发布《关于进一步做好进城务工就业农民工子女义务教育工作意见的通知》，首次将政策对象瞄准农民工随迁子女，重申了农民工随迁子女接受义务教育的“两为主”原则，并将流入地政府职责具体划分到了各个职能部门。2006 年，国务院《关于解决农民工问题的若干意见》再次强调了流入地政府与公办学校在保障农民工随迁子女平等接受义务教育问题上的主要责任。同年，《中华人民共和国义务教育法（修订案）》将流动儿童教育的“两为主”政策写入法律。2014 年，《国家新型城镇化规划（2014—2020 年）》提出“将农民工随迁子女义务教育纳入各级政府教育发展规划和财政保障范畴”（简称“两纳入”）。为缓解人口跨区域流动导致的经费接续错位问题，2016 年中央政府提出在统一生均公用经费基准定额的基础上实施“钱随人走”的政策，上述政策进一步完善了农民工随迁子女教育财政政策。

尽管如此，农民工随迁子女在“有学上”“上好学”和“多上学”等方面还面临一些困难。雷万鹏（2012）等运用内容分析法，对全国 117 个政策文本分析发现，农民工随迁子女“入学门槛”的设置存在种类繁多、权重不一、随意性较大等问题，不同区域之间的“入学门槛”也存在显著差异①。谢勇（2017）从教育过程和教育结果的角度出发，对南京、苏州、杭州和绍兴等四个城市进行实证调研发现，流动儿童受教育过程、对学校的满意度以及学习成绩等方面明显落后于城市儿童②。吕利丹等（2018）的研究表明，流动儿童生存和发展的制度壁垒很难打破，并且随着现代社会流动性的增强而日益凸显③。

结合田野调查和文献梳理，本章重点讨论转学对随迁子女语文和英

① 雷万鹏，汪传艳.农民工随迁子女“入学门槛”的合理性研究[J].教育发展研究，2012，32(24)：7-13.

② 谢勇.影响流动儿童教育融合的因素分析：基于教育过程与教育结果的视角[J].教育与经济，2017(4)：58-65，73.

③ 吕利丹，程梦瑶，谭雁潇，等.我国流动儿童人口发展与挑战(2000—2015)[J].青年研究，2018(4)：1-12，94.

语成绩的影响，以此探索随迁子女教育过程和结果公平。作为文化的重要载体，语言是思维得以实现的工具，也是思维存在和发展的必要条件。根据语言教学理论和语言社会化理论，语言学习是一个不断发展的复杂的社会活动，它与学习者所处环境和社会交往过程有着密切的关系。小学是儿童语言发展的关键时期，小学生阶段儿童大脑具有高度的可塑性，错过了发展的关键期其语言学习效率将大大降低[①]。此外，语言学习对于激发儿童学习兴趣，提高儿童的自我效能感具有重要作用。本章重点关注转学对随迁子女语文和英语成绩的影响，以此探究转学对随迁子女语言获得之影响。

对于小学阶段的随迁子女而言，频繁转学意味着课程设置、教学风格、评价标准等多方面的挑战[②]。转学极易导致小学生语言学习断层，成为其语言发展的最大障碍。笔者基于湖北、广东的调研数据，将对以下几个问题进行探讨：（1）转学对小学随迁子女的语言成绩是否有影响？（2）随迁子女如果转入公办学校是否对其语言成绩更为有利？（3）转学对于不同家庭经济水平随迁子女语言成绩的影响是否存在差异？在以往的研究中，学术界往往将随迁子女入学公平与结果公平分割开来，本研究的创新之处是将随迁子女入学公平（转学）与结果公平（学业成绩）联系起来，思考两者的内在关系。希望此研究有助于人们深化对随迁子女教育公平问题的认识，积极寻求有效的对策，促进随迁子女教育发展。

第二节　文献综述

随迁子女的转学决定不仅涉及家庭教育决策，也关乎随迁子女人力资本投资与随迁子女教育政策。根据教育生态系统理论，转学意味着与

---

① LENNEBERG E H.The Biological Foundations of Language[J].Hospital Practice,1967,2(12):59-67.

② 汪传艳，雷万鹏.美国促进流动儿童接受高中教育基本经验研究[J].比较教育研究，2016，38(7):1-6,13.

原有学习、生活轨迹脱离，很有可能对教育结果产生影响①。目前国内外关于转学对流动儿童学业成绩的影响研究已有一定的成果但未能达成共识。国内外学者普遍将转学②定义为“除正常升学原因之外从一所学校转到另外一所学校学习的行为”③。通过对现有文献梳理，我们发现在转学对儿童学业成绩的影响的研究上主要有两种不同的观点。

一种观点认为，转学对学业成绩有积极影响。Scanlon 等（2001）指出，学龄儿童转学经历往往伴随着流动经历，流动经历可以增强孩子适应新环境的能力，有益于孩子的学习和智力发展④。Long（1992）指出，生活在较差社区环境中的孩子流动到发达社区生活，他们的学业能力会有所提高⑤。郑磊等（2014）研究发现，与留守儿童相比，农村适龄儿童随着父母一起流动将有机会获得更好的教育，是一种更好的人力资本配置方式⑥。谢宇等（2015）利用中国 CFPS2010 年数据研究发现，流动对适龄儿童的学业发展、语言技能均有显著积极影响⑦。对于有特殊教育需求的学生来讲，有研究指出，儿童从质量不好的学校转入质量好的学校，转学意味着更好的学习机会⑧。这种积极的影响可能是由转学后

① 曹谦.流动经历对农村青少年教育获得的影响：基于“中国城镇化与劳动力移民研究”数据的实证研究[J].教育与经济，2018(4)：89-96.

② 国外相关研究中的转学主要包括两种，一种是只转学但居住地不变，另一种是学校和居住地都发生改变(Swanson and Schneider，1999)。国外对于上述几种原因引起的转学并未明确细分，有时在研究居住地变化时也会涉及学生转学。本章也没有明确细分中小学生转学的原因以及转学的具体时间(比如，期中或期末转学)。“转学次数”主要通过学生自填的“从上学到现在，你转过几次学(不包括正常升学)”一题来测量。

③ RUMBERGER R W.The Causes and Consequences of Student Mobility[J].Journal of Negro Education，2003，72(1)：6-21.

④ SCANLON E，DEVINE K.Residential Mobility and Youth Well-being：Research，Policy，and Practice Issues[J].J.Soc.& Soc.Welfare，2001，28：119.

⑤ LONG L.International Perspectives on the Residential Mobility of America's Children[J].Journal of Marriage and the Family，1992：861-869.

⑥ 郑磊，吴映雄.劳动力迁移对农村留守儿童教育发展的影响：来自西部农村地区调查的证据[J].北京师范大学学报(社会科学版)，2014(2)：139-146.

⑦ XU H，XIE Y.The Causal Effects of Rural-to-urban Migration on Children's Well-being in China[J].European Sociological Review，2015，31(4)：502-519.

⑧ SWANSON C B，SCHNEIDER B.Students on the Move：Residential and Educational Mobility in America's Schools[J].Sociology of Education，1999，72(1)：54-67.

学校环境和教师的变换等因素共同作用的结果。

另一种观点认为，转学对随迁子女学习有消极影响。家庭流动往往会导致社会资本的流失，频繁流动意味着儿童很难与新教师、新同学、新社区形成稳定的社会关系，导致父母很难对孩子的教育进行及时有效的监督①。Leventhal 等（2010）研究发现，对于学龄儿童而言，流动则意味着转学，转学经常伴随着学业成绩的下降②。随迁子女作为一个发展中的个体，当频繁转换学校时，他们需要经历学习环境、教师期望和角色等方面的生态变化③。有研究发现，有过两次以上转学经历的学生与没有转学经历的学生相比，其自我概念更低。学生的转学次数越多，其对未来学习的信心越差，更容易出现缺课、旷课、留级、辍学等情况④。随迁子女往往因户籍和入学制度等限制被排斥在城市优质教育资源之外。如果随迁子女转入民工子弟学校（也称打工子弟学校）就读，薄弱的师资力量、落后的教学方法将加剧转学生的学习困难⑤。

Sohlberg 等（1992）研究表明，尽管不同学生的转学原因各不相同，但学生转学后的成绩均有所下降⑥。Wood 等（1993）指出，对于低收入家庭的学生而言，在得不到有效的家庭支持的情况下，学校等外在因素决定了其学习成绩的走向。一个稳定、和谐的学习环境对低收入家庭的学生发展尤为重要⑦。频繁转学或者在学年中途转学会扰乱儿童的学习

---

① PRIBESH S, DOWNEY D B. Why are Residential and School Moves Associated with Poor School Performance? [J]. Demography, 1999, 36(4): 521-534.

② LEVENTHAL T, NEWMAN S. Housing and Child Development[J]. Children and Youth Services Review, 2010, 32(9): 1165-1174.

③ TEMPLE J A, REYNOLDS A J. School Mobility and Achievement: Longitudinal Findings from an Urban Cohort[J]. Journal of School Psychology, 1999, 37(4): 355-377.

④ HERBERS J E, REYNOLDS A J, CHEN C C. School Mobility and Developmental Outcomes in Young Adulthood[J]. Development and Psychopathology, 2013, 25(2): 501-515.

⑤ 赵娟. 流动儿童少年学习困难的非智力因素分析：多次转学经历的个案研究[J]. 青年研究, 2005(10): 10-15.

⑥ WARREN-SOHLBERG L, JASON L A. How the Reason for a School Move Relates to School Adjustment[J]. Psychology in the Schools, 1992, 29(1): 78-84.

⑦ WOOD D, HALFON N, SCARLATA D, et al. Impact of Family Relocation on Children's Growth, Development, School Function, and Behavior[J]. Journal of the American Medical Association, 1993, 270(11): 1334-1338.

环境。转学后的学校气氛、教学方式、课程内容及进度等无法有效衔接，转学学生容易产生学习上的挫折感和倦怠感，从而对学业成绩产生负向影响。

总体来看，现有文献为本章提供了分析问题的多元视角。不过，学界对城镇化背景下农民工随迁子女转学议题的分析关注还很不够，尤其缺乏有关转学对小学随迁子女语言发展影响的研究。为深入探讨农民工随迁子女教育公平问题，本章着重探讨转学对小学随迁子女语文和英语成绩的影响，以深化人们对随迁子女家庭教育决策的理解，进一步改进和完善随迁子女教育政策。

第三节　数据来源与研究方法

一、数据来源

2015 年 10 月至 12 月，华中师范大学乡村教育课题组以广东、湖北 2 省 6 市 15 区（县）37 所中小学为调研对象，对农民工随迁子女的教育问题进行了专题调研。此次调研采用整群抽样与随机抽样相结合的方式，具体抽样原则如下：(1) 选取代表中部省份的湖北、代表东部省份的广东作为调研省份，根据经济发展水平、流动人口的规模以及地理位置等因素，分别将东莞、深圳、武汉、宜昌作为随迁子女的取样城市。(2) 每个城市分别从中心城区、远城区、城乡接合部各选择两所学校（小学、初中各一所），所选学校随迁子女的比例超过 30%；另外，选择两所民办打工子弟学校（小学、初中各一所）。(3) 选取小学五年级、初中二年级学生作为调查对象，每个年级随机选择 2~3 个班级的全体学生开展问卷调查。此次调研共回收学生问卷样本 2768 份。考虑到小学阶段是儿童语言习得的关键时期，语言环境对其语言发展具有重要作用①。本研究重点对小学阶段的样本进行分析，探索转学对小学阶段随迁子女语文和英语学业成绩的影响。

① 刘金花.儿童发展心理学[M].上海：华东师范大学出版社，2013：147.

二、变量界定

（一）因变量

语言习得是文化认同与融合的重要内容，是农民工随迁子女融入城市的重要载体[①]。我们将随迁子女的语文、英语成绩作为农民工随迁子女语言习得的一个判断标准。课题组邀请学科专家、一线特级教师和教研员，参照湖北、广东两省五年级的语文和英语教材和教学进度，研制了标准化测试试题，对学生的语文和英语两个科目进行了现场测试，各科卷面成绩为100分。由于不同学科认知测试的内容完全不同，笔者先将语文和英语原始成绩进行标准化处理，转换为均值为0、标准差为1的Z分数，然后再参照传统的计分习惯将其转换为服从$N\sim(70, 10)$的分布。

（二）解释变量

本研究的解释变量为转学次数。学生卷中询问了学生“从上学到现在，转过几次学（不包括正常升学）”，我们根据学生对此题的回答构造了连续变量“转学次数”。其中，0表示未转学人数；转学学生188个，所占比例50.4%。转学学生中，117人有1次转学经历，41人有2次转学经历，19人有3次转学经历，11人有4次及以上转学经历（详见表8-1）。

表8-1 转学次数分布

转学次数	人数	所占百分比
0	185	49.6
1	117	31.4
2	41	11.0
3	19	5.1

① 黄兆信，李远煦，万荣根.“去内卷化”：融合教育的关键：进城务工人员子女融合教育的现状与对策[J].教育研究，2010，31(11)：18-24.

续表

转学次数	人数	所占百分比
4	8	2.1
5	2	0.5
6次及以上	1	0.3

注：$N=404$；缺失值=31。

（三）控制变量

为了解决模型设定的遗漏变量问题，我们在参考相关文献的基础上（Mehana，2004）① 对原始数据中影响随迁子女学业成绩的相关变量进行有效控制，主要包括学生、家庭以及学校三个方面的自变量。

1. 学生层面，主要包括虚拟变量性别（男=1，女=0）和是否独生子女（是=1，否=0）。考虑到学生学习适应性也是影响学习成绩的一种重要因素，学习适应性的提高对成绩有显著正向效应②。笔者将5个学习适应性题目通过因子分析法，降维合成一个变量，即学习适应性，进而考察学习适应性对随迁子女学业成绩的影响。

2. 家庭层面，主要包括家庭社会经济地位③与家庭教育状况。其中，父母受教育程度依据学制折算成相应年限；家庭经济水平则采用学生对家庭经济收入的评价等级表示，按照李克特5点量表，从非常差到非常好的不同等级赋值分别为1、2、3、4、5，数值越高表示经济收入越高；反映家庭教育过程的变量主要包括父母对子女的作业监督和家庭学习交流。其中，父母对子女的作业监督主要通过“上周父母检查你的家庭作业的次数”一题来测量；家庭学习交流为虚拟变量（是=1，否=0）。

3. 学校层面，本研究主要通过随迁子女转入的学校性质（公办学校

① MEHANA M, REYNOLDS A J. School Mobility and Achievement: A Meta-analysis[J]. Children and Youth Services Review, 2004, 26(1): 93-119.

② BAKER R W, SIRYK B. Measuring Adjustment to College[J]. Journal of Counseling Psychology, 1984, 31(2): 179.

③ 由于随迁子女父母的职业流动性较强，为了避免职业状况对家庭社会经济地位（SES）的测量，本研究仅用父母受教育水平和家庭经济水平作为SES的测量指标。

=1、民办民工子弟学校=0）来分析校际差异产生的影响。

本研究以小学随迁子女的语文和英语标准化测试成绩作为被解释变量，重点关注转学次数对随迁子女语言成绩的影响。考虑到学生特征、家庭特征、学校特征对转学产生的影响可能存在一种调节作用，为进一步揭示这几个变量对随迁子女学业成绩的影响，我们在分析模型中加入了转学次数与学生个体、转学次数与家庭特征、转学次数与学校性质的交互项，旨在检验转学次数与相关变量交互后对随迁子女学业成绩的共同影响。在构造交互项时，为解决交互项与低次项之间的共线性问题，本章先通过“对中”处理，即将低次项减去样本均值后再构造交互项，并同时将“对中”处理后的低次项代入回归模型。关于变量的描述性统计详见表 8-2。

表 8-2　变量描述性统计结果

变量	变量说明	均值	标准差
转学次数	连续变量	1.01	1.16
性别	1=男；0=女	0.55	0.50
独生子女	1=是；0=否	0.26	0.44
父亲教育水平	6=小学及以下；9=初中；12=高中（中专）；15=大专；16=本科及以上	10.25	2.67
母亲教育水平	6=小学及以下；9=初中；12=高中（中专）；15=大专；16=本科及以上	9.63	2.87
家庭经济收入	1=非常差；2=比较差；3=一般；4=比较好；5=非常好	3.26	0.71
检查作业次数	家长对子女的作业检查次数	3.15	1.56
家庭学习交流	1=是；0=否	0.82	0.39
学校性质	1=公办学校；0=民办打工子弟学校	0.69	0.46
学习适应性	学习适应性综合得分	0.06	1.02

注：（1）$N=404$；（2）表中虚拟变量均值（×100）后即为取值为 1 类别的样本占比。

三、模型设计

本章主要使用多元线性回归模型分析转学次数对农民工随迁子女学业成绩的影响。其中，小学随迁子女的语文、英语标准化测试成绩是被解释变量，学生、家庭、学校因素作为控制变量来构建模型，转学次数是本章关注的解释变量。

基本模型为：

$$Y_i=\beta_0+\beta_1 M_i+\beta_2 C+\varepsilon_i。\qquad（公式 1）$$

其中，Y_i表示第 i 位随迁子女的学业成绩。M 表示转学次数，C 为一组控制变量，主要包括学生性别、学习适应性、家庭社会经济地位、家庭教育情况以及学校性质等。ε_i为随机误差项。β_1 是本章重点关注的转学次数对学生成绩的影响效应。

在公式 1 中，β_1 被解释为转学次数对随迁子女学业成绩的净效应。然而，在现实生活中，转学次数对随迁子女学业成绩的作用很可能依赖于其他自变量的取值，即存在调节效应。在公式 1 的基础上，公式 2 加入了转学次数与学生特征、转学次数与家庭特征、转学次数与学校性质的交互项，在公式 2 中，转学次数对随迁子女学业成绩的影响随学生特征（S）、家庭特征（F）以及学校层面变量（Sc）的不同而不同，分别由交互项系数β_3、β_4、β_5反映。公式 2 中各变量和参数的含义同公式 1。

$$Y_i=\beta_0+\beta_1 M_i+\beta_2 C+\beta_3 M\times S+\beta_4 M\times F+\beta_5 M\times Sc+\varepsilon_i。\qquad（公式 2）$$

第四节　研究结果

一、基准结果

考虑到转学可能对小学随迁子女的语文、英语两科学业成绩产生不同的影响，本章对小学随迁子女的语文、英语成绩分别进行回归分析，在控制其他变量的基础上，转学次数在 0.1% 显著水平上负向影响小学随迁子女学业成绩（详见表 8-3）。

表 8-3 转学对小学随迁子女语文和英语成绩的影响

自变量	因变量			
	模型 1	模型 2	模型 3	模型 4
	语文	语文	英语	英语
转学次数	−2.585***	−2.662***	−2.726***	−2.885***
	(0.617)	(0.646)	(0.774)	(0.833)
性别	−2.099	−1.937	−0.0743	0.354
	(1.103)	(1.141)	(1.328)	(1.404)
母亲教育水平	0.470*	0.446+	0.347	0.374
	(0.237)	(0.238)	(0.288)	(0.287)
家庭经济收入	1.392*	1.654*	2.619**	3.069***
	(0.679)	(0.690)	(0.833)	(0.863)
家庭作业监管	0.487	0.533	0.885	0.996*
	(0.404)	(0.404)	(0.505)	(0.502)
家庭学习交流	6.092***	5.573***	5.918***	5.872**
	(1.413)	(1.436)	(1.761)	(1.780)
学校性质	0.528	0.574	1.942	2.128
	(1.371)	(1.371)	(1.650)	(1.665)
学习适应性	1.359*	1.188*	2.372***	1.966**
	(0.552)	(0.596)	(0.649)	(0.703)
转学×学校性质		2.849*		−2.548
		(1.326)		(1.614)
转学×经济收入		1.575*		2.626*
		(0.762)		(1.028)
常数项	57.33***	57.59***	61.44***	59.96***
	(3.057)	(3.055)	(3.795)	(3.846)
N	213	213	188	188
R^2	0.136	0.139	0.152	0.158

注：（1）*、**、*** 分别表示在 5%、1% 和 0.1% 的水平上显著；（2）括号内为标准误（下同）；（3）为节省篇幅，仅报告本章重点关注的核心解释变量系数，其他控制变量包括独生子女、父亲学历、转学次数×学生特征没有单独列出。

（一）转学对小学段随迁子女语文成绩有负向影响

表 8-3 中的模型 1 显示，在控制其他变量基础上，母亲受教育年限每增加 1 年，其子女的语文成绩增加 0.47 分（$p<0.05$）；家庭经济条件越好，随迁子女的语文成绩越好（$p<0.05$）；父母与孩子交流学习的频率每提高一个单位，其语文成绩显著提高 6.092 分（$p<0.001$）；从学习适应性来看，随迁子女对学校学习及生活的适应性每增加一个单位，其语文成绩能显著提高 1.359 分（$p<0.05$）。从转学次数对语文成绩的影响来看，回归系数为-2.585（$p<0.001$），表明转学次数与语文成绩有显著的负向关系，即转学次数每增加 1 次，其语文成绩显著降低 2.585 分。

在模型 2 中引入交互项，转学次数与学校性质交互的偏回归系数（2.849）表明，农民工随迁子女转入公办学校就读，则会显著削弱转学对小学随迁子女语文成绩带来的负向影响，学校性质对转学产生的负向影响起到了调节作用。转学次数与家庭经济水平交互项引入之后，低次项转学对语文成绩的影响变为-1.087，较之模型 1 转学次数的负向影响而言，模型 2 中转学次数的负向影响有所降低，即表明家庭经济条件越好，越能削弱转学给随迁子女语文成绩造成的负向影响。

（二）转学对小学段随迁子女的英语成绩有显著负向影响

模型 3 显示，在控制了其他因素的影响之后，转学对英语成绩的影响显著为负，$\beta_1=-2.726$，$p<0.001$，表明转学次数每增加 1 次，小学段随迁子女的英语成绩显著下降 2.726 分；家庭经济水平在 5% 显著水平上负向影响小学随迁子女的英语成绩；父母与子女交流学习能正向影响其英语成绩（$p<0.001$）；从学校性质变量的影响来看，就读于不同学校随迁子女的英语成绩无显著差异；随着小学随迁子女对学校学习生活适应的提高，其英语成绩能显著提高 2.372 分（$p<0.001$）。

在模型 3 的基础上，模型 4 加入了转学次数与相关变量的交互项。转学次数与学校性质交互的偏回归系数β_5为负，表明对小学随迁子女的英语成绩来说，学校性质并不能调节转学产生的负向影响。转学次数与家庭经济水平的偏回归系数为正，表明家庭经济水平越好，越能削弱转学对小学随迁子女英语成绩的消极影响（详见表 8-3）。

二、稳健性检验

为检验结论的稳健性，增强转学对随迁子女学业成绩影响的解释力，笔者将核心解释变量“转学次数”调整为“是否转学”，对小学随迁子女语文、英语学业加总进行了回归分析。结果如表 8-4 所示，在控制其他变量的情况下，转学对小学随迁子女的总成绩影响显著为负（$p<0.001$），小学转学学生的总成绩比未转学学生显著低 8.455 分。核心变量变化之后，对小学随迁子女学业成绩的影响依然存在，说明转学的确会对小学随迁子女的学业成绩产生显著负向影响，我们的预期基本得到了验证，也与 Haveman（1991）的研究结论基本一致①。

表 8-4　稳健性检验的估计结果

变量	因变量：语文与英语总成绩	
	标准化系数	标准误
是否转学	-8.455***	2.36
其他控制变量	控制	
R^2	0.229	
N	187	

注：其他控制变量包括性别、是否独生、父母亲学历、家庭交流学习、家庭作业监督、家庭经济水平、学校性质、学习适应等变量。此处仅报告核心解释变量。

第五节　讨论与启示

总体来看，研究的基本发现是：（1）转学对小学段随迁子女语文和英语成绩有消极影响；（2）学校性质对于转学给语文成绩产生的消极影响有调节作用，与转入民办民工子弟学校相比，如果能转入公办学校，

① HAVEMAN R, WOLFE B L, SPAULDING J. Educational Achievement and Childhood Events and Circumstances[J]. Demography, 1991(28): 133-158.

则能部分抵消转学产生的消极影响；（3）家庭经济条件越差，转学对随迁子女学业成绩的消极影响会越大。如何理解上述结论？结合已有文献与田野调查经验，我们尝试从以下方面来解释。

首先，根据语言教学理论，语言发展是循序渐进的积累过程，频繁转学易造成学习不稳定和知识脱节，增强了语言学习的难度①。随迁子女转入新的学校，会扰乱儿童的学习环境，因为不同学校教师的教法、教材与教学进度并不统一，而且不同环境的学校氛围也存在较大差异，随迁子女面对新的教育环境会不同程度地出现不适应，其语言学习的稳定性受到影响。因此，转学对小学段随迁子女的语文和英语成绩产生了消极影响。

其次，一些城市的入学门槛太高，即使现在已经实行了“两为主”和“两纳入”，但是大城市对农民工随迁子女的排斥依旧存在。随迁子女入读公办学校仍旧存在各种各样的入学门槛限制，农民工随迁子女真实的处境还有很多不尽如人意，由此导致农民工随迁子女的转学更多是一种“被动式”转学，这对经济条件不好的随迁子女会带来更大负面影响。田野调查发现，部分民办打工子弟学校办学不规范、教学质量低、教师流动性强，这些因素不利于儿童语言的学习。语文属于母语，当随迁子女从条件较差的民办民工子弟学校转入办学条件较好的公办学校就读时，这种转学将会正向影响随迁子女的语文成绩。而英语作为外来语，其与随迁子女的生活环境脱节。受制于办学条件和师资水平，农村小学生一般在三年级之后才开始接触英语，其英语基础相当薄弱，在英语发音、词汇积累、语言交际和文化理解等方面城乡孩子相差甚远。当随迁子女转学到公办学校后，他们将经历一个比较艰难的适应过程，相对而言，随迁子女学习英语的难度超过了语文，从这个角度可以解释学校性质何以对随迁子女英语成绩的调节作用并不明显。

最后，从转学与家庭经济水平的交互结果来看，转学对家庭经济条件越差的随迁子女产生的消极影响更严重。随迁子女家庭经济条件在一定程度上限定了其转换为文化资本的能力，无法为随迁子女的语言学习

① 李晓明.农民工子女教育问题浅析[J].教育与经济,2005(1):27-29.

创造一个良好的学习环境。从人力资本理论的角度来讲，学历较低的家庭，职业相对不稳定，收入也偏低，职业、学历与收入差别使得农民工群体内部产生了社会分化，这种分化对其所作出的家庭教育决策产生了重要影响。

上述研究结论的背后蕴含着丰富而有价值的政策信息，我们认为降低转学给农民工随迁子女学业成绩造成的消极影响应当从以下三个方面入手：

第一，高度重视民办民工子弟学校教育发展，从经费与师资等方面提高其质量。在外来人口集中的地区，民办民工子弟学校成为满足农民工子女教育需求的重要力量。近年来，为规范和促进民办民工子弟学校发展，流入地政府在扶持民办民工子弟学校方面有很多做法值得借鉴。比如：流入地政府以向民办民工子弟学校购买学位的方式提高民办民工子女的教育质量。在财政投入上，中山市政府将购买学位工作纳入当地经济社会发展规划统筹安排，2018 年市级财政安排专项经费支持镇（区）购买民办学位，小学每生每年学位补助标准 5000 元，初中每生每年 6000 元①；在办学体制上，温州市教育局向公益学校配备不少于三分之一的公办教师和生均公用经费②。这些做法为提高民办打工子弟学校教育质量、推动城市地区公办与民办民工子弟学校均衡发展提供了有益参照。

第二，做好随迁子女转学的接续工作，以和谐的、包容的学校文化提高随迁子女的学校适应性。随迁子女转入新学校需要一个适应过程，这个过程是不同个体、不同群体、不同文化的相互融合、协调发展的过程。提高随迁子女的学校适应性，应从如下方面着手：一是接纳农民工随迁子女的公办学校应一视同仁，实行混合编班和统一管理，避免进入公办学校的随迁子女被标签化；二是学校对频繁转学的学生提供额外的教育支助，以抵消转学对其学业成绩产生的破坏性影响；三是鼓励社区、

---

① 关于征求 2018 学年《中山市购买义务教育阶段民办学校学位办法（试行）》（征求意见稿）意见的公告[EB/OL].(2018-07-16)[2019-09-19].http://www.zsjtj.gov.cn/info/636501.jspx.

② 陆健.温州成立新型农民工子弟学校[N].光明日报,2009-09-13.

志愿者和家庭开展“家庭结对”活动，并为小学段随迁子女提供家庭亲子教育与课外托管等服务，形成学校、社区与家庭的教育合力，共同促进随迁子女的教育融合，提高其学校适应性。

第三，加大政策引导与信息透明度，减少农民工家庭教育决策的盲目性，尽力规避因信息不对称导致的转学风险。一方面，流入地政府作为教育工作的责任主体，应该健全教育信息公开制度，准确及时地宣传与随迁子女相关的教育政策；另一方面，随迁子女父母从事的职业具有极强的流动性，根据田野观察，随迁子女随父母工作变化而“被动”转学是一种重要趋势。农民工家庭教育决策应当合理权衡务工创收与儿童人力资本投资之间的关系。学校教育具有稳定性和连续性，农民工应处理好父母就业与子女就学之间的关系。在父母工作不稳定的情况下应减少随迁子女的盲目流动，避免因子女频繁转学而导致的不利影响。

第九章 农民工随迁子女学习适应性影响因素研究

第一节 问 题 提 出

农村劳动力向城市流动是我国经济发展的最重要特征。2015 年，我国流动人口规模达 2.47 亿，预计 2020 年以前，流动人口每年增长 600 万~700 万人[①]。随着大规模农业劳动力向城市迁移，我国城镇化进程已进入高速发展阶段。这一阶段，城镇化已不仅仅是农业人口向城市的空间转移，更是从量的提高转变为质的提升，如何促进农民工顺利融入城市，适应城市生活已成为经济社会发展的重要议题。已有研究从社会适应、经济融合、文化适应等方面考察了农民工在城市的适应和融合状况[②]。然而，在中国传统文化的影响下，子女教育始终是家庭的头等大事，随迁子女能否在城市平等接受教育，适应学校生活，关乎农民工家庭的社会融合问题，也是农民工家庭迁移决策的重要影响因素。因此，以随迁子女学习适应性为研究的切入点，探讨城乡融合问题，对于丰富城镇化理论与政策研究有重要意义。

我国的农民工随迁子女教育政策演变经历了“限制—有条件开放—

---

① 国家卫生和计划生育委员会流动人口司.中国流动人口发展报告 2016[M].北京:中国人口出版社,2016:3-4.

② 杨菊华.中国流动人口经济融入[M].北京:社会科学文献出版社,2013:22-25.

逐步完善”三个发展阶段。2001年以前，在严格的户籍制度管制下，政府限制流动儿童从农村流向城市；2001年，政府首次提出解决随迁子女教育的“两为主”（以流入地政府管理为主、以流入地公办学校接纳为主）政策。此后，随迁子女教育政策范围从保障义务教育入学机会，逐步延伸到对非义务教育阶段学前、高中、中职等教育政策，并积极探索实施异地中高考改革。至此，随迁子女教育政策框架已初步形成。2015年，教育部《国家中长期教育改革和发展规划纲要》中期评估义务教育第三方评估显示，2013年和2014年全国随迁子女进入公办学校就学的学生比例始终保持在80%以上。这反映出多年来我国随迁子女教育政策的效果还是相当显著的。

从教育研究的视角来看，早期研究主要关注随迁子女在城市“入学难”的问题，而在随迁子女“有学上”的问题基本解决后，研究重心也逐步转向“上好学”。进入城市后，随迁子女的首要任务是融入和适应城市学校生活，当他们所面临的家庭外部环境发生巨大变化时，需要重新定义自身的社会化进程，在学习、社会交往、生活方式、行为习惯、情感归属等方面适应新的环境。研究表明，随迁子女在教育上的不利处境更多地表现为学习适应不良，如果不及时干预，可能导致随迁子女出现学业失败、人际适应不良和行为异常等问题。也有研究者把流动儿童看作是一个同质高危群体，认为流动儿童发展遵循“处境不利—压力—适应不良”的范式①。华中师范大学乡村教育课题组对湖北、广东、上海、北京、江苏等地开展的田野调查中也印证了这些结论。调查发现，部分随迁子女存在对城市学校适应不良的现象，如学习跟不上、与老师沟通不畅、难以融入班集体等问题。

已有研究探讨随迁子女在学校的学习状况，往往侧重于对教育结果，如学业成绩的考察。如果将关注点转向随迁子女在学校的学习适应状况，将更有助于了解学生受教育过程。有鉴于此，本研究聚焦随迁子女受教育过程，试图对以下问题进行探讨：（1）随迁子女的学习适应状况如

① 曾守锤.流动儿童社会适应的研究现状、问题及解决办法[J].心理科学，2007(6)：1426-1428.

何？不同学段、不同性别、不同流动经历及不同家庭背景的随迁子女在学习适应上是否存在差异？（2）面对新的学习环境，为何有些流动儿童学习适应良好，而另一些却适应困难？哪些因素造成了这一差异？（3）影响随迁子女学习适应的因素中，是来自班级的因素重要，还是来自学生个体及其家庭的因素重要？

第二节　文献综述

适应学校生活是儿童成长需面临的重要任务。作为反映学生学业表现的过程性指标，学习适应被认为是学校适应中的一个重要维度（Perry& Weinstein，1998；Roeser，1995）。周步成等（1991）认为，学习适应是个体克服困难取得较好学习效果的倾向，主要包括学习态度、学习技术、学习环境和身心健康等。徐哲宁等（2005）认为，学习适应是指学生在学习过程中调整自身适应学习环境的能力倾向。周皓（2012）认为，流动儿童的整合主要是由个体对外部因素的认知产生的，儿童通过对客观环境的认知作出判断，进而影响其整合过程。

通过对文献的梳理，我们将影响随迁子女学习适应的因素划分为个体因素、家庭因素和学校因素等三个方面。从个体因素看，对于随迁子女而言，王涛等（2007）通过对农民工子弟学校的学生调查发现，小学低年级的随迁子女学习适应性最好，随着年级的提升，儿童学习适应性问题逐步显现。其中，小学中段学生学习适应性最差，小学高段学生学习适应性稍有提升[①]。吴丹丹（2015）的研究发现，流动青少年的学习适应不存在显著的性别差异，但存在显著的年级差异[②]。梁文艳（2015）通过对本地儿童和流动儿童学习行为和学习动机的比较发现，流动儿童中男生因为“流动”所受到的消极影响远远大于女生。

① 王涛，李海华.农民工子女学习适应性研究[J].中国特殊教育，2006(11)：25-29.

② 吴丹丹.流动青少年家庭环境、亲子依恋与学习适应的关系研究[D].武汉：华中师范大学，2015.

家庭是儿童社会性和情感发展的重要场域，家庭成员与家庭环境对儿童学习状况的影响不容忽视。长期以来，人们认为来自学校的因素（包括教师水平、学校设施）是影响学生学业表现的主要变量，但科尔曼的研究改变了这一观点。他指出学生家庭社会经济背景是影响学生学业成就的最重要因素。在后续研究中，他进一步提出，“家庭背景”至少可以分解为三个方面：经济资本、人力资本和社会资本。家庭经济资本可以用家庭财富或收入来衡量；人力资本主要指父母的受教育程度；社会资本则包含家庭内部和外部两方面。其中，他认为父母的教育参与（如父母与子女的交流、对子女学习的监督和指导）是家庭内部社会资本的重要表现形式，这些行为可以有效促进子女人力资本的再生产①。Grolnick 等人（1994）认为父母在家庭教育中的行为参与、情感参与能有效促进学生的学业成就。针对随迁子女这一群体，缪建东（2015）通过质化研究归纳了影响随迁子女学习适应的家庭因素。这些因素包括：家庭社会经济地位、教育观念与教养方式、亲子关系、方言的使用、流动频率与留守时间等。

师生关系和同伴关系是学生是成长时需要建立的两种最基本的人际关系。教师是学生成长过程中的引导者，亲密的师生关系对学生适应学校环境起支持作用，而冲突的师生关系则会导致学生在学校环境中退缩，强化学生对学校的消极态度，进而影响其学习表现。除人际关系外，学生对学校环境的感知对其学习适应也有重要影响。研究者认为，学生在学校中的体验和感知，尤其是那些促进学生发展的学校氛围，能够促进学生学习适应、社会适应和幸福感的获得（Roeser，Eccles & Samoff，2000）。学生对学校氛围感知的某些维度对学生的影响已经得到多次验证，如老师的支持、同伴关系等对学生的学习适应有显著影响（Crosnoe et al.，2004）。徐微等（2010）的研究发现，教师在课堂上对流动儿童主动发起的提问次数明显低于城市儿童，流动儿童得到的积极反馈也明

① COLEMAN J S.Social Capital in the Creation of Human Capital[J].American Journal of Sociology，1988(94):95-120.

显少于城市儿童[1]。蒋瑞红（2011）提出了“交往机会不公平”的观点，她认为，在教育教学过程中，流动儿童与教师缺乏正常的师生互动。由于在知识基础、技能技巧、生活学习习惯等方面都和城市儿童存在着很大的差异，这种差异性导致了流动儿童和其他同学之间平等交往的巨大障碍。此外，同伴的接纳程度、好友数、朋友之间的相互关系都会影响青少年的心理适应，进而影响学习状况（Kingery，2011）。

现有研究为本文提供了很有启发性的分析框架和视角，通过文献梳理我们发现，影响儿童受教育状况的因素是多元的。然而，上述研究仍然存在进一步探索的空间。其一，已有研究较多从来自儿童个体及其家庭方面的因素去探讨，对学生所处班级因素的讨论较少；其二，已有研究未将来自个体及其家庭、班级等不同层面的因素纳入同一体系中考察，分析不同层面影响因素的作用；第三，在教育社会学、教育经济学的研究中，对学生家庭背景的内涵讨论已十分丰富，但在有关随迁子女教育的研究中，此方面还有待推进。有鉴于此，本研究将采用嵌套数据，构建包含学生个体及其家庭、学生所在班级的两层分析框架。期望进一步探讨来自个体及其家庭还是班级因素对随迁子女的学习适应性更重要，并丰富对相关因素的讨论视角。

第三节　数据来源与研究工具

一、数据来源

2015年10月至12月，华中师范大学乡村教育课题组针对农民工子女教育问题开展实地调研，获取了第一手数据。具体抽样步骤如下：（1）选取代表中部省份的湖北和代表东部省份的广东作为调研省份，按照经济发展水平、外出务工人员规模以及地理位置等因素分别选取2省

① 徐微，任华，李艾纹.流动学前儿童教育过程公平现状及其改进对策[J].学前教育研究，2010(11)：32-36.

6城市15个区（县）进行调研。其中，深圳、东莞、武汉、宜昌等4个城市作为随迁子女的取样城市，韶关、黄冈作为留守儿童的取样城市①。（2）城市学校抽样：每个地级市分别选取一个中心城区，一个远城区，一个城乡接合部；每个区选择两所学校（小学、初中各一所），所选学校随迁子女的比例超过30%。（3）农村学校抽样：每个县分别选取一个城关镇，一个经济发展中等的乡镇，一个相对边远、经济欠发达的乡镇；每个镇选取位于乡镇的初中和小学各一所、农村小学一所。（4）学生抽样：选取小学五年级、初中二年级学生作为调查对象，每个年级随机选择2~3个班级的全体学生开展问卷调查。

课题组最终获取学生样本4150个、教师样本488个、学校样本37个。同时，学生、教师、学校数据形成嵌套关系。本研究的对象是农民工随迁子女教育，样本中有随迁经历的学生样本713个。

二、研究工具

本研究核心解释变量是学生的学习适应性，对这一指标的测量采用由张大均和江琦编制的《青少年心理健康素质调查表》适应分量表。该量表分为生理适应、情绪适应、人际适应、学习适应、社会适应以及生活适应6个维度，项目采用5点计分，“1”为“完全不同意”，“5”为“完全同意”，分数越高表明适应性越好。为测量随迁子女的学习适应性，本研究选取量表中“学习适应”的子维度，结合对随迁子女学习特征的有关问题，采用因子分析法测量随迁子女的学习适应性。

测试问题的α系数为0.882，KMO值为0.869，这表明数据具有较好的内部一致性和相关性；巴特利特球形检验的值为12243.937，达到显著水平（$p=0.000$），表示原有变量的相关矩阵间存在较多共同因素，适合进行因子分析。

① 取样说明：考虑到外出务工人员流动形式有跨省流动、省内跨城市流动、市内跨区县流动三种，选取样本城市时，参考各地外出务工人员流动主要特征，深圳、东莞代表跨省流动城市，武汉代表省内流动城市，宜昌代表市内跨区县流动城市。

三、随迁子女学习适应状况

农民工随迁子女的学习适应状况由学习适应的因子得分反映。数据显示，随迁子女学习适应为-0.0187，此值为负的原因是学习适应的因子得分经过标准化处理。随迁子女学习适应习性有以下分布特征：

1. 区域差异。从地区分布上看，4个城市随迁子女学习适应性由高到低的排序为：宜昌市、武汉市、东莞市、深圳市。武汉市和宜昌市的随迁子女的学校适应性均高于平均水平，而深圳市和东莞市的随迁子女的学校适应性低于平均水平。

2. 个体差异。数据显示，随迁子女在学习适应性上存在显著的个体差异：（1）从性别上看，男生学习适应性高于女生，但无显著差异（$p=0.627$）；（2）从学段上看，小学生优于初中生，且存在显著差异（$p=0.000$）；（3）从民族差异来看，汉族随迁子女的学习适应性高于少数民族群体，但无显著差异（$p=0.970$）；（4）从家庭结构上看，独生子女的学习适应性高于非独生子女，且存在显著差异（$p=0.018$）；（5）从就读学校上看，公办学校和民办民工子弟学校中的随迁子女在学校适应状况上存在显著差异，公办学校学生高于民工子弟学校的学生（$p<0.05$）。

3. 流动经历差异。通过随迁子女学习适应性与流动状况差异性的分析可以发现：（1）学生是否跨省流动的独立样本 t 检验表明，尽管无统计学上显著性（$p=0.488$），但仍可以看出省内流动的随迁子女学习适应性优于跨省流动的学生；（2）从是否本地出生的比较上看，本地出生的随迁子女学习适应高于非本地出生的随迁子女，但差异不显著（$p=0.530$）；（3）从随迁子女学习适应与转学次数的方差分析可以看出，随迁子女的学习适应程度在不同转学次数上存在显著差异（$p=0.015$）；（4）从随迁子女学习适应与本地生活年限的方差分析发现，随迁子女的学习适应程度在不同的本地生活年限上存在显著差异（$p=0.015$）。

4. 家庭差异。从家长受教育状况和家长职业的差别来看，随迁子女的学习适应存在显著的家庭差异。数据表明，随迁子女父母双方平均受教育年限为10.0084年，这一受教育年限对应的是高中一年级。以父母平均受教育年限的四分位数为界，将父母受教育水平分为低学历（<9）、较低学历（=9）、较高学历（=12）以及高学历（>12）四个类型，按照我国的学制这四类分别对应的是初中以下、初中毕业、高中毕业和高中以上学历。比较来自不同父母受教育程度家庭的随迁子女学习适应的差异性，数据显示，父母平均学历越高的随迁子女，学习适应性越好。通过单因素方差分析可知，父母平均学历不同的家庭，在子女学习适应性上的差异具有统计学意义（$p=0.000$）。

从职业类型来看，父母职业地位的测量参照中国社会科学院关于《中国社会分层研究报告》中提出的十大社会分层对应的职业，按照从低到高分别赋值为1~10。数据显示，随迁子女父母的平均职位分数为4.418分，该得分对应的职业是商业服务人员，如营业员、店员、服务员等。统计显示，来自高职业得分家庭的随迁子女学习适应性优于低职业得分家庭的随迁子女。

四、计量方法

个体不是生活在真空中，个体行为或行动结果不仅仅受其自身特征的影响，还会受其所处环境的影响。因此，研究者试图从不同层面收集数据，既测量个体水平，也测量群组水平①。本研究主要运用分层线性模型（又名多水平模型）分析影响随迁子女学习适应性的因素。

分层模型将因变量的变异分解成两部分：一部分归于来自同一群体的个体差异（即“群内变异”）；另一部分归于不同群体间的个体差异（即“群间变异”）。通过分解变异，多层模型可以区分群体效果和个体效果。具体而言，多层分析可以把随迁子女学习适应的差异分解为不同班级之间的差异和同一班级内不同儿童之间的差异，同时还可以引入个

① 王济川，谢海义，姜宝法．多层统计分析模型：方法与应用[M]．高等教育出版社，2008：4.

体特征和班级特征分别解释儿童学习适应的个体差异和班级差异。因此，基于研究需要和数据的嵌套性，本研究通过构建学生—班级两水平线性分析方法分析随迁子女学习适应性的影响因素。

五、变量选择及测量

（一）因变量

研究选取随迁子女的学习适应性作为因变量，采用因子分析法对随迁子女学习适应性量表的维度进行因子分析。结果显示，因子 1 的特征值为 0.721，因子 2 的特征值为 0.693，两个因子解释了 72.08% 的方差。选择方差最大化旋转以获得一个更为简洁的因子负荷结构，测算后得到随迁子女学习适应性的因子得分。

（二）自变量

1. 个体特征

反映随迁子女个体特征的变量包括儿童性别、学段以及转学次数。其中，性别以女生为参照，学段以小学为参照。

2. 家庭社会经济背景

对学生家庭社会经济背景的测量一般包括三个方面：父母受教育程度、父母职业地位和家庭所拥有的经济资源①。将受教育程度的变量转化为受教育年限，测量父母的平均学历。对父母职业地位的测算亦采取平均测算方式，按照从低到高分别赋值为 1~10。一般来说，经济资源是反映家庭所占有的财富的最佳测算指标②，收入是最直观的反映。但中小学生往往难以准确描述其家庭收入水平，由此，Currie 等研究者在调

① MEROLA S S.The Problem of Measuring SES on Educational Assessments[R].Paper presented at the annual meeting of the100th American Sociological Association, Marriott Hotel, Loews Philadelphia Hotel, Philadelphia.PA, 2005.

② DUNCAN G J, Petersen E.The Long and Short of Asking Questions About Income, Wealth and Labor Supply[J].Social Science Research, 2001, 30(2): 248-263.

查低龄学生时采用的是对家庭教育资源的间接测量方法①。基于此，本研究测量“独立书桌”和“拥有课外书籍册数”两个替代指标。最后，采用因子分析将三种要素合并为家庭社会经济背景指标。

有研究者提出，家庭所拥有的社会资本的数量，比如家庭成员所拥有和可以利用的社会关系，也是反映其社会背景的重要因素②。尤其在以差序格局为主要特征的中国背景下，人们的社会交往主要在亲缘、地缘等同质群体中展开，对家庭社会网络的讨论更具现实意义。基于此，本研究将家庭社会网络纳入对家庭社会经济背景范畴，以广泛度、达高度和声望幅度测量社会网络资源，通过因子分析法得到家庭社会网络因子③。

3. 家长教育参与

测量家长教育参与包括两个方面：一是父母对孩子学习的督促情况，即“父母上周检查作业次数”；二是父母陪伴孩子的情况，即“父母平时带孩子参加活动的种类”。

4. 学生社会交往

测量学生社会交往包括两个方面：一是同伴关系，测量指标是随迁子女的好朋友数量以及是否有同学欺负；二是师生互动，通过考察学生所感知到的老师对自己的关心程度来测量。

5. 班级层面变量

班级是儿童学习生活的主要场所。本研究采用的班级层面变量主要包括师资水平及教师对随迁子女的接纳程度。选取变量包括：班级平均规模、班级随迁子女的平均比例、班级教师的平均学历、班级教师的平均教龄、教师接纳度（教师对随迁子女的接纳度）。

---

① CURRIE C E, ELTON R A, TODD J, et al. Indicators of Socioeconomic Status for Adolescents: the WHO Health Behavior in School-aged Children Survey[J]. Health education research, 1997, 12(3): 385-397.

② OAKES J M, ROSSI P H. The Measurement of SES in Health Research: Current Practice and Steps toward a New Approach[J]. Soc Sci Med, 2003, 56(4).

③ 林南.社会资本：争鸣的范式和实证的检验[J].香港社会学学报，2001(2)：1-38.

表 9-1　变量界定与测量

变量层次	变量名称	变量界定与测量	均值	标准差
层1变量	性别	男＝1；女＝0	0.55	0.50
	学段	初中＝1；小学＝0	0.53	0.50
	转学次数	非正常升学的转学次数	1.04	1.23
	家庭社经背景	因子得分	0.19	0.95
	家庭网络	因子得分	5.90	2.47
	好友数	班级中好友数量	6.04	6.11
	家长监督	父母上周检查作业次数	4.13	2.72
	家长陪伴	父母平时带孩子参加活动的种类	2.83	2.26
	教师关心	非常关心＝5；比较关心＝4；一般＝3；不太关心＝2；非常不关心＝1	3.63	1.13
	同学欺负	有同学欺负＝1；没有同学欺负＝0	0.28	0.45
层2变量	班级规模	班级平均学生数	47.41	5.68
	随迁子女比例	班级平均随迁子女比例	0.55	0.39
	教师教龄	班级教师平均教龄	15.77	6.62
	教师学历	班级教师平均受教育年限	15.63	1.03
	教师接纳度	非常欢迎＝5；比较欢迎＝4；无所谓＝3；不太欢迎＝2；非常不欢迎＝1	5.84	2.47

第四节　模型分析结果

本研究构建了随迁子女学习适应性影响因素的两水平线性模型。首先，利用零模型分析随迁子女的学习适应性在班级之间是否存在显著差异；其次，通过随机系数回归模型分析第一层变量对其学习适应的影响，选取进入完全模型的变量；最后，通过完整模型分析学生个体变量和班级变量对随迁子女学习适应的影响。剔除缺失值后，最终进入模型分析的匹配样本量为：学生样本 476 个，班级样本 48 个。

一、零模型分析

零模型是多层线性模型的起点，在零模型中，第一层和第二层中都不包含自变量，只包括班级层面的随机效应。其目的是将随迁子女学习适应的总方差分解为学生个人与班级两个层次，确定学生适应总变异中有多大程度是由组间变异（即班级差异）产生的，由此决定是否有必要引入班级层面的变量。

表 9-2　零模型方差分析结果

随机效应	标准差	方差成分	自由度	卡方	*p*-value
INTRCPT1，u_0	0.24425	0.05966	47	162.87452	<0.001
level-1，r	0.52273	0.27324			

由表 9-2 可以得出，学校适应零模型估计得到的组内方差为 0.27324，组间方差为 0.05966，通过计算可得组内相关系数为 0.179，属于不可忽视的组间差异①。这说明随迁子女的学业适应有 17.9% 的差异是来自班级间的差异，82.1% 的差异来自学生个体间差异。层 2 随机项方差估计的卡方检验 p 值小于 0.01，表明随迁子女的学习适应在第二层（班级层）有显著差异，因此有必要引入班级层面的变量进一步分析。

二、加入第一层变量的半条件模型

半条件模型与完整模型的区别在于没有第二层的预测变量。本研究首先构建第一水平的学生层面的预测变量，包括性别、学段、转学次数、父母 SES 水平、家庭社会网络因子等；第二层不放任何解释变量。为了减少模型中参数估计迭代收敛不好的问题，除了虚拟变量外，我们对第

① 根据 Cohen（1988）的界定，当 $0.01 \leq p < 0.059$ 时，为低度相关；当 $0.059 \leq p < 0.138$ 时，为中度相关；当 $p \geq 0.138$ 时，为高度相关。也就是说，当跨级相关系数大于等于 0.059 时，组间差异是不可忽略的，需要在模型中考虑如何处理组间效应。

一层其他变量进行了组均值中心化处理①，第一层模型的截距 β_{0j} 代表第二层（班级）的平均学习适应得分。

模型 1 显示了仅引入第一层变量的分析结果。随机效应表明卡方检验的显著性水平<0.001，说明学习适应性在不同班级之间存在显著差异。在学生层面的变量中，好友数、教师关心、家长督促、家长陪伴对学习适应均有明显的正向影响；同学欺负、学段有显著负向影响。转学次数、家庭社会网络、性别、家庭 SES 对学习适应没有显著影响。

三、完全模型

根据随机系数回归模型的结果，在完整模型中剔除了第一层中不显著且回归系数绝对值较小的预测变量；同时引入第二层中班级规模、班级中随迁子女比例、教师平均教龄、教师平均学历和教师接纳度 5 个变量。为避免出现信度过小、对高层模型离差统计量无法分析等问题，完全模型只在第二层的截距模型设置随机项，而所有斜率模型都设置为固定效应模型。最终形成的完全模型回归结果如模型 2 所示。

表 9-3　两水平线性模型结果

	模型 1		模型 2	
固定效应	系数	p 值	系数	p 值
截距	0.188297	0.002	−1.159989	0.219
转学次数	−0.009080	0.574		
好友数	0.008919	0.006	0.009515	0.007
教师关心	0.091386	<0.001	0.090155	0.001
家庭网络	0.010842	0.361		
性别	0.025166	0.595		
家长督促	0.019983	0.043	0.019464	0.044

① TABACHNICK B G, FIDELL L S. Using Multivarate Statistics[M]. 4th ed. Needham Heights., MA: Allyn and Bacon, 2001: 159.

续表

	模型 1		模型 2	
同学欺负	−0. 123932	0. 017	−0. 113939	0. 028
家长陪伴	0. 038948	0. 011	0. 037758	0. 003
学段	−0. 326527	<0. 001	−0. 343623	<0. 001
家庭社经背景	−0. 030103	0. 426		
随迁子女比例			−0. 058475	0. 550
教师学历			0. 062488	0. 248
教师教龄			0. 001916	0. 803
班级规模			0. 005601	0. 335
教师接纳度			0. 058969	0. 021

随机效应	方差成分	卡方	p 值	方差成分	卡方	p 值
INTRCPT1，u_0	0. 03670	112. 40948	<0. 001	0. 04782	102. 55256	<0. 001
level-1，r	0. 25198			0. 25076		

注：表中固定效应的参数估计基于稳健标准误得到。

完全模型的固定效应部分描述了学生层面和班级层面自变量对随迁子女学习适应的影响。在第一层变量中，随迁子女的学段、好友数、教师关心、父母督促、父母陪伴、同学欺负均对学习适应性有显著影响；而家庭社会经济背景影响不显著。具体来看，（1）学段的回归系数为−0. 343623，表明初中阶段的学生学习适应性弱于小学生。（2）好友数的斜率为 0. 009515，即随迁子女的好友数量的增加对其学习适应有显著促进效应，随迁子女每增加一个好友，其学习适应得分将增加约 0. 01 个单位。（3）教师关心与随迁子女学习适应得分有显著正向关系（p=0. 001），随迁子女感知到教师对自己越关心，其学习适应性越强。（4）家长督促对随迁子女的学习适应具有显著正影响（p=0. 044），表现为，家长每周检查子女作业的次数增加 1 次，随迁子女的学习适应得分增加约 0. 02 个单位。（5）同学欺负对随迁子女的学习适应具有显著负向影响（p=0. 028），受同学欺负的随迁子女比没有被欺负的随迁子女学习适应习得分低 0.10 个单位。

在第二层的自变量中，教师对随迁子女的接纳度对学生的学习适应有显著正向影响，教师对随迁子女的欢迎程度越高，学生的学习适应性越强。与此同时，包括教师平均学历、教龄、班级规模、随迁子女比例在内的变量均无显著影响。

第五节 结论与讨论

基于实证调查数据，本章利用两水平线性模型分析了对农民工随迁子女学习适应的影响因素，探讨了来自随迁子女个体、家庭、班级等因素的影响。研究的主要发现如下：

第一，影响农民工随迁子女学习适应的因素是多方面的。随迁子女学习适应的差异有 17.9% 来源于班级差异，这意味着更多的学习适应差异来自学生个体和家庭因素，但是班级因素的影响也不容忽视。第二，从随迁子女的个体及家庭特征来看，小学生的学习适应性显著高于初中生；好友数量越多的学生学习适应性越好；与受同学欺负的学生相比，没有同学欺负的学生学习适应性更好；父母督促越多，越有助于子女获得更好的学习适应；父母陪伴对随迁子女的学习适应有积极影响；随迁子女感知到教师对自己的学习和生活越关心，他们的学习适应性更好。第三，从随迁子女所在班级的特征来看，在控制个体与家庭因素的情况下，教师对随迁子女的接纳度越高，学生的学习适应越好。基于上述研究结论，我们可以得到如下启示。

一、重视学段差异，合理安排随迁子女迁移决策

研究表明，在控制其他变量的情况下，随迁子女在学习适应存在显著的学段差异，与小学生相比，初中生的学习适应更差。可能的解释是，其一，初中生正处于青春期，这一阶段的青少年的身心发展特点是思想活跃、情感丰富、情绪敏感。当随迁子女学习和生活的环境发生变化时，如果没有及时做好调适和适应，他们很容易产生焦虑情绪，进而影响学

习适应。其二，小学阶段学习内容相对较简单，属于通识性知识；初中阶段课程学习难度加大、课程内容的差异性使随迁子女难以快速适应，由城乡迁移形成的“弱势积累”容易进一步延续。

现实生活中，家长往往根据家庭经济状况、生活稳定度、政策可达性等因素为孩子做出“最佳”的教育决策，而忽视儿童自身发展的客观规律。基于随迁子女的学习适应性存在显著学段差异，农民工家庭在做出迁移决策时，应充分考虑孩子身心发展的阶段性特征。具体而言，教育决策应遵循两个原则，一是趁早融入。在家庭经济状况和看护能力允许的情况下，尽量在小学或是学龄前安排子女进入城市学校，较早适应城市的文化和生活。二是减少流动。家长应为随迁子女提供一个较为稳定的学习和成长环境，以确保孩子知识习得和身心发展的连续性。

对于政策制定者而言，应进一步保障农民工家庭教育选择权利。前期研究表明，农民工家庭，尤其是新生代农民工在子女教育需求上有强烈的“城市偏好”①。而在“积分制”“优惠政策模式”和“材料准入模式”等门槛的制约下，大量农民工子女在短期内难以达到入学条件。当他们拥有较为稳定的生活，达到子女入学条件时，往往错过了安排子女随迁融入城市的最佳时机。因此，政府应进一步降低城市教育门槛，使得农民工家庭的子女随迁决策是基于儿童身心健康发展做出的，而不应被人为的制度所阻碍，通过有形或无形的门槛，制约流动人口家庭的教育选择。

二、重视家长教育参与，创设良好家庭教育氛围

研究结果显示，家庭社会经济背景与家庭社会网络对随迁子女的学习适应均没有显著影响，而家长的教育参与，包括陪伴子女参加文化活动和督促子女学习对随迁子女的学习适应有显著促进作用。

调查发现，一些农民工对子女的教育存在一定误区，认为提供良好的物质条件是为人父母的首要任务。他们或因自身教育水平的局限，或

---

① 雷万鹏，徐璐.城镇化背景下农民工子女教育选择意愿及其影响因素研究[J].华中师范大学学报(人文社会科学版)，2016(6)：150-158.

因家庭教育观念的淡薄，抑或是迫于生计压力疲于工作，往往忽视对子女教育的参与，甚至让随迁子女面临在“城市中留守”的处境。因此，农民工家长亟须转变教育观念，把关注点从“家里有什么”转变为“家里发生了什么”。作为子女教育的第一责任人，相比提供良好的物质条件，家长对子女投入的时间，包括对其身心的关心、对学习的督促、在生活中的陪伴等更能有效促进随迁子女的学习适应。

与此同时，学校、社区、教育行政部门也应积极发挥其在家庭教育中的重要作用。教育部在2015年发布的《教育部关于加强家庭教育工作的指导意见》中提出，要加快形成家庭教育社会支持网络。对于随迁子女而言，这一举措更具意义。针对随迁子女家长家庭教育意识相对薄弱的状况，教育部门应协同有关部门，构建政府主导、家长参与、学校组织、社区支持的家庭教育工作格局；学校通过组织农民工参与家长委员会、家长学校等社团，加强家校沟通与家长的培训和咨询服务；社区应以农民工家庭的生活场所为载体，为农民工家庭提供公益性家庭教育指导服务。

三、警惕隐形排斥，引导教师积极接纳和包容随迁子女

从随迁子女自身的感知来看，老师对自己越关心，其学习适应性越好；从班级氛围来看，教师对随迁子女的接纳度越高，越有利于增强其学习适应性。二者共同印证了教师的关爱和接纳对于促进随迁子女学习适应的重要作用。随迁子女从农村迁移到城市，面临教材不匹配、进度不一致、环境不适应等问题，难免产生心理落差与挫败感，因此，他们迫切需要教师的包容与接纳，和及时的干预与辅导。

联合国教科文组织（1996）曾指出，“教育系统的首要目标，应是减少来自社会边缘和处境不利阶层的儿童在社会上易受伤害的程度，以便打破贫困和排斥现象的恶性循环”①。学校是教育融合实施的主阵地，教师是随迁子女学习适应过程中的重要他人。为师者应秉持“有教无类”的教育理念，尊重学生的差异性和多元化，一视同仁地对待所有学

① 国际21世纪教育委员会.教育：财富蕴藏其中[M].联合国教科文组织总部中文科，译.北京：教育科学出版社，1996：129.

生。在教育教学过程中，教师又应“差别对待”学生，帮助随迁子女缓解学习、生活和人际等压力，主动关爱随迁子女。

在城市学校对随迁子女设置的“显性门槛”逐步消除的情况下，教育部门须警惕教师“隐形排斥”行为的发生。首先，应培养教师多元文化的意识，让其认识到在多元文化的时代背景下，尊重城乡文化差异，以开放和包容的心态接纳所有的学生是教师必备的专业性和职业道德要求；其次，在校本培训中有针对性的加强教师对随迁子女的教育教学方法的培训和指导，使其具备培养随迁子女养成健康的心理、行为习惯和多元文化交融等方面的能力。

四、防范校园欺凌，引导学生建立友善同伴关系

研究表明，同伴关系对随迁子女的学习适应有显著影响。其中，好友数越多的随迁子女学习适应性越好，而遭受同学欺负则对其学习适应性有显著负面影响。数据显示，城市学生平均有本地朋友 5. 03 个，占好友总数的 72. 3%；而随迁子女平均只有 2. 15 个本地好友，占好友总数的 33. 4%。这一反差反映出随迁子女在同伴交往中的边缘地带。此外，还有 27. 9% 的随迁子女表示在学校中“有同学欺负”，折射出随迁子女遭遇校园欺凌现象的严重性。

随迁子女与本地学生的交往反映的不仅仅是人际关系，更是一种城乡文化的碰撞。学生学习的任务不单是知识的习得和认知能力的提高，更是价值观建立、文化的浸染和生活方式的形成。随迁子女如果无法与周遭环境和人群建立良好的联系和互动，必然难以取得学业成功。基于此，首先，学校应杜绝欺凌行为的发生，及时矫正学生的不良行为。加强对校园欺凌者的帮教和纠偏，对受欺凌随迁子女进行心理疏导。帮助随迁子女缓解学习、生活和人际交往等方面的压力，降低其相对被边缘化的感受。其次，学校应优化环境，改善校园和班级的文化氛围，为随迁子女营造一个理解、尊重、关心、互助、友爱的氛围，使外来孩子感到温暖，具有归属感，进而促进其学习适应。

第三篇

留守儿童教育与发展

第十章　农村留守儿童何以成为社会情感抗逆学生？

第一节　问题提出

随着城镇化进程的推进，大量的农村青壮年剩余劳动力不断向城市转移，以寻求更好的生存与发展的机会。在户籍制度和城乡二元结构的大背景下，加之在城市养育子女的经济负担较重，大量外出务工人员被迫将子女留在农村老家并委托父母或亲戚朋友代为抚养子女，从而形成了规模庞大的农村留守儿童群体。据民政部 2018 年公布的数据，全国共有农村留守儿童 697 万余人，其中 96% 的农村留守儿童由祖父母或外祖父母照顾，4% 的农村留守儿童由其他亲戚、朋友监护。作为未来劳动力市场的重要人力资源，他们是我国经济社会转型中的特殊弱势群体，其健康成长直接关系到我国教育现代化、教育公平目标的实现。

父母外出务工，亲子长期分离，导致留守儿童情感交流受阻，亲情缺失严重，留守儿童的社会情感能力发展受到不利影响，容易出现学业、心理、社会行为、人际交往等适应问题。相比非留守儿童，留守儿童的成长面临着诸多风险与挑战。那么，留守儿童如何突破亲子分离困境以实现良好发展亟需关注。起源于心理学领域并迁移至教育学领域的“抗逆力”研究，以“优势和力量”的视角来看待处境不利儿童的发展问题，关注内、外部资源在其健康发展中的协同作用，为解释同样面临亲子分离但依然发展良好的留守儿童的现象提供了重要参考。有学者从积极视角看待留守儿童，认为留守儿童往往更加独立自主、意志坚韧，这意味着被标签化或问题化的留守儿童并非一定是“问题儿童”①。田野观察发现，农村留守儿童的发展表现出较大的个体差异性：一些儿童表现出了较多的问题行为，而一些儿童却并没有表现出学业问题和社会情感适应不良的问题，甚至在处境不利的环境中培养出很多良好品质。OECD将那些家庭经济、社会、文化地位居于本国（地区）最低，但社会情感能力发展良好的学生称为“社会情感抗逆学生”②。社会情感能力是21世纪的核心竞争力，是影响个体成功与幸福的关键因素。助力农村留守儿童突破亲子分离困境、成为社会情感抗逆学生是其实现社会流动、阻断贫困代际传递的关键，也是新时期教育领域亟待解决的重要议题。

本章基于中国教育追踪调查（以下简称“CEPS”）基线数据，重点探讨以下问题：我国农村留守儿童群体中社会情感抗逆学生有何显著特征？家庭和学校因素在留守儿童克服亲子分离困境实现社会情感能力良好发展中起着何种作用？揭示这些问题，将给留守儿童带来更多正能量，对于留守儿童关爱服务体系建设，也将带来更多适切性。

第二节　文献综述

一、数据和样本

美国加利福尼亚州联合科研机构（2003）提出了抗逆力动态模型（framework of resilience in action）。该模型将抗逆力视为所有人与生俱来的健康发展和成功学习的能力，是个体的一种天生潜能，潜能的激发来自内心的满足感。这种满足感可以理解为一种渴望被爱、被尊重、被认可的心理需求。这些需要的满足依赖于家庭、学校、社区和同伴群体中

① 雷万鹏，杨帆.对留守儿童问题的基本判断与政策选择[J].教育研究与实验，2009(2)：24-29.

② OECD.Equity in Education：Breaking Down Barriers to Social Mobility，PISA[M].Paris：OECD Publishing，2018：96-98.

的关爱性关系、高期望和有意义参与等外部资源。如果外部资源满足了儿童的心理需要，他们有机会形成合作与沟通、同理心、问题解决能力、自我效能、自我认知、目标与抱负等内在资源，这些内在资源会保护其免受危险因素的影响，从而获得学业、社会性和健康方面的良好发展。

该模型对于分析留守儿童社会情感抗逆问题具有参考意义，因为它明确指出要关注哪些保护性因素。家庭环境中的亲子关系、亲子互动、父母期望，学校环境中的教师支持、同伴支持是留守儿童实现社会情感抗逆的重要外部保护因素。个体层面的自信心、意志力等是留守儿童实现社会情感抗逆的重要内部资源。

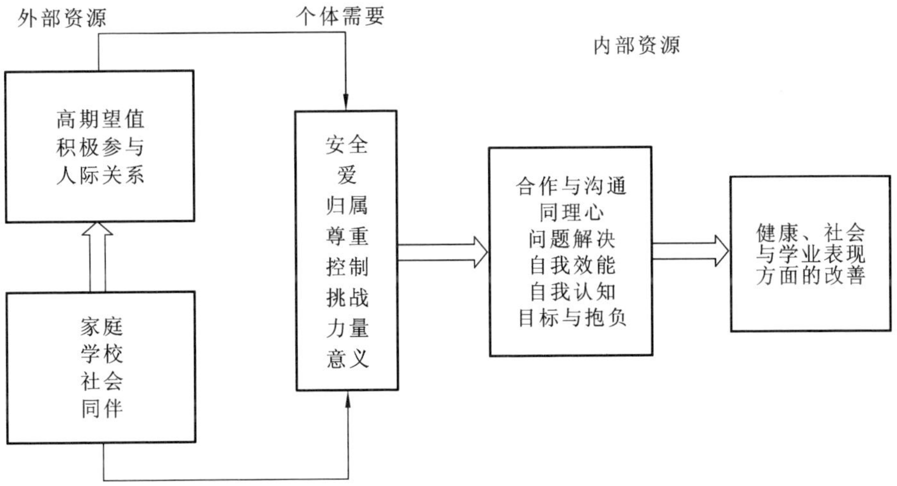

图 10-1　抗逆力发展

二、社会情感抗逆学生

与社会情感抗逆相关的概念是抗逆力，作为科学意义上的抗逆力概念，在学术界至今没有一个统一而明确的定义。从国外研究来看，学者们对抗逆力的定义各有偏重，总结而言，大致有以下三种观点，即“能力说”“结果说”和“过程说”。能力说将抗逆力看作是一种能力或品质，是个体所具有的独特特质，如坚韧性、乐观、积极情绪性等，而这种特质使其在逆境中仍能发展良好。Werner（1995）认为“抗逆力是个体能够承受高水平的破坏性变化，同时表现出尽可能少的不良行为的能力”①。结果说则从个体适应结果良好这一角度对抗逆力进行定义。Masten（2001）认为“抗逆力是即使在严重威胁下，仍能产生适应较好或发展顺利等结果的一类现象”②。过程说主要是随着生态系统理论的发展而提出，其将抗逆力定义为一种动态的发展变化过程，认为抗逆力是个体面对生活逆境、创伤悲剧、威胁或其他生活重大压力时的良好适应过程，它意味着从困难经历中“恢复过来”③，是个体在危险环境中良好适应的动态过程④。过程说综合了能力说和结果说的关键内涵，它注重个体的良好适应能力和变化过程的结果，同时描述了风险因素与保护因素之间的动态性。尽管学术界从不同的角度对抗逆力进行了界定，但是总体而言，有关抗逆力的研究，都公认抗逆力的两个操作性定义要素：一是个体遭遇逆境（或风险），二是个体成功应对（或适应良好）。在教育学的理论与实证研究中，大都依据上述两个操作性定义对抗逆力进行测量，并筛选抗逆学生。

社会情感抗逆学生一词最早由经合组织于2018年在专题研究报告《教育公平》中提出，并将其定义为：对生活感到满意（总体幸福感）、在学校感到融入社会（社会幸福感）并且没有考试焦虑（心理幸福感）的处境不利学生。基于以上分析，本研究聚焦于处境不利学生群体中的农村留守儿童，重点探讨实现社会情感抗逆的留守儿童有何特征及其保护性因素。其中，社会情感抗逆留守儿童指的是心理健康状况良好、在学校感到融入社会并且没有违纪行为的留守儿童。

---

① WERNER E E.Resilience in Development[J].Current Directions in Psychological Science,1995,4(3):81-84.

② MASTEN A S.Ordinary Magic:Resilience Processes in Development[J].American Psychologist,2001,56(3):227-238.

③ 马伟娜,桑标,洪灵敏.心理弹性及其作用机制的研究述评[J].华东师范大学学报(教育科学版),2008(1):89-96.

④ KATHLEEN T,JANYCE D.Resilience:A Historical Review of the Construct[J].Holistic Nursing Practice,2004,18(1):3-8.

三、留守儿童社会情感抗逆及保护因素

长期以来，学者们大都关注留守儿童发展面临的风险及存在的问题，仅有少量研究对留守儿童的抗逆力进行了探讨，且主要集中在社会学领域，并以质化研究为主。在有限的研究中，研究者们大都认同留守儿童具有抵御留守风险的能力，并不是所有的留守儿童都会出现适应不良等问题行为。遗憾的是，由于缺少量化研究，我们尚不知我国社会情感抗逆留守儿童的基本情况如何。

与抗逆力紧密相关的两个概念是：风险因素（risk factor）和保护因素（protect factor）。风险因素是指阻碍个体正常发展，使个体更容易受到伤害而发展不良的生理、心理、认知或环境等方面的不利因素。风险因素的存在激发了个体抗逆力的生成。保护因素是与风险因素相对的，它是指那些使来自危险性环境中的个体避免出现后期不良适应性结果的因素①。抗逆力的发展水平一定程度上取决于风险因素与保护因素之间的对应关系，当个体拥有更多的保护因素时，其抵抗风险因素消极影响的能力越强，进而抗逆力水平越高。换言之，保护因素在留守儿童抗逆力生成中起着至关重要的作用。目前，关于留守儿童抗逆力保护因素的研究主要集中在个体层面、家庭层面、学校层面和社区层面，其中以个体、家庭和学校为主。

个体层面的保护因素是指个体具备的某些心理特质或能力，这些心理特质包括积极向上的态度、高度的责任感、自尊心、自我教育期望、对未来的信心及自我效能感等。赵景欣（2015）认为，个体保护因素主要包括建立人际关系的能力、解决问题的能力、计划将来的能力及对未来的积极预期、自主行动的能力等②；张聪聪、朱新卓（2018）的研究

① GARMEZY N,MASTEN A S,TELLEGEN A.The Study of Stress and Competence in Children:A Building Block for Developmental[J].Psychopathology Child Development,1984,55(1):97 111.

② 赵景欣.抗逆力让留守儿童摆脱成长困境[J].人民教育,2015(22):1.

发现，勤奋和自制是处境不利学生获得优质高等教育机会的重要个体特质[①]。同雪莉（2016）的研究发现留守儿童对未来的自信心和积极的自我认知有助于其抵抗留守风险并成为抗逆学生[②]。

家庭层面的保护因素主要包括良好的家庭环境、父母对孩子行为的管理、父母间的和谐关系、和睦的亲子关系以及监护人的关心和良好的教养方式等[③]。亲子关系能够预测个体的发展，良好的亲子关系有利于个体抗逆力的提升。Johnson（2008）的研究强调，个体抗逆力的形成依赖于日常生活中的保护因素。最显著的保护因素是儿童生活中的安全可靠的关系，其中亲子关系是提升抗逆力的有效因素[④]。家庭成员的高期望是抗逆力的保护因素，熊和妮（2017）的研究显示，劳动阶层的父母对子女在学业行为、学历、职业和生活四方面的期望对子女的学业发展具有特殊的教育影响，可以激发其改变命运的动力[⑤]。雷万鹏和向蓉（2018）的研究表明，以家庭交流互动、作业监管等为表征的过程性家庭环境对留守儿童的学习适应性有显著的正向影响[⑥]。张平平（2021）的研究表明，以亲子关系、父母教育期望和父母参与为表征的家庭社会资本有助于处境不利儿童实现学业抗逆[⑦]。父辈缺场的农村留守儿童，在一定程度上可以通过祖辈养育方式的补偿而部分替代亲代在位[⑧]。良

---

① 张聪聪，朱新卓.处境不利学生如何获得优质高等教育机会："双一流"建设高校农村学生学业抗逆历程研究[J].高等教育研究，2018，39(12)：25-33.

② 同雪莉.留守儿童抗逆力生成研究[D].南京：南京大学，2016：119.

③ ACKERMAN，BRIAN P，et al.Contextual Risk，Caregiver Emotionality，and the Problem Behaviors of Six-and Seven-Year-Old[J].Child Development，1999，70(6)：1415-1427.

④ JOHNSON B.Teacher-student Relationships which Promote Resilience at School：A Micro-level Analysis of Students' views[J].British Journal of Guidance & Counselling，2008，36(4)：385-398.

⑤ 熊和妮.底层式"望子成龙"：劳动阶层父母教育期望的内容与特点[J].民族教育研究，2017，28(5)：105-112.

⑥ 雷万鹏，向蓉.留守儿童学习适应性与家庭教育决策合理性[J].华中师范大学学报(人文社会科学版)，2018，57(6)：174-182.

⑦ 张平平.处境不利学生如何抗逆：家庭社会资本和学校质量的联合作用[J].教育与经济，2021，37(1)：39-49.

⑧ 吴重涵，戚务念.留守儿童家庭结构中的亲代在位[J].华东师范大学学报(教育科学版)，2020，38(6)：86-101.

好的父母参与能够有效降低青少年发生不良行为的概率，当儿童感受到父母对自己的未来有信心时，其会出现更少的不良行为[①]。而父母参与的不足甚至缺失，是诱发留守儿童负面心理的重要原因[②]。

在家庭教育弱化的情况下，学校积极补位，并在力所能及范围内加强对留守儿童的关心，对留守儿童抗逆力发展具有重要的保护作用。此外，从时间维度来看，学校是留守儿童度过时间相对较长的场所，学校环境中的各类因素也是影响留守儿童成功抗逆的重要因素，其中最为重要的当属教师和同伴。教师对留守儿童的关怀与支持是重要的学校支持环境，而同辈群体则以同伴网络的方式影响着留守儿童的关系支持网络。教师作为留守儿童的重要他人，在留守儿童的人身安全、身体健康、学习、品行、情绪、交往等方面甚至能给出比祖辈和远方的父母更及时、更有针对性的指导与帮助。实证研究表明，教师的关怀与支持有助于提升留守儿童的学习适应性、学业表现以及非认知能力等[③④⑤]。同伴支持也是留守儿童抗逆力发展的重要外部保护因素。在亲子互动缺少的情况下，同伴就成为留守儿童获得情感支持的重要来源，与同伴的积极互动能满足他们对安全、归属、爱及尊重的需要。研究表明，良好的同伴关系能够缓冲或降低由社会负性环境引发的留守儿童问题行为，而且能够在亲子亲和水平较低的情况下对儿童的情绪适应起补偿作用[⑥]。此外，社区层面的低社群压力、良好的成长环境以及社区的积极支持都是留守

① 吴帆，张林虓.父母参与在青少年行为发展中的作用：基于 CEPS 数据的实证研究[J].中国青年研究，2018(12)：57-66.

② 柳建坤，何晓斌，贺光烨，张云亮.父母参与、学校融入与农民工子女的心理健康：来自中国教育追踪调查的证据[J].中国青年研究，2020(3)：39-48.

③ 赵磊磊，姜蓓佳，李凯.教师支持如何影响农村留守儿童学习适应：基于县域视角的调查研究[J].教师教育研究，2020，32(2)：102-109.

④ 杨传利，毛亚庆，张森.东西部农村地区小学生社会情感能力差异研究：教师与家长教育行为的中介效应[J].西南大学学报(社会科学版)，2017，43(4)：81-87.

⑤ 雷万鹏，李贞义.教师支持对农村留守儿童非认知能力的影响：基于 CEPS 数据的实证分析[J].华中师范大学学报(人文社会科学版)，2020，59(6)：160-168.

⑥ 金灿灿，刘艳，陈丽.社会负性环境对流动和留守儿童问题行为的影响：亲子和同伴关系的调节作用[J].心理科学，2012，35(5)：1119-1125.

儿童抗逆力培养的重要保护性因素①②。

国内学者关于留守儿童发展面临的风险因素已进行了丰富的研究，积累了大量的文献。但是有关留守儿童的抗逆力的研究还比较少，对于留守儿童发展的保护因素的研究更是阙如。为此，笔者希望利用中国教育追踪调查数据，对我国社会情感抗逆留守儿童进行研究，明晰社会情感抗逆留守儿童的基本特征，同时探讨留守儿童实现社会情感抗逆的保护性因素。

第三节　研 究 设 计

一、数据来源

本研究采用中国教育追踪调查 2013—2014 学年的基线调查数据。该调查由中国人民大学调查与数据中心设计和实施，并具有全国代表性。项目以当年初中一年级（七年级）和三年级（九年级）的在校学生为调查对象，通过多阶段的概率与规模成比例（PPS）抽样方法，经过 4 个抽样阶段，依次抽取了县（区）、学校、班级/学生/家长/班主任/主科目教师/学校领导等 4 个抽样单元。基线调查共抽取了来自全国 28 个县（区），每个县抽取 4 个学校，每个学校抽取 4 个班级，共抽取 112 所学校和 448 个班级的 19487 名七年级和九年级的初中生。

我们将父母双方或一方从农村地区流动到其他地区，孩子留在户籍所在地农村，并因此无法和父母双方共同生活的儿童界定为留守儿童。换言之，当父母一方或双方不在家时，孩子即为留守儿童。根据数据库中学生户口类型、户口登记地和是否与父母同住，共筛选出 2499 名父母至少有一方外出务工的农村留守儿童样本。

---

① 同雪莉.失衡与重构：留守儿童抗逆力重组研究[J].中州学刊，2019(7)：82-88.

② 万江红，李安冬.从微观到宏观：农村留守儿童抗逆力保护因素分析：基于留守儿童的个案研究[J].华东理工大学学报(社会科学版)，2016，31(5)：26-35.

二、变量界定

（一）被解释变量

社会情感抗逆留守儿童。OECD 在专题研究报告《教育公平》中首次提出了社会情感抗逆的概念，并将社会情感抗逆操作化为对生活感到满意、在学校感到融入社会并且没有考试焦虑的处境不利学生。参考该定义，我们确定社会情感抗逆留守儿童的步骤为：首先，界定农村留守儿童，指父母双方或一方从农村地区流动到其他地区，孩子留在户籍所在地农村，并因此无法和父母双方共同生活的儿童。其次，确定心理健康状况良好、学校融入度高且没有问题行为的留守儿童，要同时符合以下三项标准：一是在过去一周内，从不或很少有沮丧、抑郁、不快乐、生活没有意思和悲伤等消极情绪；二是对所在学校的人感到亲近并经常参加学校或班级组织的活动；三是在学校从未出现过迟到和逃课等问题行为。最后，将心理健康状况良好、学校融入度高且没有问题行为的留守儿童确定为社会情感抗逆留守儿童。

（二）解释变量

1. 个体层面。个体层面的保护因素主要包括年龄、性别、年级、独生子女、是否接受学前教育、意志力和自信心。本研究使用 CEPS 问卷中的三道题目测量意志力，针对以下情况："就算身体有点不舒服，或者有其他理由可以留在家里，我仍然会尽量去上学""就算是我不喜欢的功课，我也会尽全力去做""就算功课需要花好长时间才能做完，我仍然会不断地尽力去做"，让学生进行自评，采用 4 点计分法（1 = 完全不同意—4 = 完全同意）。通过主成分分析法提取一个连续变量（$\alpha = 0.69$），变量值越大表示意志力越强。自信心通过学生回答"对自己的未来有没有信心"（1 = 根本没有信心—5 = 很有信心）这个问题测得，并将其处理为取值范围为 1~5 的连续变量，数字越大表示自信心越强。

2. 家庭层面。家庭层面的保护因素主要包括亲子互动、亲子关系、作业监管、父母对子女未来的信心、双亲外出和与祖辈同住。亲子互动通过包含五个题项的量表测得，笔者通过因子分析法提取得到一个连续变量（α=0. 85），分数越高表示亲子互动频率越高①。亲子关系通过学生卷中“您和父母的关系怎么样?”（1=不亲近—3=很亲近）一题测得。作业监管通过学生卷中“上个星期，你的父母有没有检查你的作业?（1=从未—4=几乎每天）一题测得。父母对孩子未来的信心通过家长卷中的“您对孩子的未来是否有信心?”（1=根本没有信心—4=很有信心）一题测得。

3. 学校层面。在学校教育中，教师和同辈群体是影响留守儿童发展最为重要两个群体，而教师的关怀与支持以及同辈群体的交往质量在一定程度上都有助于留守儿童的健康发展。为此，笔者选取了教师支持与同伴质量两个变量，以探讨教师和同辈群体对留守儿童学业抗逆和社会情感抗逆的影响。关于教师支持，CEPS 家长卷设置了 3 个题目询问家长感知到的教师对自己孩子是否负责（1=一点也不负责—5=非常负责）、是否有耐心（1=一点也没有耐心—5=非常有耐心）以及孩子是否喜欢学校的班主任和其他老师（1=一点也不喜欢—4=很喜欢），通过因子分析法（α=0. 83），生成一个教师支持的连续变量。同辈群体通过受访学生上进同辈数量与后进同辈数量的比值来测量，数值越大表示同辈群体越上进②。

表 10-1　变量描述统计结果

变量名称	说明	均值	标准差	最小值	最大值
社会情感抗逆	1=社会情感抗逆学生，0=非社会情感抗逆学生	0. 39	0. 49	0	1
性别	1=男，0=女	0. 54	0. 50	0	1
独生子女	1=独生子女，0=非独生子女	0. 21	0. 41	0	1

① 亲子互动量表的五个题目是，您是否主动与孩子讨论以下事情：“学校发生的事情”“孩子与朋友的关系”“与老师的关系”“孩子的心情”“孩子的烦恼”，量表选项为“1=从不”“2=偶尔”“3=经常”。

② CEPS 设置量表询问被调查者好朋友的积极表现（成绩优良、学习刻苦、想上大学）和消极表现（违反校纪、经常上网吧或游戏厅、退学）情况，每个题目对应三个选项（1=没有这样的，2=少数这样的，3=很多这样的）。将三类积极表现加总得到上进同辈数量，将三类消极表现加总得到后进同辈数量。

续表

变量名称	说明	均值	标准差	最小值	最大值
年级	1=九年级，0=七年级	0.48	0.50	0	1
接受学前教育	1=接受学前教育，0=未接受学前教育	0.71	0.45	0	1
自信心	1=根本没有信心，2=不太有信心，3=比较有信心，4=很有信心	3.11	0.73	1	4
意志力	连续变量，取值范围为1-100	77.70	20.83	1	100
双亲外出	1=双亲外出，0=父母一方外出	0.52	0.50	0	1
亲子关系	1=亲子关系很好，0=亲子关系一般	0.66	0.48	0	1
亲子互动	连续变量，取值范围为1-100	54.79	29.03	1	100
作业监管	1=从未，2=一到二天，3=三到四天，4=几乎每天	1.99	1.08	1	4
与祖辈同住	1=与祖辈同住，0=未与祖辈同住	0.54	0.50	0	1
父母对子女未来的信心	1=根本没有信心，2=不太有信心，3=比较有信心，4=很有信心	2.99	0.711	1	4
同伴质量	连续变量，取值范围为0.14-1.29	0.90	0.27	0.14	1.29
教师支持	连续变量，取值范围为1-100	75.31	17.43	1	100

注：表中二分虚拟变量对应的均值（×100）表示该变量中取值为1的样本占比。

三、分析方法

本研究采用Logit回归模型探讨有助于留守儿童成为社会情感抗逆学生的保护性因素①，具体模型设定如下：

① 在建立零模型的基础上，发现校际差异占总差异的比例较低（ICC=0.024<0.059），不适合用多层Logistic回归分析。

$$\text{logit}(P_{Y_1})=\ln\left(\frac{P_{Y_1}}{1-P_{Y_1}}\right)=\beta_0+\beta_1 x_I+\beta_2 x_F+\beta_3 x_S+\varepsilon。\quad (1)$$

式（1）中P_{Y_1}表示农村留守儿童成为社会情感抗逆学生的概率，x_I为留守儿童的个体特征变量，x_F为留守儿童的家庭特征变量，x_S为留守儿童的学校特征变量。

偏回归系数β_i表示解释变量x_i每变化一个单位，留守儿童成为社会情感抗逆学生与未成为社会情感抗逆学生的发生比（odds）的自然对数值。对式（1）两边进行指数变换得到

$$\text{odds}=\left(\frac{P_{Y_i}}{1-P_{Y_i}}\right)=\exp^{(\beta_0+\beta_1x_I+\beta_2x_F+\beta_3x_S+\varepsilon)}=e^{\beta_0}\times e^{\beta_1x_I}\times e^{\beta_2x_F}\times e^{\beta_3x_S}\times e^{\varepsilon}。\quad (2)$$

式（2）中e^{β_i}为发生比率（odds ratio），表示的是解释变量x_i每变化一个单位，实现社会情感抗逆的百分比高于（或低于）未实现社会情感抗逆的百分比（$e^{\beta_i}-1$）×100%倍。

第四节　实证结果

一、社会情感抗逆留守儿童的基本特征

表10-2数据显示，社会情感抗逆留守儿童与非社会情感抗逆留守儿童在个体特征、家庭特征和学校特征方面存在显著差异。就个体微系统而言，社会情感抗逆留守儿童接受学前教育的比例、意志力和自信心均显著高于非社会情感抗逆留守儿童。从家庭微系统来看，社情感抗逆留守儿童中双亲外出的比例显著低于非社会情感抗逆留守儿童；在亲子关系方面，社会情感抗逆留守儿童与父母之间的关系亲近的比例显著更高；与非社会情感抗逆留守儿童相比，社会情感抗逆留守儿童的父母与子女的互动交流频率更高，对子女的作业监管更加频繁，同时对子女未来的信心更强；社会情感抗逆留守儿童与祖辈同住的比例显著高于非社会情感抗逆留守儿童。从学校微系统来看，与非社会情感抗逆留守儿童相比，社会情感抗逆留守儿童的同辈群体更加上进，获得的教师支持显著更高。

表 10-2　社会情感抗逆留守儿童特征

	社会情感抗逆留守儿童	非社会情感抗逆留守儿童	t 检验/卡方检验
接受学前教育	74.57%	69.4%	7.50***
意志力	82.11	74.93	8.36***
自信心	3.33	2.97	11.86***
双亲外出	49.25%	53.53%	4.21**
亲子关系很好	73.93%	60.26%	47.40***
亲子互动	59.51	51.83	6.38***
作业监管	2.16	1.88	6.37***
与祖辈同住	56.76%	52.25%	4.68**
父母对子女未来的信心	3.33	2.97	11.86***
同伴质量	0.98	0.86	10.43***
教师支持	79.94	72.41	10.57***

注：(1) 最后一列为连续变量的 t 检验结果或离散变量的卡方检验结果；(2) 显著性水平：* $p<0.1$，** $p<0.05$，*** $p<0.01$。

二、留守儿童社会情感抗逆的保护因素

表 10-3 中的模型 1 是个体特征对留守儿童成为社会情感抗逆学生的影响。结果显示，接受学前教育更有利于留守儿童实现社会情感抗逆，接受学前教育的留守儿童成为社会情感抗逆学生的发生比率是未接受学前教育留守儿童的 1.33 倍；对自己未来越有信心、意志力越强的留守儿童实现社会情感抗逆的比例显著更高，对自己未来自信心每增加一个单位，留守儿童成为社会情感抗逆留守儿童的发生比率提高 92%，意志力每增加一个单位，留守儿童成为社会情感抗逆留守儿童的发生比率提高 45%。

表 10-3　留守儿童学业抗逆与社会情感抗逆的保护性因素

解释变量	社会情感抗逆		
	模型 1	模型 2	模型 3
男生	0.965 (0.086)	0.953 (0.086)	1.083 (0.101)
独生子女	1.168 (0.124)	1.073 (0.117)	1.033 (0.115)
九年级	1.056 (0.094)	1.124 (0.102)	1.197* (0.111)
接受学前教育	1.333*** (0.131)	1.255** (0.125)	1.248** (0.126)
自信心	1.923*** (0.125)	1.671*** (0.126)	1.587*** (0.122)
意志力	1.453*** (0.089)	1.349*** (0.084)	1.216*** (0.078)
双亲外出		0.817** (0.079)	0.827* (0.081)
亲子关系良好		1.399*** (0.139)	1.338*** (0.135)
亲子互动		1.157*** (0.063)	1.092 (0.061)
与祖辈同住		1.309*** (0.125)	1.277** (0.124)
父母对子女的信心		1.217** (0.095)	1.103 (0.089)
作业监管		1.125*** (0.047)	1.115** (0.047)
教师支持			1.309*** (0.074)
同伴质量			2.679*** (0.490)
常数项	0.062*** (0.015)	0.034*** (0.010)	0.021*** (0.007)
准 R^2	0.059	0.078	0.096

注：* $p<0.1$；** $p<0.05$；*** $p<0.01$。系数为机会比（odds ratio），若机会比大于 1 则表明概率随着自变量的增加而增加；若机会比小于 1 则表明概率随着自变量的增加而减少；括号内为标准误。

模型 2 是加入家庭层面变量后的回归结果。结果显示，双亲外出、亲子关系、亲子互动、与祖辈同住以及父母对子女未来的信心对留守儿童成为社会情感抗逆学生的概率有显著的影响。具体而言，与父母一方外出的留守儿童相比，双亲外出的留守儿童成为社会情感抗逆学生的比例显著低 18.3%；与亲子关系一般的留守儿童相比，亲子关系良好的留守儿童成为社会情感抗逆学生的比例显著高 39.9%；亲子互动每增加一个单位，留守儿童成为社会情感抗逆学生的发生比例提高 15.7%；与祖辈同住可以显著提高留守儿童成为社会情感抗逆学生的概率；父母对子女未来自信心每增加一个单位，留守儿童实现社会情感抗逆的发生比例增加 21.7%；家庭作业监管对留守儿童实现社会情感抗逆具有显著的积极影响，家长检查作业的次数越多，留守儿童成为社会情感抗逆学生的概率越高，家长检查作业的次数每增加一个单位，留守儿童成为社会情感抗逆学生的发生比例增加 12.5%。

模型 3 是加入学校层面变量后的回归结果。数据显示，教师支持和同辈群体对留守儿童实现社会情感抗逆具有显著的正向影响。具体而言，教师支持每提高一个单位，留守儿童成为社会情感抗逆留守儿童的发生比例增加 30.9%；同伴支持每提高一个单位，留守儿童成为社会情感抗逆学生的发生比例增加 167.9%。

第五节　结论与启示

本研究利用中国教育追踪调查（2013—2014）基线数据，基于生态系统理论，从个体层面、家庭层面和学校层面，实证分析了影响留守儿童成为社会情感抗逆学生的保护因素。研究发现：

一、研究结论

第一，在留守儿童群体中有 32.93% 的学生突破了亲子分离困境，在社会情感能力方面获得了良好发展。这说明，留守带来的亲子分离并不一定导致留守儿童心理发展不良，部分留守儿童依然可以利用各种保护性因素实现良好发展。为此，对待留守儿童这一特殊弱势群体，我们不能仅仅从问题视角出发开展研究，应当转换视角，从积极视角挖掘促进留守儿童健康发展的保护性因素，为留守儿童发展构建一个充满正能量的环境。

第二，个体层面的对自我未来的信心及意志力等是留守儿童实现社会情感抗逆的重要保护性因素。自信心和意志力作为两个重要的非认知能力指标，能够弥补家庭环境不利带来的消极影响。自信是自尊需要获得满足时产生的一种积极情感体验，是一种健康向上的心理品质，是保证学业进步、事业成功、人际关系良好的重要品质[①]。自信心强的儿童能积极地与他人交往，与同伴建立起良好的关系，能勇敢地面对逆境。钱鹏图等人（2020）的研究也发现坚韧品质是处境不利儿童成功抗逆的关键因素[②]。古语云“有志者，事竟成”。坚定的意志有助于更好地自我控制，面对挫折和挑战性任务时不退避，持续不断地激发热情[③]。在面对亲子分离这一不利处境时，留守儿童良好的自信心和意志力品质，一定程度上能够帮助其更好地适应留守生活，实现健康成长。

第三，家庭层面的亲子互动、亲子关系、与祖辈同住、作业监管及父母对子女未来的信心是留守儿童成为社会情感抗逆学生的重要保护性因素。亲子交流互动是连接家长和儿童之间情感的纽带，家长与留守儿童的交流互动给予留守儿童情感上的支持，弥补亲子分离给留守儿童社情感能力发展带来的负面影响。良好的亲子关系有助于留守儿童正确认识父母外出这一事件，并从正面角度理解父母的决定，从而更加积极地面对留守生活。与祖辈同住，使留守儿童有效建立起依恋关系，为其实现社会情感抗逆奠定了基础。依恋关系是抗逆力生成的基础，留守儿童良好的依恋关系是对亲子分离的有效补偿机制。在亲子分离境况下，祖父母的抚养能够使留守儿童获得相对稳定和谐的家庭模式，有助于他们与祖辈建立安全的依恋关系。作业监管是家长与儿童间的一种行为互动方式，是家长参与子女教育的一种重要表现形式，作业监管有助于提高子女的自尊、自我控制、人际交往、学校适应等非认知能力[④]。父母对子女未来的信心是一种情感上的支持和对子女的肯定，对孩子的高期望和信任有利于其转化为内在的学习动机，进而提升其学业成绩。父母对

① 张磊，张洁，杨献南，等.课外足球锻炼与青少年自信心的关系：基于校园足球背景的研究[J].山西财经大学学报，2017，39(S2)：68-71.

② 钱鹏图，姚继军，蔡茹，等.非认知能力能否助力处境不利学生实现学业逆袭：基于江苏省中小学学业监测数据的实证分析[J].上海教育科研，2020(6)：19-23.

③ 郑磊，孙钰.家庭对学生意志力的影响及作用机制：基于 CEPS 数据的研究[J].教育科学研究，2020(12)：24-32.

④ 李波.父母参与对子女发展的影响：基于学业成绩和非认知能力的视角[J].教育与经济，2018(3)：54-64.

子女更高的教育期望有助于提高留守儿童的自尊水平、情绪稳定性和宜人性①。

第四，学校层面的教师支持和同辈群体是留守儿童实现社会情感抗的重要保护性因素。本研究发现，教师对留守儿童越负责、越有耐心，留守儿童实现社会情感抗逆的概率越高。已有研究也发现，以尊重、鼓励等为表征的教师支持能够有效提升学生的自我效能感②。同时，教师对流动儿童的关怀能有效帮助流动儿童更好地适应城市学校的学习和生活③。教师支持能够有效提升留守儿童的意志力、开放性、学校适应和交往能力等非认知能力，对留守儿童的情绪稳定性也具有重要的影响④。同伴是影响儿童身心健康、学业表现及未来发展的关键因素，同伴的支持能帮助留守儿童缓解亲子分离带来的感情缺失之痛，降低其孤独感。留守儿童在群体中成长，同辈群体往往成为留守儿童社会情感发展、积极心理健康发展乃至学业发展的重要推动力，帮助其实现良好发展。

二、研究启示

第一，提升留守儿童的意志力和自信心水平。本研究发现，自我教育期望和对未来的自信心能有效提升留守儿童成为社会情感抗逆学生的概率。对此，在教学实践过程中，教师可以通过情境创设或活动组织去引导学生建立起兴趣爱好和学习活动之间的联系，以帮助学生在学习中坚持不懈地完成既定目标，即促进学生意志力的发展。此外，学校还可以通过家庭教育指导课引导留守儿童正确看待父母外出工作而将其留在家乡这一事件，增进儿童与远在外地父母的情感联系，使其对自己未来生活抱有更高的信心，以积极的心态应对亲子分离。

---

① 崔颖，徐卓君.父母外出务工对农村留守儿童非认知能力的影响及机制[J].浙江学刊，2021(5)：125-136.

② 李维，白颖颖.初二学生感知的教师支持如何影响学业成绩?：基于学业自我效能感与学习投入的多重中介效应分析[J].教育与经济，2018(6)：86-92.

③ 童星，缪建东.父母参与对流动儿童学校适应的影响：教师关怀的中介作用[J].教育学术月刊，2020(1)：12-17.

④ 肖庆华.新生代乡村教师适应性教学专长的式微及其消解路径[J].教师教育研究，2022，34(1)：13-18.

第二，父母尽可能增加积极陪伴孩子的时间，提高亲子交流互动的质量。本研究发现，面对亲子分离等方面的不利处境时，亲子交流互动、良好的亲子关系、作业监管及对孩子未来生活的充满信心等依然是留守儿童健康成长的重要保护性资源。积极的、长期而持续的亲子互动，能够有效维持和增强亲子之间的依恋感，并有助于形成儿童健康成长的环境。父母挤出时间与孩子交流互动是促进留守儿童健康成长的必要条件和基础。父母长时间的外出务工导致他们与留守儿童在家相处的时间很少，在这种情况下，父母就需要更加珍惜回家后陪伴孩子的时间，同时利用定期和不定期的电话交流时间，与子女进行不间断的情感交流，以形成良好的亲子关系。此外，应将留守儿童家长的亲子交流互动与良好亲子关系构建作为家庭教育能力建设的重点，以此提升留守儿童关爱的精准性和有效性。

第三，充分发挥教师支持和同伴支持对留守儿童健康发展的保护性作用。教师是留守儿童发展中的重要他人，是关爱和教育留守儿童的重要责任主体，教师应给予留守儿童日常生活、学业表现和情感上的关怀与支持，为他们提供一个安全和支持性的成长环境，激发和唤醒留守儿童成长的主观能动性，使他们形成积极的成长心态。一方面，应加强教师关爱留守儿童的能力建设，提升教师关爱留守儿童的实际效果。研究发现，乡村教师因缺乏关于留守儿童教育的职前教育和职后培训，既无法深入认识留守儿童的特点与需求，也无法深入了解留守儿童教育的方式与规律，面临着关于留守儿童教育知识与技能的缺失。在教师专业发展进程中，应在中小学教师培养与培训教育体系中，为教师提供相应的专业化培训，以有针对性地对留守儿童提供符合其需求的各类支持，发挥教师支持对于留守儿童弱势地位的缓冲和保护作用。另一方面，要通过改革教师评价标准、完善教师绩效工资制度等制度化的设计，激励教师主动关爱留守儿童。同时，学校应开展更多的校园活动为留守儿童提供更多和同伴一起交流互动的机会，提升留守儿童相互之间的社会支持，促进其健康成长。

第十一章　教师支持对农村留守儿童非认知能力的影响

第一节　问 题 提 出

随着我国经济发展和城镇化的快速推进，大量农村剩余劳动力为改善家庭经济状况寻求更好发展，不断向城市地区和经济发达地区流动。受制于户籍制度和区域壁垒的影响，大量外出务工人员将孩子留在农村老家生活，家庭“双系抚育”体系被打破，由此形成了数量庞大的农村留守儿童群体。民政部统计数据显示，2018 年全国共有留守儿童 697 万余人，其中义务教育阶段儿童占比为 78.2%。由于缺少父母监督，加上祖辈监护人文化水平较低、无力辅导和疏于管理，留守儿童学业成绩普遍不理想，厌学、逃学甚至辍学的现象时有发生①。这些问题严重影响留守儿童健康成长，制约着公平而有质量教育目标的实现。进一步加强农村留守儿童关爱保护工作，为广大农村留守儿童健康成长创造更好的环境，是新时期农村教育发展的重要议题。

近 20 年来，学界对儿童非认知能力发展的重要性已达成共识，相关

---

① 范先佐.义务教育均衡发展与农村教育难点问题的破解[J].华中师范大学学报:人文社会科学版,2013(2):10.

研究证明了非认知能力在个体学业表现和未来收入方面的重要作用①。同时，非认知能力在一定程度上能够弥补家庭经济地位不利带来的消极影响②。实证研究表明，留守儿童在自律性、亲社会行为、自我管理、社会交往等非认知能力方面均表现更差③。如何解决因亲子分离造成的留守儿童非认知能力发展不良问题，寻找有效的保护性措施，构建起留守儿童关爱服务的长效机制，具有重要的战略意义。

在家庭功能不健全的情况下，学校成为留守儿童社会化过程中的一个极为重要的场所。其中，教师作为留守儿童成长中的重要他人，成了关爱和教育留守儿童的重要责任主体。教师是学校教育教学过程中的重要角色，也是影响学生认知能力和非认知能力发展的主要因素之一④。在师生关系中，教师支持成为青少年儿童社会支持系统的关键一环，对于初中生来说尤为重要⑤，教师支持可以缓冲家庭不利因素对学生学业成绩的不良影响⑥。研究表明，教师支持对学生的学习情况、个人发展及心理健康会产生积极影响⑦。对于留守儿童来说，由于亲子关系疏离，家庭成员亲密度较低及家庭功能缺失，教师在一定程度上代替了父母的

---

① HECKMAN J J, RUBINSTEIN Y. The Importance of Noncognitive Skills: Lessons from the GED Testing Program[J]. American Economic Review, 2001(2): 91: 145-149; EREN O, OZBEKLIK S. The Effect of Noncognitive Ability on the Earnings of Young Men: Adistributional Analysis with Measurement Error Correction[J]. Labour Economics, 2013(24): 293-304; 黄国英，谢宇. 认知能力与非认知能力对青年劳动收入回报的影响[J]. 中国青年研究，2017(2): 10.

② LIU A. Can Non-cognitive Skills Compensate for Background Disadvantage?: The Moderation of Non-cognitive Skills on Family Socioeconomic Status and Achievement during Early Childhood and Early Adolescence[J]. Social Science Research. 2019(83): 102-306.

③ 侯玉娜. 父母外出务工对农村留守儿童发展的影响：基于倾向得分匹配方法的实证分析[J]. 教育与经济，2015(1): 59-65.

④ JONES S M, KAHN J. The Evidence Base for How We Learn: Supporting Students' Social, Emotional, and Academic Development[J]. The WERA Educational Journal 2017(1): 5-20.

⑤ SAKIZ G, PAPE S J, HOY A W. Does Perceived Teacher Affective Support Matter for Middle School Students In Mathematics Classrooms? [J]. Journal of School Psychology, 2012, 50(2): 235-55.

⑥ LUTHAR S S, CICCHETTI D, BECKER B. The Construct of Resilience: A Critical Evaluation and Guidelines for Future Work[J]. Child Development, 2000, 71(3): 543-562.

⑦ MERCER S H, NELLIS L M, MARTÍNEZ R S, et al. Supporting the Students Most in Need: Academic Self-efficacy and Perceived Teacher Support in Relation to Within-year Academic Growth[J]. Journal of School Psychology, 2011, 49(3): 323-338.

职责与功能[①]，教师的支持和鼓励则成为一种保护性因素，更可能促进留守儿童非认知能力的发展。

调查显示，面临繁重的教学任务与艰苦的生活环境，乡村教师对于留守儿童的关爱往往是心有余而力不足[②]。现有关于教师考核与绩效评价体系中并没有将教师关爱留守儿童作为重要的考核标准，其背后隐含之意为，教师关爱留守儿童可以是一种自发行为，现有教师评价没有必要对此给予特别关注。在此背景下，我们需要考量的问题是：教师对于留守儿童的支持与关爱主要有哪些方式？教师支持对留守儿童的发展是否有显著影响？如果教师支持对于留守儿童发展存在显著的积极影响，那么，教师关爱留守儿童就不能仅仅停留在自发层面，而应当通过制度设计激励教师关爱留守儿童，使之成为教师的责任行为和自觉行动。

鉴于此，本研究采用中国教育追踪调查（CEPS）数据库 2014—2015 学年的追访数据重点回答以下两个问题：一是教师在教育教学过程中是否给予了留守儿童支持与关爱？二是教师支持对留守儿童的非认知能力发展是否有显著的影响？如果有，应当如何通过制度化的设计激励教师关爱留守儿童，提升留守儿童的关爱效果？本文后续结构安排如下：第二部分为文献综述；第三部分是研究设计，包括数据来源、变量界定和研究方法；第四部分为实证结果与讨论；第五部分为结论与建议。

第二节　文献综述

一、非认知能力的概念及测量

在传统人力资本理论分析框架下，“能力”一词通常被等同于认知

---

① 崔伟，徐夫真，陈佩佩，等.留守初中生教师支持与学业适应：人格的调节作用[J].中国特殊教育，2017(2)：54-58，77.

② 范先佐，郭清扬.农村留守儿童教育问题的回顾与反思[J].中国农业大学学报（社会科学版），2015，32(1)：55-64.

能力，而非认知能力往往被忽略。然而，在实证研究中仅控制个体认知能力并不能解释个体收入的全部变异。对此，Bowles 提出，人力资本模型中的“能力”不能局限于“认知能力”，还应包括“非认知能力”①。在此基础上，以 Heckman 为首的新人力资本理论的倡导者将人力资本理论中的“能力”区分为认知能力和非认知能力，进一步扩展了人力资本的内涵。

目前，关于非认知能力概念的界定，不同学科有着不同的理解。在心理学领域，通常采用人格特质、情绪智力或非智力因素等表示非认知能力，将非认知能力理解为一种较为稳定的思想、情感和行为方式，反映了个体在某种情境下所作出的特定回应②。在劳动经济学领域，非认知能力被视为与认知能力相对应的个体特质，具体包括自信、自尊、内外点控制、社交能力、成就动机等③；在行为经济学领域，非认知能力被视为诸如时间与风险偏好等概念。不同学科对非认知能力的界定取决于研究视角与关注重点之差异，但人们对非认知能力概念的理解仍然存在高度共识④。基于以上理解，我们可以将非认知能力界定为人们应对不同情境时所展现出来的一种稳定的思想、感觉和行为模式，它包含以下三个特征：一是难以被智力测验或学业成绩测量；二是具有可收益性特征；三是可以通过正式或非正式的学习经历获得。由于非认知能力测量标准具有多元性，学界对其测量指标的选择旨趣迥异。Heckman 等人的研究采用自尊、内外控制等指标来度量非认知能力⑤。Durlark 等人使用社会情感技能、对自我和他人的态度、问题行为、情绪障碍等指标测

① 周金燕.人力资本内涵的扩展：非认知能力的经济价值和投资[J].北京大学教育评论，2015，13(1)：78-95，189-190.

② ROBERTS B W，KUNCEL N R，SHINER，et al.The Power of Personality：The Comparative Validity of Personality Traits，Socioeconomic Status，and Cognitive Ability for Predicting Important Life Outcomes[J].Perspectives on Psychological Science，2007，2(4)：313-345.

③ 胡博文.非认知能力对劳动者收入的影响：机制探讨和实证分析[D].杭州：浙江大学，2017.

④ HECKMAN J J，KAUTZ T.Hard Evidence on Soft Skills[J].Labour Economics，2012，19(4)：451-464.

⑤ HECKMAN J J.Skill Formation and the Economics of Investing in Disadvantaged Children[J].Science，2006，312(5782)：1900-1902.

度非认知能力①。经合组织（OECD）领导的 PISA 测试主要从任务表现、情绪管理、合作、开放性和与他人交流五个方面对学生的非认知能力进行测量。国内学者关于非认知能力的测量主要有两类路径。一是围绕研究对象的非认知能力编制测评工具。如杜屏等人从自我管理、负责任的决定、自我认知、关系维护技能以及社会认知五个维度编制了非认知能力的测量量表②；王骏从自尊、自我控制、人际交往、学校适应和合作五个维度度量非认知能力③。二是对社会调查相应指标的拟合。如龚欣等人利用“中国家庭追踪调查”数据库中的社交能力（拥有好朋友的数量、是否担任班干部）以及注意力两方面去度量非认知能力④。吴愈晓等人利用“中国教育追踪调查”数据库，从心理健康、自信心、集体融入和人际关系四个维度构造了非认知能力的度量指标⑤；龚欣和李贞义结合“大五人格”从开放性、消极情绪性、自律性、社会性等指标加以度量⑥。

基于数据的可获得性，本章所论述的非认知能力，主要包括学习毅力、开放性、消极情绪性、交往能力和学校适应五个维度的行为特质。具体而言，学习毅力是指对学习的坚持性与热情，学习毅力水平高的学生在完成具有挑战性的学习任务时，即使在失败、困境时期都依然会持续努力并且保有持久的兴趣⑦。开放性是指个体具有创造能力和好奇心，

---

① DURLAK J A, WEISSBERG R P, DYMNICKI A B, et al. The Impact of Enhancing Students Social and Emotional Learning: A Meta-analysis of School-based Universal Interventions[J]. Child Development, 2011, 82(1): 405-432.

② 杜屏，张世娇，张雅楠.父母工资收入对小学生非认知技能的影响及其机制的研究[J].教育经济评论，2018，3(2)：81-99.

③ 王骏.非认知能力发展能够解释学业成绩分布的性别差异吗？：来自北京市城市功能拓展区的经验证据[J].世界经济文汇，2018(6)：49-69.

④ GONG X, XU D, HAN W J. The Effects of Preschool Attendance on Adolescent Outcomes in Rural China[J]. Early Childhood Research Quarterly, 2016(37): 140-52.

⑤ 吴愈晓，王鹏，杜思佳.变迁中的中国家庭结构与青少年发展[J].中国社会科学，2018(2)：98-120，206-207.

⑥ 龚欣，李贞义.学前教育经历对初中生非认知能力的影响：基于 CEPS 的实证研究[J].教育与经济，2018(4)：37-45.

⑦ DUCKWORTH A L, PETERSON C, MATTHEWS M D, et al. Grit: Perseverance and Passion for Long-term Goals[J]. Journal of Personality and Social Psychology, 2007, 92(6): 1087-1101.

与墨守成规或谨小慎微相对。开放性越强，表明个体好奇心强，倾向于寻求并接纳新鲜经验和新颖的创意或理念①。消极情绪性是指个体表现出的易受挫、易怒、害怕、悲伤以及内疚等情绪，具有严重消极情绪的个体在面对压力事件时，更易产生悲伤情绪并可能表现出强烈的情绪反应等。交往能力是指人际交往过程中，个体具有交往意愿，积极主动参与交往，并且表现出有效和适宜的交往行为，从而使自身与他人的关系处于和谐状态的能力②。学校适应是指学生在学校背景下愉快地参与学校活动，并获得学业成功的状况③。

二、教师支持对留守儿童非认知能力的影响

根据个体发展的生态学模型，学校是除家庭之外影响青少年发展的另一重要场域，教师是除父母之外影响青少年发展的重要他人。随着积极心理学的兴起，学者们逐渐开始关注教师积极行为对学生的影响④，其中学生感知到的教师支持行为就是衡量教师对学生影响的重要指标。就其内涵而言，学生感知的教师支持指学生感知到的教师对其学习生活、情感生活等表现出的关心态度与行为。学界有关教师支持的研究比较丰富，但对教师支持的界定及分类尚未达成一致。如李维等将教师支持划分为学习支持、情感支持和能力支持三个维度⑤；柴晓运等认为，自主支持、认知支持和情绪支持是学业领域教师支持的核心组成部分⑥；杨

① 乐君杰，胡博文.非认知能力对劳动者工资收入的影响[J].中国人口科学，2017(4):66-76，127.

② 王英春，邹泓.青少年人际交往能力的发展特点[J].心理科学，2009，32(5):1078-1081.

③ LADD G W，KOCHENDERFER B J，COLEMAN C C.Classroom peer Acceptance，Friendship，and Victimization:Distinct Relational Systems that Contribute Uniquely to Children's School Adjustment? [J]. Child Development. 1997，68(6):1181-1197.

④ PERRY J C，LIU X，PABIAN Y.School Engagement as a Mediator of Academic Performance among Urban Youth:The Role of Career Preparation，Parental Career Support，and Teacher Support [J]. The Counseling Psychologist，2010，38(2):269-295.

⑤ 李维，白颖颖.初二学生感知的教师支持如何影响学业成绩?:基于学业自我效能感与学习投入的多重中介效应分析[J].教育与经济，2018(6):86-92.

⑥ 柴晓运，龚少英.中学生感知到的数学教师支持问卷的编制[J].心理与行为研究，2013，11(4):511-517.

奎臣等结合 CEPS 调查将教师支持分为学业支持、情绪支持和关系支持三个维度①；赵磊磊等从情绪性支持和工具性支持两个维度来考察教师支持②。总体而言，教师支持作为一个抽象的概念，学者们通常将其具化为几个不同的维度，以此考察其对学生发展的影响。从现有关于教师支持维度的划分看，学习（学业）支持和情绪（情感）支持是教师支持的核心指标。结合 CEPS 调查数据，本章将教师支持分为学习支持、情感支持和交往支持三个维度。学习支持指教师在学生学习中给予的积极回应；情感支持指教师给予学生积极的关注与关爱，以及当学生应对压力时的情感支持；交往支持指教师对学生表现出的责任感及学生对教师的亲近与喜爱。

大量研究表明，学生感知到的教师支持显著影响其幸福感③、自我效能感④、学业动机⑤及学业成绩⑥等。目前，关于教师支持与留守儿童发展的研究大都聚焦于学生的学业表现，直接针对教师支持与留守儿童非认知能力发展的研究相对较少。心理学研究发现，教师支持对学生的心理状况、自尊水平、社交技能、学校适应、坚毅品质等非认知能力发展都具有显著影响⑦；社会学研究发现，教师支持是留守儿童抗逆力生成的重要保护性因素⑧。教师的积极关注和欣赏对留守儿童的正向发展

---

① 杨奎臣，贾爱宾，郭西.教师支持对流动儿童学校适应的影响及其机制研究：基于 CEPS（2014—2015）数据的实证分析[J].教育与经济，2020(1)：77-86.

② 赵磊磊，姜蓓佳，李凯.教师支持如何影响农村留守儿童学习适应：基于县域视角的调查研究[J].教师教育研究，2020，32(2)：102-109.

③ SULDO S M，FRIEDRICH A A，WHITE T，et al.Teacher Support and Adolescents' Subjective Well-being：A Mixed-methods Investigation[J].School Psychology Review，2009，38(1)：67-85.

④ MITCHELL S，DELLAMATTERA J.Teacher Support and Student's Self-efficacy Beliefs[J].Journal of Contemporary Issues in Education，2010，5(2)：24-35.

⑤ KATZ I，KAPLAN A，GUETA G.Students' Needs，Teachers' Support，and Motivation for Doing Homework：A Cross-sectional Study[J].The Journal of Experimental Education，2009，78(2)：246-267.

⑥ 李维，白颖颖.初二学生感知的教师支持如何影响学业成绩?：基于学业自我效能感与学习投入的多重中介效应分析[J].教育与经济，2018(6)：86-92.

⑦ REDDY R，RHODES J E，MULHALL P.The Influence of Teacher Support on Student Adjustment in the Middle School Years：A Latent Growth Curve Study[J].Development and Psychopathology，2003，15(1)：119-138；黎晓娜.教师支持、延迟满足与学生坚毅品质养成的关系研究[J].学校党建与思想教育，2020(6)：92-94.

⑧ 同雪莉.留守儿童抗逆力生成研究[D].南京：南京大学，2016.

有促进作用，能够激起个体对自身及他人的正向感知，使其对生活怀有更大期望①。此外，教师经常性的关心、肯定、鼓励、建议对留守儿童的学习积极性与课堂表现有非常明显的促进作用②。

以上研究侧重分析教师支持对留守儿童学业成绩、学习适应、学业投入等认知能力方面的影响，很少从非认知能力的视角分析教师支持的效果。本研究聚焦于教师这一留守儿童成长中的重要他人，探讨教师支持对留守儿童非认知能力的影响，旨在为激励教师关爱留守儿童提供经验证据和决策基础。

第三节　研究设计

一、数据来源

本研究采用中国人民大学中国调查与数据中心执行的 CEPS 数据库 2014—2015 年学生追访数据。CEPS 基线调查以当年初中一年级（七年级）和初中三年级（九年级）的在校生为调查对象，以人口平均受教育程度与流动人口比例作为分层变量，通过多阶段的概率与规模成比例（PPS）抽样方法，经过四个抽样阶段，从全国 28 个县级单位随机选取了 112 所学校的 438 个班级，总计涉及基线调研学生将近 2 万名，其中七年级学生 10279 名。2014—2015 学年的追踪调查对基期 2013—2014 学年样本中的七年级学生进行了追访调查，成功追访的学生数为 9449 个，新入样 471 名学生。该调查样本中含有农村留守儿童子样本和农村非留守儿童子样本，调查内容涉及学生的家庭背景、教师支持、学生非认知能力等。相比基线调查，这些因素的测量有了更进一步的改进，具有更高的效度。

我们将父母双方或一方从农村地区流动到其他地区，孩子留在户籍

① 李燕平，杜曦.农村留守儿童抗逆力的保护性因素研究：以曾留守大学生的生命史为视角[J].中国青年社会科学，2016，35(4)：69-74.

② 万江红，李安冬.从微观到宏观：农村留守儿童抗逆力保护因素分析：基于留守儿童的个案研究[J].华东理工大学学报(社会科学版)，2016，31(5)：26-35，43.

所在地农村，并因此无法和父母双方共同生活的儿童界定为留守儿童。换言之，当父母一方或双方不在家时，孩子即为留守儿童。根据数据库中学生户口类型、户口登记地和是否与父母同住，不考虑新入样样本和农村流动儿童，共筛选出1140个父母至少有一方外出务工的农村留守儿童样本。为了更好地展开对比研究，本文将农村样本中的2686个非留守儿童也纳入分析，最终样本数为3826个。

二、变量界定

（一）被解释变量

这里被解释变量为非认知能力，具体包括学习毅力、开放性、消极情绪性、交往能力和学校适应。

1. 学习毅力。本研究使用CEPS问卷中的三道题目测量学习毅力，针对以下情况："就算身体有点不舒服，或者有其他理由可以留在家里，我仍然会尽量去上学""就算是我不喜欢的功课，我也会尽全力去做""就算功课需要花好长时间才能做完，我仍然会不断地尽力去做"，让学生进行自评，并采用4点计分法计分（1＝完全不同意，4＝完全同意）。通过主成分分析法提取一个连续变量（$\alpha=0.79$），并参考边燕杰等人的研究将其转化为一个取值范围为1～100的连续变量[①]，数字越大表示学习毅力越强。

2. 开放性。借鉴其他同样使用CEPS数据的研究[②]，同时结合"大五人格"中的开放性维度，将家长问卷中如下四个问题归为开放性："孩子能够清楚表达自己的意见""孩子的反应能力很迅速""孩子能很快学会新知识""孩子对新鲜事物很好奇"，并采用4点计分法计分（1＝非常不符合，4＝非常符合）。通过主成分分析法提取一个连续变量（$\alpha=0.84$），并将其转化为一个取值范围为1～100的连续变量，数字越大表示开放性越强。

---

① 边燕杰，李煜.中国城市家庭的社会网络资本[J].清华社会学评论特辑，2000(2).

② 李丽，赵文龙，边卫军.家庭背景对非认知能力影响的实证研究[J].教育发展研究，2017，37(1)：45-52.

3. 消极情绪性。该指标通过如下六个题项进行测度："过去七天你是否感到沮丧""消沉得不能集中精力做事""不快乐""生活没有意思""提不起劲儿做事""悲伤难过"，并采用5点计分法计分（1=从不，5=总是）表示这些情绪出现的频率。通过主成分分析法提取一个连续变量（α=0.91），并将其转化为一个取值范围为1~100的连续变量，数字越大表示消极情绪性越强。

4. 交往能力。交往能力通过包含三个题项的量表测得，"有一些我尊敬和崇拜的成年人""我能和大人轻松地交谈""当我不小心伤害或得罪人时，我会道歉"，并采用5点计分法计分（1=完全不同意，5=完全同意）。通过主成分分析法提取一个连续变量（α=0.60），并将其转化为一个取值范围为1~100的连续变量，数字越大表示交往能力越强。

5. 学校适应。学校适应变量通过如下题目来测量，询问被调查者对"班里大多数同学对我很友好""我所在的班级班风良好""我经常参加学校或班级组织的活动"和"我对这个学校的人感到亲近"等问题的认同程度，并采用4点计分法计分（1=完全不同意，4=完全同意）。通过主成分分析法提取一个连续变量（α=0.77），并将其转化为一个取值范围为1~100的连续变量，数字越大表示学校适应越好。

（二）解释变量

这里的解释变量为教师支持，包括学习支持、情感支持和交往支持三个维度。

1. 学习支持。通过CEPS的六道题目测量教师学习支持，分别询问被调查者的三科（数学、语文、英语）老师是否在课堂上常常注意或是提问被调查者，并采用4点计分法计分（1=完全不同意，4=完全同意）。通过主成分分析法提取一个连续变量（α=0.88），并将其转化为一个取值范围为1~100的连续变量，数字越大表示教师学习支持水平越高。

2. 情感支持。教师情感支持测量由五道题目组成，其中三道题目分别询问被调查者的三科（数学、语文、英语）老师是否经常表扬被调查者，另外两道题目询问被调查者出现消极情绪时教师是否会想办法帮助或是找被调查者的家长一起帮助被调查者，并采用 4 点计分法计分（1=完全不同意，4=完全同意）。通过主成分分析法提取一个连续变量（α=0.81），并将其转化为一个取值范围为 1~100 的连续变量，数字越大表示教师情感支持水平越高。

3. 交往支持。教师交往支持变量通过四道题目测量，分别询问被调查者的家长："老师对孩子是否负责"，对应选项 1 代表一点也不负责，5 代表非常负责；"老师对孩子是否有耐心"，对应选项 1 代表一点也没有耐心，5 代表非常有耐心；"孩子是否喜欢现在的班主任和其他任课教师"，每道题目有四个选项，1 代表一点也不喜欢，4 代表很喜欢。通过主成分分析法提取一个连续变量（α=0.82），并将其转化为一个取值范围为 1~100 的连续变量，数字越大表示教师交往支持水平越高。

（三）控制变量

在参考已有文献的基础上，本研究还采用了其他可能会影响留守儿童非认知能力的因素作为控制变量，具体包括：

1. 在个人层面，本研究采用性别（男性=1）、年龄、民族（汉族=1）、是否独生子女（独生子女=1）、是否寄宿（寄宿=1）、是否接受学前教育（接受学前教育=1）、健康状况（健康状况差=1）、七年级学业成绩等多个变量。

2. 在家庭层面，本研究采用两个变量：父母双方教育水平较高一方的受教育年限；家庭经济状况，包括"家庭经济状况中等"和"家庭经济状况富裕"两个二值变量，以"家庭经济状况困难"为参照组。

3. 在地区层面，本研究采用县（区）平均受教育年限为控制变量。一个地区的平均受教育程度在一定程度上能够反映当地的社会经济发展情况，为控制地区社会经济和文化水平对学生非认知能力发展的影响，我们选取了被调查者所在县（区）的平均受教育年限作为地区社会经济和文化发展水平的代理变量。

三、研究方法

数据分析分为两步。首先是描述统计，反映留守儿童和非留守儿童在教师支持和非认知能力方面的差异性；其次是使用回归模型估计教师支持对留守儿童非认知能力的影响。具体模型设定如下：

$$Y_j=\alpha+\beta_1X_1+\beta_2X_2+\beta_3X_3+\cdots\beta_iX_i+\varepsilon。$$

其中，Y_j代表被解释变量非认知能力，共包含学习毅力、开放性、消极情绪性、学校适应和交往能力五个变量。X_1、X_2、X_3分别代表核心解释变量教师学习支持、教师情感支持和教师交往支持，X_i为控制变量，ε为误差项。

第四节　实证结果与讨论

一、留守儿童与非留守儿童之间的比较分析

表 11-1 呈现了留守儿童和非留守儿童之间的差异性分析。结果表明：在非认知能力的学习毅力、开放性、学校适应、交往能力四个维度方面，留守儿童得分均显著低于非留守儿童；在消极情绪性维度上，留守儿童得分显著高于非留守儿童；在教师支持的三个维度（教师学习支持、情感支持和交往支持）方面，留守儿童得分也显著低于非留守儿童；在主要控制变量方面，除七年级学业成绩外，留守儿童和非留守儿童之间均存在显著差异，特别是在父母最高受教育程度、家庭经济情况等方面，留守儿童得分均显著低于非留守儿童。这说明与非留守儿童相比，留守儿童无论是在非认知能力，还是在教师支持和家庭环境等方面，都处于不利地位，留守儿童的非认知能力发展处于弱势地位。

表 11-1　留守儿童与非留守儿童各变量均值比较

变量	全样本	留守儿童	非留守儿童	t 检验
被解释变量				
学习毅力	71.07	68.27	72.26	-3.99^{***}
开放性	69.11	66.37	70.27	-3.90^{***}
消极情绪性	31.03	33.06	30.17	2.89^{***}

续表

变量	全样本	留守儿童	非留守儿童	t 检验
学校适应	67.57	64.04	69.07	−5.03***
交往能力	62.60	60.19	63.63	−3.44***
解释变量				
学习支持	54.58	50.9	56.14	−5.24***
情感支持	48.87	45.2	50.43	−5.23***
交往支持	77.23	74.87	78.23	−3.37***
控制变量				
年龄	13.61	13.68	13.57	−0.11***
健康状况差	0.07	0.08	0.07	0.01**
七年级学业成绩	70.13	69.92	70.22	−0.30
父母最高受教育年限	9.80	9.49	9.94	−0.45***
家庭经济状况	1.74	1.64	1.78	−0.14***
县（区）平均受教育年限	8.81	8.39	8.98	−0.59***

注：*、**、*** 分别代表 5%、1%、0.1% 的显著性水平。

二、教师支持对留守儿童非认知能力的影响

表 11-2 反映了教师支持的三个维度（学习支持、情感支持和交往支持）对留守儿童非认知能力的影响。

表 11-2　教师支持对留守儿童非认知能力影响回归结果

	模型 1	模型 2	模型 3	模型 4	模型 5
	学习毅力	开放性	消极情绪性	学校适应	交往能力
学习支持	0.105**	0.068*	−0.018	0.180***	0.131***
	(−2.83)	(−2.07)	(−0.53)	(−5.62)	(−3.74)
情感支持	0.161***	0.062*	−0.019	0.264***	0.155***
	(−4.67)	(−2.03)	(−0.59)	(−8.86)	(−4.73)

续表

	模型 1	模型 2	模型 3	模型 4	模型 5
	学习毅力	开放性	消极情绪性	学校适应	交往能力
交往支持	0. 193***	0. 241***	−0. 176***	0. 179***	0. 110**
	(−4. 75)	(−6. 73)	(−4. 68)	(−5. 10)	(−2. 86)
男生	−4. 803***	4. 146***	−3. 239*	−0. 740	−5. 381***
	(−3. 45)	(−3. 38)	(−2. 52)	(−0. 61)	(−4. 08)
年龄	−1. 870*	−1. 186	0. 632	0. 368	0. 951
	(−2. 08)	(−1. 50)	(−0. 76)	(−0. 47)	(−1. 12)
寄宿	−0. 219	−2. 306	0. 568	0. 393	1. 065
	(−0. 16)	(−1. 87)	(−0. 44)	(−0. 33)	(−0. 81)
汉族	0. 183	0. 713	−0. 652	6. 129**	1. 069
	(−0. 07)	(−0. 30)	(−0. 27)	(−2. 67)	(−0. 43)
独生子女	−1. 455	1. 537	2. 180	−0. 514	2. 680
	(−0. 86)	(−1. 03)	(−1. 39)	(−0. 35)	(−1. 67)
接受过学前教育	−1. 128	2. 681*	1. 765	−0. 131	0. 317
	(−0. 73)	(−1. 97)	(−1. 24)	(−0. 10)	(−0. 22)
健康状况差	−3. 629	−3. 082	14. 80***	−8. 586***	−4. 185
	(−1. 51)	(−1. 46)	(−6. 67)	(−4. 14)	(−1. 84)
七年级学业成绩	0. 220**	0. 259***	−0. 040	0. 125	0. 288***
	(−2. 61)	(−3. 49)	(−0. 52)	(−1. 71)	(−3. 60)
父母最高受教育程度	0. 122	0. 740**	0. 125	0. 091	0. 082
	(−0. 41)	(−2. 80)	(−0. 45)	(−0. 35)	(−0. 29)
家庭经济中等	−0. 828	1. 648	−1. 118	1. 310	−0. 247
	(−0. 59)	(−1. 33)	(−0. 86)	(−1. 07)	(−0. 18)
家庭经济富裕	−5. 061	5. 121	−4. 995	4. 174	−6. 378
	(−1. 18)	(−1. 35)	(−1. 26)	(−1. 12)	(−1. 57)
县（区）平均受教育年限	−1. 147	−0. 881	−0. 590	1. 348	−0. 989

续表

	模型 1	模型 2	模型 3	模型 4	模型 5
	学习毅力	开放性	消极情绪性	学校适应	交往能力
	(-1.33)	(-1.16)	(-0.74)	(-1.80)	(-1.21)
样本量	1140	1140	1140	1140	1140
调整 R^2	0.13	0.12	0.07	0.29	0.14

注：(1) 括号内为稳健标准误，系数为标准化系数；(2) *、**、*** 分别代表 5%、1%、0.1% 的显著性水平。

模型 1 呈现了教师支持对留守儿童学习毅力的影响。结果显示，教师的学习支持、情感支持和交往支持均对留守儿童的学习毅力具有显著的正向影响。即来自教师的更多支持，有助于提升留守儿童学习的坚韧性、自觉性和自制力，促进留守儿童养成良好的学习品质。教师作为留守儿童成长中的重要他人，其在课堂上对留守儿童表现出的积极关注、情感支持以及对留守儿童负责任的态度，均能够有效提升留守儿童的自信心和学业效能感，激发学生的学习兴趣，提升留守儿童的学习毅力。从教师支持三个维度的标准化系数大小来看，情感支持对留守儿童学习毅力的影响最大，交往支持次之，学习支持最小。这说明，以鼓励、表扬以及心理层面的关心为特征的情感支持，对于提升留守儿童的学习毅力具有重要的作用。为此，教师在教育实践中需要给予留守儿童更多的鼓励和情感方面的关怀与支持。控制变量方面，男生学习毅力显著低于女生，年龄越大学生的学习毅力相对越差，学习成绩越好的学生学习毅力越高。

模型 2 呈现了教师支持对留守儿童开放性的影响。结果显示，教师学习支持、情感支持和交往支持均对留守儿童的开放性有显著的正向影响。学习支持和情感支持在 5% 的水平上显著，交往支持在 0.1% 的水平上显著。从各维度的标准化系数大小来看，交往支持对留守儿童开放性的影响最大，教师在教育教学中对留守儿童表现出的负责任和有耐心的态度，对留守儿童开放性的发展具有显著的促进作用。相关控制变量的回归结果中，男生的开放性显著高于女生，接受学前教育的学生在开放性方面表现更好，同时，学习成绩越好的学生开放性越高。

模型 3 显示了教师支持对留守儿童消极情绪性的影响。结果显示，教师交往支持对留守儿童的消极情绪性具有显著的负向影响，即教师的交往支持能够有效降低留守儿童出现消极情绪的频率。但教师的学习支持和情感支持对留守儿童消极情绪性的影响不具统计意义上的显著性。控制变量方面，相比女生，男生出现消极情绪性的频率显著更低；健康状况差的学生更容易出现消极情绪。

模型 4 是教师支持对留守儿童学校适应的影响。结果显示，教师支持的三个维度均对留守儿童的学校适应具有显著的正向影响，且均在 0.1%的水平上显著。这表明留守儿童感知到来自教师的支持越强烈，越有助于其适应并融入学校生活，提高其学校适应性。从教师支持三个维度的标准化系数大小来看，教师情感支持对留守儿童学校适应的影响最大，学习支持次之，交往支持最小。

模型 5 呈现了教师支持对留守儿童交往能力的影响。结果显示，教师学习支持、情感支持和交往支持均对留守儿童的交往能力具有显著的正向影响，且均在 0.1%的水平上显著。从教师支持的三个维度的标准化系数大小来看，教师情感支持对留守儿童交往能力的影响最大，学习支持次之，交往支持最小。教师对留守儿童的表扬与情绪上的关注，对构建良好的师生关系具有重要作用，有助于留守儿童对教师产生安全的依恋关系，增强与他人交往的信心，进而提升其社交能力。因此，在教育实践中，教师给予留守儿童更多的鼓励与关心、了解其心理健康状况并给予及时的帮助和支持，是非常重要的。

第五节　结论与建议

本研究采用中国教育追踪调查 2014—2015 学年的追访数据，采用多元线性回归模型的估计，初步探讨了教师学习支持、情感支持和交往支持对留守儿童非认知能力的影响，得出以下研究结论：

第一，农村留守儿童的非认知能力显著低于非留守儿童。本研究发现，相比农村非留守儿童，留守儿童非认知能力显著更低。这与侯玉娜等人的研究结论一致①，即父母外出对留守儿童非认知能力发展具有显著的消极影响。相比非留守儿童，留守儿童缺少父母的陪伴、监督以及日常的言语鼓励等，而且在家庭经济状况、父母受教育水平等方面留守儿童也均显著低于非留守儿童，上述综合因素一定程度上造成了留守儿童在非认知能力发展方面低于非留守儿童。

第二，农村留守儿童感知到的教师支持显著低于非留守儿童。实证研究发现，留守儿童感知到的教师的学习支持、情感支持和交往支持均显著低于非留守儿童。这说明，教师对留守儿童的关心和支持还有待加强。研究显示，在一部分教师眼里，留守儿童已与“双差生”画上了等号，属于不讨人喜欢的一群，他们从老师那里得到的关爱明显少于非留守儿童②。因父母外出务工，留守儿童从父母那里得到的关爱比非留守儿童要少，如果他们在学校也得不到足够的关怀与支持，长此以往，留守儿童的安全感、学习兴趣和情绪情感发展必然会遭遇不利影响，其个人发展将面临更多风险。

第三，来自教师的学习支持、情感支持和交往支持均对留守儿童的学习毅力、开放性、学校适应和交往能力具有显著的正向影响。其中，交往支持对留守儿童消极情绪性具有显著的负向影响，教师各项支持程度越高，留守儿童非认知能力发展越好。这进一步证实了教师支持对留守儿童非认知能力的积极影响。整体而言，教师的情感支持对于留守儿童非认知能力的影响最大，这可能是因为留守儿童长期缺少父母的陪伴，亲子交流不畅，情感需求往往得不到很好的满足，而教师作为留守儿童学校生活中的重要他人，教师的情感支持有助于弥补留守儿童家庭情感需求缺失带来的不利影响，进而促进留守儿童非认知能力水平的提升。

---

① LAHAIE C, HAYES J A, PIPER T M, et al. Work and Family Divided across Borders: The Impact of Parental Migration on Mexican Children in Transnational Families[J]. Community, Work & Family, 2009, 12(3): 299-312; 侯玉娜. 父母外出务工对农村留守儿童发展的影响: 基于倾向得分匹配方法的实证分析[J]. 教育与经济, 2015(1): 59-65.

② 范先佐, 郭清扬. 农村留守儿童教育问题的回顾与反思[J]. 中国农业大学学报(社会科学版), 2015, 32(1): 55-64.

上述研究结果对于人们思考乡村教师激励与绩效评价体系、提升留守儿童关爱和支持效果有重要的启示：

第一，改革教师评价标准，完善教师绩效工资制度。研究发现，教师支持对留守儿童非认知能力发展具有显著的积极影响，如何通过制度化的设计激励教师给予留守儿童更多支持是值得我们关注的话题。2009年我国实施的绩效工资改革在调动教师积极工作、提高教育质量方面发挥了重要作用，然而现实中主要以考试成绩和高分率判定教师绩效的做法鼓励了教师“择优而教”的行为，大量后进生和弱势群体的发展被漠视①。更重要的是，现有教师评价导向倚重学生认知能力发展，相对忽略儿童人格、情绪情感、开放性等非认知能力发展。本研究发现，相比非留守儿童，留守儿童感知到的教师支持显著更低，这一现象的出现与绩效考核中未能将教师对留守儿童的关爱与支持纳入考核范畴有密切关系。建议各级政府将关爱留守儿童纳入乡村教师绩效考核，激励教师不仅要关注学生的学业表现，更要关心学生的非认知能力发展。

第二，加强教师关爱留守儿童的能力建设。首先，创新教师教育人才培养模式，在教师教育课程体系中嵌入留守儿童（弱势群体）关爱策略与能力培养内容，并赋予一定的学分。其次，在各级教师培训中开辟留守儿童（弱势群体）关爱课程，提升一线教师尤其是班主任老师的教育素养，提高教师支持留守儿童发展的意识与能力。最后，加强留守儿童关爱策略与课程资源建设，鼓励大学和中小学围绕留守儿童心理健康、道德发展、社会交往、情绪情感发展等方面开展高水平研究，为一线教师开展留守儿童关爱活动提供理论指导。

---

① 雷万鹏，马红梅.学生成绩对教师工资的影响[J].北京大学教育评论，2019，17(4)：160-172，188-189.

第十二章　留守儿童学习适应性与家庭教育决策合理性

第一节　问 题 提 出

改革开放以来，随着我国经济发展及城镇化进程的快速推进，农村剩余劳动力不断向城市地区和经济发达地区流动。在城乡二元体制及户籍制度的影响下，大量农民外出务工而将孩子留在农村老家生活，家庭“双亲抚育”体系逐步被打破，农村留守儿童群体随之形成。需要说明的是，本章探讨的留守儿童既包括父母双方均外出的儿童，也包括父母一方外出的儿童。其主要原因是，父母选择双方外出还是一方外出始终处于一种动态变化中，同时有研究表明，父母一方外出尤其是母亲外出会对留守儿童的发展产生显著的消极影响①。大量研究显示，留守儿童在安全、情绪情感、品德行为和学业成就等方面处于弱势地位②。如何有效建立留守儿童关爱服务体系，成为新时期一项重要而紧迫的任务。

为促进留守儿童健康发展，政府与社会各界开展了形式多样的留守儿童关爱活动。比如，浙江省杭州市江干区实施的“蒲公英计划”、陕

---

① 李钟帅，苏群.父母外出务工与留守儿童健康：来自中国农村的证据[J].人口与经济，2014(3)：51-58.

② 段成荣，吕利丹，王宗萍.城市化背景下农村留守儿童的家庭教育与学校教育[J].北京大学教育评论，2014，12(3)：13-29，188-189.

西省石泉县的“石泉模式”、重庆市实施的“4+1”教育模式、江西省于都县开展的“1+X”结对活动等，这些关爱行动唤起了人们对留守儿童问题的关注，探索了多种多样的留守儿童关爱模式，对于改善留守儿童的生存困境发挥了积极作用。然而，纵观这些关爱模式，它们更多停留在政府和社会层面，普遍忽视了家庭的作用。作为儿童最早接触的社会环境，家庭是影响儿童终身发展最直接、最重要的环境系统。“政府主导、社会参与”的留守儿童关爱活动不能替代家庭的责任，家庭必须在留守儿童发展的全过程中承担起应尽的职责，发挥其不可替代的作用。

为此，党和政府出台了一系列政策强化留守儿童家庭的责任。2015年10月，教育部《关于加强家庭教育工作的指导意见》强调，注重家庭、注重家教、注重家风，明确家庭在教育中的主体责任。2016年2月，国务院《关于加强农村留守儿童关爱保护工作的意见》要求，父母要依法履行对未成年子女的监护职责与抚养义务，确保农村留守儿童得到妥善监护照料、亲情关爱和家庭温暖。对于许多留守儿童家庭而言，务工赚钱与监管儿童学习存在一定冲突，这种冲突直接影响到留守儿童家庭内部分工和资源分配，反映出在既定约束条件下家庭的效用、偏好和决策机制。田野调查发现，留守儿童家庭在务工赚钱与监管儿童学习上的权衡与取舍往往有两种模式：一是“创学并重模式”，二是“创收至上模式”。所谓“创学并重模式”是指家庭努力在务工创收与儿童学习过程监管上维持平衡，将创收与儿童学习视为两个同等重要的目标，这类家庭通常选择就近务工或者父母一方留守农村陪伴孩子成长。所谓“创收至上模式”是指家庭将增加经济收入视为家庭发展的首要目标，甚至是唯一目标，他们认为只有赚到足够的钱才能供孩子读高中上大学，此类家庭普遍忽视对儿童学习过程的监管。

家庭教育选择也是公共政策研究的重要领域①。从家庭政策视角如何看待上述两种模式的利弊得失？如何基于实证数据探讨留守儿童家庭

① 徐晓新，张秀兰.将家庭视角纳入公共政策：基于流动儿童义务教育政策演进的分析[J].中国社会科学，2016(6)：151-169，207.

教育决策的合理性？现有关于留守儿童教育与发展的研究主要聚焦在学业成绩、心理发展、性别差异等方面，基于家庭教育的视角关注留守儿童学习及学习适应性的研究较为稀少。考虑到学习适应性是一个反映学习态度、学习努力程度及学习效率的综合指标，本章拟以湖北和广东两省 15 个县（区）留守儿童相关数据，分析家庭环境与留守儿童学习适应性的关系，以此探讨留守儿童家庭教育决策的合理性问题。

第二节　文献回顾

留守儿童问题伴随着中国城镇化和现代化的全过程，是城乡发展不均衡、公共服务不均等、社会保障不完善等问题综合作用的结果。当前，人们已意识到留守儿童议题不仅关涉儿童成长和留守儿童家庭的人力资本投资决策，也涉及社会公平正义与经济社会的可持续发展。随着部分中小城市逐步放宽落户政策以及中央和地方政府针对留守儿童关爱保护工作的推进，留守儿童的生存环境得到一定改善。然而，城镇化是一个长期的、复杂的演变过程，“人往高处走”无法在短期内消除附着于户籍制度上的公共服务的不公平性，农民工及其子女仍然无法真正实现身份转换和阶层流动，“拆分型的劳动力再生产模式”短期内不会消除①，留守儿童问题将在很长一段时间内存在。

自留守儿童问题进入公众视野以来，学界关于留守儿童的研究大致经历了全景描述、困境呈现、支持研究三个阶段②。学术研究的初始阶段主要围绕留守儿童的产生背景、概念界定、基本特征展开，多数研究从问题视角出发认为留守儿童在学习、心理等方面比非留守儿童差③。随着留守儿童规模迅速扩大，原有碎片化的研究难以解决留守儿童发展的所有问题，来自教育学、人口学、社会学、心理学等学科的学者围绕

---

① 谭深.中国农村留守儿童研究述评[J].中国社会科学,2011(1):138-150.

② 辜胜阻,易善策,李华.城镇化进程中农村留守儿童问题及对策[J].教育研究,2011,32(9):29-33.

③ 范先佐.农村“留守儿童”教育面临的问题及对策[J].国家教育行政学院学报,2005(7):78-84.

留守儿童的教育、心理、情感、安全等问题展开了多视角研究。此方面研究的主要观点是，父母外出务工是家庭约束条件下作出的理性决策①，但是留守经历会对儿童身心发展产生直接和间接的负面影响，儿童人力资本质量因父母外出务工而下降②。父母外出对儿童人力资本投资的影响主要体现在以下两方面：一是父母外出有助于缓解儿童人力资本投资中家庭经济的约束。父母外出务工能够积累更多经济资本，增加留守儿童的入学机会，这些家庭可以通过购买更多的学习资料提高儿童的学习成绩③。二是留守儿童因无法得到父母的有效监管而在学习方面处于不利地位。父母学业辅导和监管的缺失可能对留守儿童的学习产生直接的负面影响，留守儿童更容易出现学习成绩下降、逃学、厌学和辍学等问题，从而不利于他们的人力资本积累④。考虑到人力资本投资具有连续性与累积性，仅仅关注父母外出务工对儿童学习成绩的影响不足以推断父母外出对儿童学习的长期性影响。同时，现有关于留守儿童学习成绩影响因素的研究，因学习成绩的不可比拟性，也导致研究的内部效度颇受质疑。鉴于此，学习适应性不失为分析留守儿童家庭人力资本投资行为的一个更可靠指标。

所谓学习适应性，是指个体根据不断变化的学习条件主动调整身心状态和行为，以求达到内外学习环境平衡的心理与行为过程⑤。学习适应性反映了学生对学业需求的适应能力、对学习过程的态度、对学习活动的参与情况以及学习的努力程度，它直接影响学生学习的效率和质

---

① BREDL S. Migration, Remittances and Educational Outcomes: The Case of Haiti[J]. International Journal of Educational Development, 2011, 31(2): 162-168.

② FRISANCHO ROBLES V, OROPESA R S. International Migration and the Education of Children: Evidence from Lima, Peru[J]. Population Research and Policy review, 2011, 30(4): 591-618.

③ KANDEL W, KAO G. The Impact of Temporary Labor Migration on Mexican Children's Educational Aspirations and Performance[J]. International Migration Review, 2001, 35(4): 1205-1231.

④ FRISANCHO ROBLES V, OROPESA R S. International Migration and the Education of Children: Evidence from Lima, Peru[J]. Population Research and Policy Review, 2011, 30(4): 591-618.

⑤ SHEK D T. Family Functioning and Psychological Well-being, School Adjustment, and Problem Behavior in Chinese Adolescents with and without Economic Disadvantage[J]. The Journal of Genetic Psychology, 2002, 163(4): 497-502.

量①。学习适应性具有维护心理健康和促进学业进步的功能，良好的学习适应性是学生取得学业进步的重要保证。已有研究重点探讨了影响学习适应性的因素。研究表明，个体特征、学校因素、家庭环境等变量直接或间接对学生学习适应性产生影响。相对而言，女生表现出更好的学习适应倾向，且随着年龄的增长，学生的学习适应性有降低的趋势。就学校因素而言，教师职称、教学经验、师生关系都与学生的学习适应性相关②。拥有较高职称的教师对学生的学习适应性影响更大，生活在亲密的同伴和师生关系中的学生往往表现出更浓厚的学习兴趣和较好的学习适应性③。

研究表明，家庭环境是影响儿童学习适应性最重要最持久的因素之一。人们通常将家庭环境划分为“结构性维度”和“过程性维度”。结构性家庭环境包括家庭社会经济地位，主要涉及“家庭有什么”，家庭经济收入是其主要衡量指标；过程性家庭环境指家庭成员的行为、互动和价值取向等动态特征，涉及“家庭做什么”，比如家庭成员间的交流互动、父母教育参与等。现有研究对结构性家庭环境与儿童学习适应性的关系进行了充分地探讨。研究表明，家庭社会经济地位通过影响儿童的学习策略、学习动机和家长教育参与对儿童学习适应性产生显著影响④。从家庭学习资源来看，家庭提供的书籍、学习资料、学习用品等学习资源对儿童学习适应性具有正向效应⑤。家庭学习资源越丰富，越

---

① BAKER R W, SIRYK B. Measuring Adjustment to College[J]. Journal of Counseling Psychology. 1984,31(2):179-189.

② DU P.Factors Influencing Students' Adaptability in School:A Production Function Model and Multilevel Analysis[J].Chinese Education & Society,2008,41(5):21-35.

③ LADD G W,Kochenderfer B J,Coleman CC.Classroom Peer Acceptance,Friendship,and Victimization:Distinct Relational Systems that Contribute Uniquely to Children's school Adjustment? [J].Child Development,1997,68(6):1181-1197.

④ BROADFOOT T.Reproduction in Education,Society and Culture[J].Comparative Education,1978,14(1):75-82.

⑤ GERSHOFF E T,ABER J L,RAVER C C,et al.Income is not Enough:Incorporating Material Hardship into Models of Income Associations with Parenting and Child Development[J].Child Development,2007,78(1):70-95.

能为儿童创造一个良好的支持性学习环境，从而促进他们的学习发展。儿童学习与家庭的阅读材料有正相关的关系，家庭阅读材料多的儿童有更好的学习适应性①。

在探讨家庭环境与儿童学习适应性关系的文献中，Snow 等人的研究指出，学习的差异不能单纯依据静态因素进行评估，家庭过程性因素可能比父母职业、收入或教育程度等结构性因素更能预测儿童的学习状况②。对于低收入家庭而言，家庭学习资源较为稀缺，父母受教育水平较低，他们不能像高收入家庭一样利用家庭资本建立良好的家校合作，但他们可以通过创造愉悦的家庭学习环境，花费更多时间陪伴子女，这种行为对子女学习适应性也有积极影响。过程性家庭环境对儿童学习适应性的影响主要体现在家庭交流互动和家庭作业监管两个方面③。从家庭交流互动来看，家庭交流互动对儿童学习适应性有显著的积极效应，亲子沟通质量与儿童的生活学习满意度成正相关，父母与子女间语言交流频率的增加能有效提高儿童的学习适应性④。Su 等人的研究表明，在中国农村儿童的发展过程中，和父母有更频繁、更高效交流的儿童，会有更好的学习适应性⑤。从家庭作业监管来看，父母在家庭中的学业指导、行为监督、有关学业问题的讨论等行为对儿童学习发挥重要作用⑥。父母参与子女教育，尤其是监督子女完成作业，不仅能够直接有效地提

① YEUNG W J，LINVER M R，BROOKS-GUNN J.How Money Matters for Young Children'S Development：Parental Investment and Family Processes[J].Child Development，2002，73(6)：1861-1879.

② SNOW C E，W.S.Barnes J.Chandler，et al.Unfulfilled Expectation：Home and School Influence on Literacy[J].Cambridge，MA：Harvard University Press，1991(12)，38-42.

③ NELSON W L，HUGHES H M，HANDAL P，et al.The Relationship of Family Structure and Family Conflict to Adjustment in Young Adult College Students[J].Adolescence，1993，28(109)：29-40.

④ SON S H，MORRISON F J.The Nature and Impact of Changes in Home Learning Environment on Development of Language and Academic Skills in Preschool Children[J].Developmental Psychology，2010，46(5)：1103-1118.

⑤ SU S，LI X，LIN D，et al.Psychological Adjustment Among Left-behind Children in Rural C Hina：the role of Parental Migration and Parent-child Communication[J].Child：Care，Health and Development，2013，39(2)：162-170.

⑥ MURRAY C，NARANJO J.Poor，Black，Learning Disabled，and Graduating：An Investigation of Factors and Processes Associated with School Completion Among High-risk Urban Youth[J].Remedial and Special Education，2008，29(3)：145-60.

高儿童的学习适应性，还能够产生间接影响——通过对儿童良好学习习惯[①]及积极学习态度的塑造，增进儿童的学习适应性。

总体来看，现有文献为本研究提供了重要借鉴。第一，有关儿童学习适应性影响因素的研究，有助于人们认识到家庭因素对儿童发展的重要性，也构成本研究选择相关自变量的主要依据；第二，有关家庭结构性环境与过程性环境对儿童学习适应性影响的研究，揭示出家庭因素对儿童发展影响的差异性；第三，在过程性家庭环境因素中，家庭交流互动、家庭作业监管等因素对儿童学习适应性发挥了重要的作用。然而，现有研究主要关注一般意义上的儿童，缺乏对留守儿童学习适应性的研究，尤其是探讨过程性家庭环境对留守儿童学习适应性影响的文献较为稀少。鉴此，本文着重探讨过程性家庭环境对留守儿童学习适应性的影响，以此关照留守儿童家庭教育决策行为。

第三节　研究设计

一、数据来源

本研究数据来自 2015 年华中师范大学乡村教育课题组的调研，此次调研涵盖了广东省和湖北省 6 城市 15 县（区）37 所中小学。样本采用整群抽样和随机抽样相结合的方式，具体分三个步骤：（1）选取代表中部省份的湖北、代表东部省份的广东作为调研省份，按照经济发展水平、外出务工人员规模以及地理位置等因素选取样本县。（2）每个县分别选取一个城关镇，一个经济发展水平中等的乡镇，一个位置相对边远、经济欠发达的乡镇；每个镇选取位于乡镇的初中和小学各一所、农村小学一所。（3）选取小学五年级、初中二年级学生作为调研对象，每个年级随机选择 2~3 个班级的全体学生开展问卷调查。此次调研共收回 1533 份农村学生问卷，本文最终筛选出 651 个农村留守儿童样本。为进一步

① HILL N E, TYSON D F. Parental Involvement in Middle School: A Meta-analytic Assessment of the Strategies that Promote Achievement[J]. Developmental Psychology, 2009, 45(3): 740-763.

了解留守儿童学习适应性问题，笔者于 2016 年 9 月至 10 月在湖北省英山县进行为期两个月的田野调查，对 13 名留守儿童及相关教师、同学和家长进行了观察与访谈，深入了解留守儿童学习状况及家庭教育投资行为。需要说明的是，本节将留守儿童的父母和监护人作为一个整体进行考虑，后文统一用“家长”来代称。

二、变量界定

本研究采用张大均和江琦编制的《青少年心理健康素质调查表》作为适应性分量表。该量表分为生理适应性、情绪适应性、人际适应性、学习适应性、社会适应性以及生活适应性六个维度，共 22 个题目。量表采用 4 点计分法，1 为“完全不符合”，4 为“完全符合”，分数越高表明适应性越好。本研究的被解释变量为量表中的学习适应性维度，是通过因素分析法降维得到的 4 个学习适应性题目，取其得分均值作为学习适应性得分进行分析。

留守儿童学习适应性受到许多因素的影响，基于已有文献及田野调查，本研究主要选择留守儿童个体特征、学习经历、学校环境、父母外出类型、结构性家庭环境及过程性家庭环境等六个方面的自变量进行分析。具体而言，各变量的处理方法如下：（1）个体特征包括性别、学段，均为二分变量，分别以女生、小学为参照。（2）学习经历包括寄宿、转学和参加课外补习，均为二分变量，分别以走读、未转学和未参加课外补习为参照。(3) 学校环境包括同伴关系与教师关注度，同伴关系按照班上好朋友个数测量；教师关注度按照李克特五级等级赋值，1 为“从不关心”，5 为“非常关心”，数字越大表明教师关注度越高。(4) 父母外出类型包括父母均外出和父母一人外出，以父母一人外出为基准组。(5) 结构性家庭环境包括家庭经济收入①和家庭学习资源。考虑到儿童对家庭具体收入情况知之甚少，故用儿童对家庭经济收入的评价等级表示，按照李克特量表，从非常差到非常好的不同等级赋值，数

① SNOW C E, BARNES W S, CHANDLER J, et al. Unfulfilled Expectation: Home and School Influences on Literacy[M].Cambridge, MA: Harvard University Press, 1991: 38-42.

字越大代表家庭经济收入越高。家庭学习资源在问卷中对应为多响应选项，学生选择的家庭学习资源种类作为家庭学习资源的反映。(6) 选择"家庭交流互动""家庭作业监管"测量过程性家庭环境。对于留守儿童而言，家庭交流互动包括父母与子女的交流互动、监护人和留守儿童的交流互动及其他家庭成员间的交流互动。家庭交流互动主要包括前两类，考虑的重点是家长与留守儿童之间的交流互动状况。在具体操作中，家庭交流互动在问卷中对应为多响应选项，将家长与留守儿童交流内容的种类作为家庭交流互动的代理变量。家庭作业监管具体考察的是"家长上周检查作业的次数"。表 12-1 呈现了留守儿童样本分布以及各变量观测指标的描述性统计结果。

留守儿童个体特征对过程性家庭环境产生的影响可能存在调节作用。例如，随着儿童年龄的增长以及他们面临的学习任务变得更具挑战性和复杂性，家庭环境成为影响儿童学业表现越发重要的变量①。为了进一步准确揭示所选变量对留守儿童学习适应性的影响，我们在实证分析模型中加入家庭交流互动与性别、家庭交流互动与学段、家庭作业监管与性别、家庭作业监管与学段的交互项（见表 12-2），旨在检验过程性家庭环境与个体特征变量对留守儿童学习适应性的共同影响。在具体操作中，为防止交互项与低次项出现共线性问题，我们对数据进行了"对中"处理，即将低次项减去其样本均值后再构造交互项，同时将减去均值后的低次项带入回归模型②。

表 12-1　变量界定与测量

变量维度	变量名称	变量界定与测量	均值	标准差
学习适应性	学习适应性得分	4 个学习适应性题目得分均值	2.96	0.72
个体特征	男生	男生=1；女生=0	0.51	0.50
	初中	初中=1；小学=0	0.44	0.49

① 此处之所以没有加入父母的职业和受教育水平，是因为农村父母的职业和受教育水平存在同质性，差异主要在收入。

② 谢宇. 回归分析：Regression Analysis[M]. 北京：社会科学文献出版社，2013：246-247.

续表

变量维度	变量名称	变量界定与测量	均值	标准差
学习经历	寄宿	寄宿=1；走读=0	0.38	0.48
	转学	有转学经历=1；无转学经历=0	0.49	0.50
	参加课外补习	参加课外补习=1；未参加=0	0.15	0.35
学校环境	同伴关系	班上好朋友个数	6.33	9.15
	教师关注度	经常关心=5；比较关心=4；一般=3；很少关心=2；从不关心=1	3.70	1.12
父母外出情况	父母均外出	父母均外出=1；父母一人外出=0	0.37	0.48
结构性家庭环境	家庭经济收入	非常差=1；比较差=2；一般=3；比较好=4；非常好=5	3.04	0.81
	家庭学习资源	家庭提供学习资源种类：0~5	3.34	1.19
过程性家庭环境	家庭交流互动	家长与留守儿童交流内容种类：0~6	2.98	1.61
	家庭作业监管	家长上周检查作业次数	3.02	1.63

注：(1) $N=651$；(2) 表中二分虚拟变量对应的均值（×100）表示该变量中取值为1的样本占比。

三、模型界定

本研究采用多元线性回归模型估计过程性家庭环境对留守儿童学习适应性的影响，具体计量回归模型的方程表达式如下：

$$Y_i = \beta_0 + \beta_j \sum_{j=1}^{J} F_{ji} + \beta_\kappa \sum_{\kappa=J+1}^{K} C_{\kappa i} + \varphi F \times P + \varepsilon_i。$$

其中，Y_i表示第i个留守儿童学习的适应性，F表示留守儿童过程性家庭环境，P是留守儿童个体特征，C为控制变量。J、K分别代表过程性家庭环境变量和控制变量个数，j、k分别表示第j、k个自变量。β为相应自变量对Y的偏效应；φ是交互项对Y的偏效应；ε是模型无法解释的随机误差。采用普通最小二乘法估计过程性家庭环境与留守儿童学习适应性之间的关系。

第四节　结果与讨论

一、实证结果

调查数据显示，在控制其他变量的情况下，家庭交流互动、家庭作业监管等过程性家庭环境对留守儿童学习适应性有显著的正向影响。回归模型得出的具体结果如表 12-2 所示。

表 12-2　过程性家庭环境对留守儿童学习适应性的影响

自变量	因变量：学习适应性得分			
	模型 1	模型 2	模型 3	模型 4
男生	−0.019	−0.028	−0.031	−0.025
	(0.066)	(0.070)	(0.069)	(0.069)
初中	−0.183***	−0.176***	−0.141**	−0.147**
	(0.068)	(0.073)	(0.074)	(0.074)
寄宿	−0.016	−0.038	−0.035	−0.034
	(0.072)	(0.076)	(0.075)	(0.075)
转学	−0.012	−0.025	−0.021	−0.024
	(0.067)	(0.071)	(0.069)	(0.069)
参加课外补习	−0.031	−0.050	−0.077	−0.082
	0.100	(0.107)	(0.107)	(0.108)
同伴关系	0.036	0.094+	0.073	0.074
	(0.004)	(0.005)	(0.004)	(0.004)
教师关注度	0.208***	0.198***	0.144**	0.150**
	(0.032)	(0.035)	(0.035)	(0.035)
父母均外出	−0.046	−0.015	0.080	0.009
	(0.070)	(0.074)	(0.073)	(0.073)

续表

自变量	因变量：学习适应性得分			
	模型 1	模型 2	模型 3	模型 4
家庭经济收入	0. 094^{+} （0. 044）	0. 078 （0. 048）	0. 080 （0. 047）	0. 085^{+} （0. 047）
家庭学习资源		0. 171** （0. 031）	0. 103^{+} （0. 032）	0. 099^{+} （0. 032）
家庭交流互动			0. 140** （0. 023）	0. 126* （0. 023）
家庭作业监管			0. 190*** （0. 024）	0. 193*** （0. 024）
家庭交流互动×性别				-0. 052 （0. 044）
家庭交流互动×学段				0. 091^{+} （0. 045）
家庭作业监管×性别				0. 100* （0. 043）
家庭作业监管×学段				-0. 023 （0. 044）
常数项	2. 234*** （0. 187）	1. 924*** （0. 203）	2. 190*** （0. 206）	2. 152*** （0. 207）
N	407	367	365	365
R^2	0. 108	0. 151	0. 203	0. 221

注：（1）$^{+}$、*、**、*** 分别表示在 10%、5%、1% 和 0. 1% 的水平上显著，此处注释，本章通用；（2）表中系数为标准化系数；（3）括号内为标准误。

模型 1 是在控制个体特征、学习经历、学校环境、父母外出情况的基础上，家庭经济收入对留守儿童学习适应性的影响。结果显示，留守女童比留守男童学习适应性好，但这种差异在统计上不显著；初中留守儿童的学习适应性比小学留守儿童的学习适应性更差（$p<0.1\%$）。寄宿、转学、参加课外补习等学习经历对留守儿童学习适应性没有显著影响。留守儿童的同伴关系对留守儿童学习适应性没有显著影响；教师关注度对留守儿童的学习适应性有显著的正向作用，教师关注度越高，留守儿童的学习适应性越好。结果显示，父母均外出与父母一方外出的留守儿童学习适应性没有显著差异。就家庭经济收入而言，家庭经济收入对留守儿童学习适应性有显著的正向作用，家庭经济收入每增加 1 个单位，留守儿童学习适应性提高 0.094 个单位。

模型 2 在模型 1 的基础上加入家庭学习资源变量。统计结果显示，家庭学习资源对留守儿童学习适应性有显著的积极效应，家庭学习资源越多，留守儿童学习适应性越好。具体而言，家庭学习资源每增加 1 个单位，留守儿童学习适应性提高 0.171 个单位。同时，在加入家庭学习资源后，家庭经济收入的影响减弱，且这种影响不再显著，这表明家庭经济收入主要是通过转化为学习资源而对留守儿童学习适应性产生影响的。

模型 3 中，加入了包括家庭交流互动和家庭作业监管在内的过程性家庭环境变量，与模型 2 相比，模型 3 的拟合优度进一步提高。在控制其他因素后，过程性家庭环境对留守儿童学习适应性有显著的影响。首先，家长与儿童的交流互动越多，留守儿童学习适应性越好。数据显示，家庭交流互动每增加 1 个单位，留守儿童学习适应性得分提高 0.140 个单位。其次，家庭作业监管对留守儿童学习适应性有显著的影响，家长检查作业的次数越多，留守儿童学习适应性越好。回归结果显示，每周检查作业的次数每增加 1 个单位，留守儿童学习适应性得分提高 0.190 个单位。最后，在加入家庭交流互动和家庭作业监管后，家庭学习资源的作用显著下降，标准化系数从 0.171 下降为 0.103，显著性从 1% 提高到 10%，且家庭学习资源的标准化系数小于家庭交流互动和家庭作业监管，这说明相较于结构性家庭环境而言，过程性家庭环境对留守儿童学习适应性的影响更大。

在模型 3 的基础上，模型 4 加入了家庭交流互动、家庭作业监管与留守儿童个体特征的交互项。模型 4 显示，家长与初中生的交流互动更有利于留守儿童学习适应性的提高，因为初中生正处于心理过渡阶段，心理更加敏感与脆弱，更需要父母的引导与理解。家长对男生的作业监管对留守儿童学习适应性的积极影响更大，这与青少年时期女生更具有自我调控能力，更能遵守纪律有关。可见，家长应针对不同留守儿童的特点创设精准性的家庭环境，特别要加强与初中生的交流互动，强化对留守男童的作业监管。

二、稳健性检验

为了检验结果的稳健性，我们将核心解释变量“过程性家庭环境”的测量方式进行了调整。采用因素分析法，将家长和留守儿童交流安全、学习、饮食、与同学的交往、与教师的关系、情绪感受六个指标合成家庭交流互动变量；上文的家庭作业监管用“家长上周检查作业的次数”表示，此处调整为“家长上周是否检查过作业”，其他变量的测量方式保持不变。表 12-3 为稳健性检验的估计结果。在调整家庭交流互动、家庭作业监管的测量方式以后，过程性家庭环境对留守儿童学习适应性仍存在显著正向影响，结论与前文基本一致。换言之，过程性家庭环境对留守儿童学习适应性存在正向影响的结论不随变量测量方式变化而改变。

表 12-3　稳健性检验的估计结果

变量	因变量：学习适应性得分	
	标准化系数	标准误
家庭交流互动得分	0.147**	0.036
检查过家庭作业	0.175***	0.079
其他变量	控制	
N	360	
R^2	0.210	

注：其他控制变量包括：性别、学段、独生子女、有转学经历、住校、参加课外补习、同伴关系、教师关注度、父母外出类型、家庭经济收入、家庭学习资源。

三、结果讨论

（一）家庭交流互动对留守儿童学习适应性有显著促进作用

实证研究显示，家庭交流互动对留守儿童学习适应性有积极影响。基于田野调查，我们尝试从三个方面予以解释。第一，家庭交流互动是连接家长和儿童之间情感的纽带，家长与留守儿童的交流互动给予留守儿童情感上的支持，可以弥补亲情缺失给留守儿童学习带来的负面影响。家长通过与留守儿童的交流互动，有助于舒缓因长期分离导致的亲子关系淡漠化；第二，家庭交流互动有助于家长及时掌握儿童学习状态与心理发展过程，也有助于留守儿童了解父母的教育期望，进而提高其学习积极性和学习适应性；第三，父母外出拓展了视野和社会见识，当外出父母与子女分享城市所见所闻时，在潜移默化之中影响孩子的价值观，这种交流互动能够开阔孩子的思维，激发孩子对“外面世界”的向往，这将有利于提高孩子的学习动力。事实上，以上观点也得到了实证研究结果的支持①。

（二）家庭作业监管对留守儿童学习适应性有显著正向影响

检查作业是家长与儿童间的一种行为互动，不仅直接影响留守儿童的学习适应性，还通过影响留守儿童的学习态度和学习习惯对其学习适应性产生间接影响，这与 Kurdek 等的研究结论基本一致②。家庭作业的目的是让学生在巩固旧知识的同时掌握新知识，形成系统完整的知识结构，只有“温故知新”方能“融会贯通”，不断增加人力资本存量。一方面，家庭作业监管是家长向子女传递信息、知识和价值观的过程。另一方面，留守儿童属于未成年人，心智发展还不健全，需要外部监督才能提高学习的自觉性，认识到学习的重要性。有学者指出，留守儿童需

① WEN M，LIN D.Child Development in Rural China：Children Left Behind by Their Migrant Parents and Children of Nonmigrant Families[J].Child Development，2012，83(1)：120-136.

② KURDEK L A，FINE M A，SINCLAIR R J. School Adjustment in Sixth Graders：Parenting Transitions，Family Climate，and Peernorm Effects[J].Child Development，1995，66(2)：430-445.

要通过行为方面的监督、引导，才能规范自身的行为并适应社会的发展[①]，家长定期检查作业就是最好的监督方式。尽管农村家长文化素质普遍不高，但他们可以查看孩子字迹端正与否，以及是否按时完成作业来敦促儿童学习，促使他们养成良好的学习习惯，端正学习态度。在笔者的田野调查中，一位留守儿童母亲说："每天孩子放学回家吃完晚饭，我都会坐在她旁边督促她写作业，虽然我读书少，识字不多，但是我看到她把作业空白填满了，我就知道她写完作业了。"

（三）积极创设良好的过程性家庭环境是提高留守儿童家庭人力资本投资效果的关键

相较于结构性家庭环境，过程性家庭环境对留守儿童学习适应性的影响更大。迫于生存和发展压力，尤其是义务教育后高额的教育成本，留守儿童父母不得不外出务工获得更多收入，为儿童人力资本投资提供财力支撑。研究表明，家庭经济条件的改善对留守儿童学习适应性有积极影响，但这种影响主要通过家庭学习资源的供给而实现。相对而言，在控制家庭经济收入与家庭学习资源等变量后，家庭交流互动和家庭作业监管对留守儿童学习适应性仍有显著影响，尤其是家庭作业监管的边际影响最大。这说明，为留守儿童提供学习资源是必要的，但这只是静态的物质投入；家庭交流互动和作业监管等过程性投入对留守儿童学习适应性产生了更显著的影响。概言之，相对于结构性家庭环境，过程性家庭环境对留守儿童发展的作用更显著。从人力资本理论视角看，家庭对儿童的教育投资是一项长期性与连续性的投资，留守儿童家庭教育决策应尽量避免"收入增加了，孩子却荒废了"的结局。小学和初中是培养儿童良好学习习惯、激发学习兴趣的关键期，以创收为理由放松对儿童学习过程监管的行为必将对留守儿童造成负面影响。从家庭教育决策和儿童可持续发展的视角看，兼顾经济创收与儿童学业监管的模式（"创学并重模式"）应当优于单纯的创收模式（"创收至上模式"）。

① 张学浪.新时期农村留守儿童家庭教育纽带构建：现实困境与破局之策[J].农村经济，2016(6)：124-129.

第五节　政策启示

实证研究结果表明，创设良好的过程性家庭环境是提高留守儿童学习适应性，增加人力资本积累的关键，过程性家庭环境的建设应成为留守儿童关爱服务体系建设的重中之重。政策制定者应重新定位家庭教育政策，采取有效措施强化家庭监护责任，提升家庭教育的效力。本研究最重要的政策启示是，应通过政策和制度创新提高留守儿童家庭教育决策的合理性，提升留守儿童关爱的精准性和有效性。

相较而言，留守儿童处于社会经济地位较低的家庭，留守成为家庭“被迫”的理性选择①。强化留守儿童家庭的监护责任，不是简单地将政府或社会应承担的责任转嫁给家庭，而是创设条件给予留守儿童家庭政策支持，从源头上逐步减少儿童留守现象，增加儿童的人力资本积累。当前，解决农村留守儿童问题主要有三种思路：第一是“父母返乡”，第二是“举家迁移”，第三是“精准关爱”。

“父母返乡”只能是良好的愿望，短期内难以真正实现。如果城乡就业机会和经济收入差距依然巨大，如果城乡公共服务差距依然没有缩小，如果农村社会不断被边缘化，如果农村文化不断被“空心化”，“父母返乡”只能是少数人的选择，不会成为农民工群体的主流选择。在就近城镇化和就地城镇化发展思路下，应以提高县镇公共服务水平，建设“强县教育”“强镇教育”，实现农民工家门口的城镇化，保障农民就业不离家和就地市民化，为“父母返乡”创造条件。

“举家迁移”最大的障碍是城市入学门槛和生活门槛。子女教育是农民工作出“举家迁移”决策的重要考量②，政府应逐步取消与户籍制度相联系的就业、医疗、教育等歧视性政策，促进农民工及其子女的“市民化”，尤其要落实好“两为主”“两纳入”政策，让流入地政府承

---

① 董才生，马志强.留守儿童关爱保护政策需要从“问题回应”型转向“家庭整合”型[J].社会科学研究，2017(4)：99-105.

② 雷万鹏，徐璐.城镇化背景下农民工子女就学地选择意愿及其影响因素研究[J].华中师范大学学报(人文社会科学版)，2016，55(6)：150-158.

担起随迁子女的教育责任，保障农民工子女在城市公平接受教育，方能为农民工创造务工挣钱与子女监管“两不误”的条件。然而，“举家迁移”也只适合一部分在城市有稳定职业、收入来源和稳定居所的农民工家庭，对于大多数农民工家庭来说，承受亲子分离的苦楚将是一个无奈的选择。

“精准关爱”有三重含义：一是指聚焦目标群体，提高对留守儿童中“高危群体”的精准关爱，从提高留守儿童学习适应性的角度看，留守男孩和初中生是两个重要的目标群体；二是指建立留守儿童关爱服务的聚合机制，减少关爱活动的碎片化；三是指强化家长关爱能力建设，将交流互动与作业监管作为家庭教育的关键举措。应充分运用法律、行政、财政等手段，建立起“政府主导、社会参与”的全方位、多层次关爱服务网络。具体而言，一是国家立法机关应修订完善《中华人民共和国劳动法》，落实农民工带薪休假等制度，保障家庭亲子团聚权；二是通过政府购买服务，充分调动教师和社区老干部、老党员的积极性，建立学校和社区多轨并存的留守儿童托管机构；三是在全社会大力宣传和倡导“务工创收”与“学业监管”并重的理念，高度重视家长对留守儿童成长过程的监管与陪伴，提升留守儿童家庭教育决策的科学性与合理性，尽量选择就近务工或者父母一方留守陪伴孩子，即使迫于经济条件的约束父母双方均外出务工，也应该选择有监护能力的亲戚朋友作为留守儿童的监护人，并将留守儿童家长的交流互动与作业监管能力作为家庭教育能力建设的重点，以此提升留守儿童关爱的精准性和有效性。

第四篇

教师发展政策研究

第十三章　湖北省教师教育发展现状调查及政策启示

第一节　问题提出

1999年，中共中央、国务院《关于深化教育改革全面推进素质教育的决定》（以下简称《决定》）提出："调整师范学校的层次和布局，鼓励综合性高等学校和非师范类高等学校参与培养、培训中小学教师的工作。"我国师范教育体系开始向教师教育体系转变，逐步形成了以师范院校为主体、综合院校共同参与的教师教育体系。此后，我国教师教育体系日益开放、办学层次逐步提高、办学规模不断扩大，为基础教育培养了大量教师，推动了教育事业的发展。

有关师范教育体系向教师教育体系转型的必要性与合理性问题，学术界始终存在不同观点。一种观点认为师范教育在中国有深厚的历史积淀，"学高为师，身正为范"是中国传统文化对"师范"的精辟诠释，招收优质生源、重视教育专业训练和教师职业态度养成是师范教育体系的特色优势，无需用"教师教育"取代"师范教育"①。另一种观点认为封闭的师范教育体系不符合经济社会发展的现实需求和国际教师教育发展趋势，综合院校的学科专业结构、较高的学术水准、深厚的学术传统

---

① 栗洪武."教师教育"不能取代"师范教育"[J].教育研究,2009(5):5.

有助于提高教师培养质量，师范教育体系向教师教育体系转型有其必然性与科学性①②。

学术观点的多样性并没有影响我国从师范教育体系向教师教育体系转型的步伐。跳出理论观点的争拗，师范教育抑或教师教育，其目的都是培养优秀教师，推动教育事业健康发展。本研究的主旨是以实证调查考察转型期我国教师教育在生源选拔、培养过程及培养成效等方面的问题，思考其改进策略。

受时间、财力等因素限制，本研究以湖北省为个案探讨教师教育发展现状及存在问题。选择湖北省主要有两个理由：其一，湖北省地处中部地区，师范院校数量众多，对湖北省的调研能够反映中部乃至中西部地区教师教育存在的主要问题，有一定的典型性和代表性；其二，近年来，湖北省大力推进教师队伍建设，相继出台的一系列政策取得了良好效果，在全国产生了广泛影响，推动了国家“农村义务教育阶段学校教师特设岗位计划”“中小学教师国家级培训计划”“乡村教师支持计划（2015—2020年）”等政策的出台。湖北省的调研有助于前瞻性思考我国教师教育改革的方向和路径。

第二节 研究设计

一、研究方法

本研究采用量化与质化相结合的研究方法。调查工具包括信息表、调查问卷、访谈提纲。调查工具的设计充分吸纳了教育行政人员、教育研究者、义务教育一线校长的意见。正式调研前，课题组在湖北省武汉市、沙市区、英山县等地进行了试调查。

信息表：包括近3年高校师范专业录取情况、师范专业在读学生信息、师范专业学生就业去向。

---

① 郝文武.师范教育向教师教育转变的必然性和科学性[J].教育研究,2014,35(3):5.

② 朱小蔓,笪佐领.走综合发展之路培养自主成长型教师[J].课程·教材·教法,2002(1):5.

调查问卷：课题组从高校招生、培养过程、培养成效等方面设计了“在读师范生卷”“中小学教师卷”“教育管理人员卷”3类问卷。3类问卷从不同层面和角度收集湖北省教师教育发展现状的相关信息，相互补充、相互印证，可提高研究的有效性。

访谈提纲：包括“高校管理人员访谈提纲”“教育管理人员访谈提纲”，借此了解管理人员对湖北省教师教育发展的总体认识和看法。

二、样本选择

考虑到区域、城乡的差异性以及调研的便利性，课题组采取方便抽样与分层整群抽样相结合的抽样方案，以保证样本的代表性。首先，根据社会经济发展状况和调研的适切性，选取武汉市、黄石市、黄冈市、咸宁市、荆州市、宜昌市、十堰市、恩施市为地区样本，在每个城市选择1所参与教师教育的高校作为样本院校。在师范教育向教师教育转型过程中，上述8市的师范院校校名、学校性质均发生了不同程度的变化，其中3所学校保持师范特色，5所学校转变为综合院校（见表13-1）；其次，在每个城市随机选取1个经济较为发达的城区与1个经济较为落后的县（市、区），每个县（市、区）内再随机选取2个乡镇；最后，在城区、县城随机选取1所普通高中，2所初中和2所小学，在乡镇随机选取1所初中和2所小学。

表13-1　样本地区师范院校校名变更情况

地区	原校名	确定时间	现校名	变更时间
恩施市	恩施师范专科学校	1978年	湖北民族学院	1989年
宜昌市	宜昌师范高等专科学校	1978年	三峡大学	2000年
荆州市	荆州师范高等专科学校	1978年	长江大学	2003年
十堰市	郧阳师范专科学校	1978年	汉江师范学院	2016年
黄石市	黄石师范学院	1978年	湖北师范大学	2016年
黄冈市	黄冈师范高等专科学校	1993年	黄冈师范学院	2000年
咸宁市	咸宁师范高等专科学校	1993年	湖北科技学院	2011年
武汉市	武汉市第二师范学校	2002年	武汉城市职业学院	2008年

注：为便于说明及节省篇幅，此处仅呈现8个地区部分师范院校的相关信息。

课题组于2016年3月至5月份分赴武汉、黄石、咸宁、荆州、宜昌、十堰、恩施、黄冈8个市16个县（市、区）进行实地调研①，获取了丰富的第一手资料。本次调查共发放问卷6240份，回收问卷5912份，有效问卷回收率94.7%，其中中小学教师② 3269份，在读师范生2265份，教育管理人员378份（见表13-2）。

表13-2 样本分布情况

地区	问卷样本量		
	在读师范生	中小学教师	教育局管理人员及校长
恩施市	303	369	45
黄冈市	300	487	49
黄石市	282	424	48
荆州市	260	393	40
十堰市	272	414	46
武汉市	280	475	54
咸宁市	296	355	49
宜昌市	272	352	47
总计	2265	3269	378

第三节 存在的问题

在综合分析信息表、调查问卷、访谈资料的基础上，我们从师范生

① 感谢湖北省教育厅、相关地市教育行政部门及湖北民族学院（2018年改名为"湖北民族大学"）、黄冈师范学院、湖北师范大学、长江大学、汉江师范学院、武汉城市职业学院、湖北科技学院、三峡大学8所高校研究团队对本次调研的大力支持。

② 为便于读者辨识，本章统一将在教师教育改革前毕业于中师的中小学教师称为"老中师生"，需要特别说明的是"老中师生"仅指其曾毕业于传统中师，而绝大多数"老中师生"在后续职业生涯中通过多种途径实现了学历的提升；将教师教育改革后毕业于师范专业的中小学教师称为师范毕业生，就读师范专业的在校学生称为在读师范生。

的招生、培养过程（课程、实习与师资）及培养成效三方面报告调查结果。

一、性别结构失衡，生源质量下滑

师范专业对男女学生的吸引力存在差异，男性报考师范专业的意愿低于女性。从表 13-3 可以看出，8 所院校的在读师范生中，女生人数平均约是男生的 3.8 倍。其中，F 学院的男女性别结构较为合理，男女数量近乎持平，而 H 学院的性别比最悬殊，女生为男生的 8.6 倍。除 F 学院外，其余院校女生均是男生的两倍以上，性别结构失衡是师范专业招生普遍存在的问题。师范生作为中小学教师队伍补充的主要来源，男生占比过低会影响教师队伍性别结构，给教育发展带来隐忧。

表 13-3　样本院校男女师范生性别比例

学院	A	B	C	D	E	F	G	H	整体
男女比例	1:2.5	1:1.8	1:3.2	1:3.6	1:2.3	1:1.2	1:7.2	1:8.6	1:3.8

注：此数据是样本院校提供的实际在读师范生男女比信息，但 A、H 两所院校未提供男女比信息，故其信息由调研数据代替。

从生源质量看，当前师范专业的生源质量有所下滑，这一发现与已有研究的结论相似①。几乎所有样本院校师范专业招收的都是二本、三本、专科分数线的生源，且部分院校师范专业录取的实际分数与非师范专业存在一定差距。如 A 学校 2014 年全部专业的高考录取平均分为 520 分，师范专业的录取平均分为 512 分，相差 8 分；E 学校 2015 年全部专业的录取平均分为 467 分，师范专业的录取平均分为 448 分，相差近 20 分②。访谈资料也支持了上述观点，B 高校李老师表示："现在师范毕业生质量下降，最主要的原因是师范生生源质量下滑。改革开放以来，各

① 胡艳.当前我国师范专业招生问题及对策探讨[J].教师教育研究,2007,19(3):5.

② 相关数据由样本院校提供,但由于统计口径不一致,部分院校未提供或提供信息不完整,故此处仅呈现 A、E 两所高校的信息。

级师范院校招收的学生基本是同一档次中较好的生源，中师更是当时很多农村优秀初中毕业生的首选。但随着高校的扩招，教师社会经济地位的下降，教师职业吸引力下降，许多优质生源宁愿再复读一年，也不愿报考师范专业了。”

当然，近些年这一状况有所改变。

二、课程设置不合理，重理论轻实践

师范院校课程设置直接关系到未来教师知识结构和能力发展。调查发现，当前师范教育的课程设置存在重理论轻实践，课程内容与中小学实际联系不紧密等问题。

（一）教育实践课程比例偏低

以G学校教务处提供的物理学（师范）培养方案为例，学生必须修满150个学分才能毕业。其中，学科专业课程占总学分的49.3%，公共基础课程占26.7%，教师教育课程和教育实践课程占比偏低，分别为10.7%、13.3%。

教育实践课程是培养师范生专业能力的重要途径。调查发现，不论是师范毕业生还是在读师范生都表示教育实践课程占比过低，不能满足自身专业发展的需求。以在读师范生为例，接近一半（46.9%）的在读师范生认为最应该加强的模块是教育实践课程，其次是学科专业课程（23.2%），教师教育课程（21.7%），公共基础课程（8.2%）。上述数据表明当前教育实践课程亟待强化，同时也表明了学科专业课程、教师教育课程、公共基础课程也存在一定不足，需要调整和改善。已有研究表明，当前师范专业课程设置较不合理，教育类课程比例偏低，尤其是教育实践课程比例偏低[①]。比如，F高校王教师指出：“当前师范教育课程设置中以学科专业课程与公共基础课程为主，理论性知识太多，实践性知识太少。有些专业课专业性过强、难度过大，占用学生过多的学习时间与精力，但又与中小学实际联系不大，在本科阶段完全可以不学。”

---

① 周钧，唐义燕，龚爱芋.我国本科层次教师教育课程设置研究[J].教师教育研究，2011，23(4)：7；刘健智.师范生对物理教师教育类课程设置的评价[J].高等教育研究，2011(6)：7.

（二）教学内容陈旧，与中小学教学实际联系不紧密

调查发现，当前师范教育的教学内容陈旧，与中小学教学实际联系不紧密，缺乏实用性。L 高中张校长指出："高中教育有教学大纲和考试大纲，教师在教学前应烂熟于心，并在课堂上将相应的知识点高效地教授给学生。但是从近几年学校新聘用的教师看，多数教师并不熟悉教学大纲与考纲，教学内容没有主次之分，课堂授课效果较差。"调研数据也显示，40.6%的在读师范生指出高校任课教师使用的教材陈旧，上课照本宣科，授课内容与实际联系不大，无法激发他们学习的积极性，制约了学生的学习成效。

师范技能训练课程，如"三笔一话"、说课、板书等被不同程度地忽视。调查发现，样本院校不重视师范技能训练课程，这些课程在人才培养方案中学分占比极低。以上述物理学（师范）培养方案为例，该校在第 3 学年第 1 学期有 1 门物理教学技能训练课程，计 1 个学分，仅占总学分的 0.7%。绝大部分师范专业主要依靠第二课堂，如说课比赛、粉笔字板书比赛等措施激励师范生练习职业技能。但比赛终究只是少数学生的竞争，对多数学生缺乏必要的约束力，从而导致部分师范毕业生入职后的表现备受质疑。Z 农村小学赵校长抱怨道："现在新入职的师范生，10 个有 9 个写不好粉笔字，字迹歪歪扭扭的。老师都写不好字，小学生又怎么可能写好字呢?"

三、实习机会少，实习效果较差

教学实习是师范生以准教师的身份进入中小学并体验真实教学情境的重要活动，是培养师范生专业能力的重要途径，实习效果的好坏直接影响师范生的培养质量及其对教师职业的认同感。

（一）实习时间短、实习次数少

从实习时间看，师范毕业生在校期间实习周数平均约 7 周，这一实习周数少于教育部关于"师范生到中小学教育实践时间不少于 1 个学期"的规定。对此，超过一半（55.1%）的师范毕业生认为实习时间过短，达不到预期的实习效果。

从实习次数看，师范毕业生在校期间平均接受了 1.7 次实习，中位数为 1 次，众数为 1 次，即接受 1 次实习的师范毕业生占大多数（65.0%），这与当下师范专业的实习模式直接相关。考虑到专业知识的学习以及就业压力，院校一般将师范生的实习集中安排在第 3 学年的第 2 学期或第 4 学年的第 1 学期。

集中式实习方便了院校管理，但对实习生而言实习效果并不太好。仅 17% 的师范毕业生认同在某学期集中实习 1 次，81.3% 的师范毕业生不认同集中式的实习模式，他们更倾向于边学边实践，通过循环往复的学习、实践，促进自己专业成长。调查发现，36.4% 的师范毕业生希望在校期间能分段实习 2 次，甚至有接近一半（44.9%）的师范毕业生希望每年都能实习。有学者认为，通过循环往复的学习、实践，"准教师"能够不断地调整自身知识体系与专业能力以适应教学的实际需求，并在特定的实践环境中作出最佳判断①。优化实习模式，增加实习次数，构建理论与实践互促共进式培养模式，更符合教师成长规律。

（二）实习满意度不高

调查发现，仅有 54.7% 的师范毕业生对实习经历感到满意，接近一半（45.3%）的师范毕业生对实习经历不太满意，认为实习效果较差。对于影响实习满意度的主要因素，如表 13-4 所示，接近一半（49.3%）的师范毕业生认为是"实际授课时数少"，42.8% 的师范生认为是"实习学校教师指导不够"，31.4% 的师范生认为是"可供选择的实习学校少"。此外，"实习学校条件不好""实习经费不充足""高校教师指导不足"也是影响实习满意度的重要因素。

实习满意度的高低影响师范生对教师职业的认同感。师范生实习满意度越高，实习体验感更好，更容易形成对教师职业的认同感。从整体看，55.2% 的师范毕业生表示实习经历让他更喜欢当教师，在对实习感

---

① ALTER J, COGGSHALL J G. Teaching as a Clinical Practice Profession: Implications for Teacher Preparation and State Policy. Issue Brief[J]. National Comprehensive Center for Teacher Quality. 2009: 17; KRIEWALDT J D. Conceptualising An Approach To Clinical Reasoning In The Education Profession[J]. Australian Journal of Teacher Education, 2013, 38(6): 14.

到满意的师范毕业生中，这一比例高达 70.1%，两者相差近 15 个百分点。可见，妥善解决实习过程中的问题，提高实习满意度，有利于培养师范生的专业能力以及提高师范生对教师职业的认同感。

表 13-4　师范毕业生实习中存在的问题

	实际授课时数少	实习学校教师指导不够	可供选择的实习学校少	实习学校条件不足	实习经费不足	高校教师指导不够
占比	49.3%	42.8%	31.4%	21.1%	16.3%	15.1%

四、教师教育队伍配置不合理

教师是课程的开发者与实施者，高校教师教育队伍的质量与结构直接影响教师教育的成效。调查发现，当前高校教师教育队伍中，优秀中小学教师占比过低，69.2% 的在读师范生表示没有中小学（含幼儿园等）一线教师担任其课程教学工作。现有高校教师教育队伍的主要生活场域在高校，对中小学教学实际了解不深，这直接制约了高校教师的授课效果。在回答"您认为影响师范生课程学习成效的因素"时，70.5% 的在读师范生认为任课教师对中小学不够了解，缺乏实践经验是首要影响因素。超过五分之三（64.1%）的在读师范生希望高校能够聘用中小学（含幼儿园等）一线教师，尤其是在"教学技能"和"班级管理"方面，师范生更渴求一线教师的指导。

待遇、职称问题是中小学教师难以进入高校的主要原因。在职称方面，该不该给中小学教师评职称？如何看待教师在中小学时获得的职称？职称该如何转换？在待遇方面，院系能不能自主聘请优秀中小学教师？其工资福利待遇以何种标准落实？这些因素成为一道道制度门槛，阻碍了一线优秀中小学教师顺畅进入高校教师教育队伍。

五、师范毕业生质量有所下滑

田野观察发现，中小学校长普遍反映当前师范毕业生质量不如"老中师生"。这一观点得到了问卷数据的支持，即与"老中师生"相比，师范毕业生质量有所下滑。“老中师生”与师范毕业生是两种不同类型的教师，两者之间存在生活年代、培养体系的差异以及教龄的差距，直接比较两类教师得出的结论缺乏一定的信效度。因此，本研究采用他评的方式，间接比较两类教师的质量。数据显示，虽然有 33.3% 的中小学教师和 16.0% 的教育管理人员认为师范毕业生整体质量有所提高，但更大比例的中小学教师（66.7%）、教育管理人员（84.0%）认为，与“老中师生”相比，近十年培养的师范毕业生整体质量有所下滑。相对于传统师范教育体系，当前教师教育体系不重视教育专业能力训练，师范毕业生的实践能力较弱。对此，A 高校陈老师表示：“现在一些师范毕业生比不上当年的老中师生。尽管这些师范毕业生的专业知识强，知识面广，更容易接受新观念，但其入职时实践能力普遍不强，表现欠佳。而老中师生的生源质量好，扎实掌握了各项师范技能，非常敬业，入职后能快速适应岗位需要，现在这些老中师生多数已成长为中小学优秀骨干教师和校长。”

第四节　原因分析

深究教师培养出现的问题，笔者认为主要有以下三点原因：第一，教师社会经济地位下降，教师职业吸引力不强；第二，师范院校过度综合化发展，导致师范教育被边缘化；第三，师范院校自我革新能力不足。

一、教师社会经济地位下降，教师职业吸引力不强

中小学教师的社会经济地位、职业吸引力直接影响师范专业的吸引力。与其他职业相比，教师工资收入整体偏低，职业声望不佳，职业发展空间有限，教师职业吸引力相对不强，难以吸引优秀人才报考师范专业。

湖北省经济社会不断发展，但教师工资水平增长幅度相对较小，低于物价上涨的幅度。在《乡村教师支持计划（2015—2020 年）》出台后，湖北省教师工资待遇得到一定改善，教师平均工资达到 3.95 万元/年，

但相对于其他行业①而言，这一收入水平仍然偏低。田野观察发现，部分乡村教师的工资收入甚至比不上周边外出打工的农民工。统计数据也显示，与其他行业相比，我国教师工资收入排名相对靠后，且工资差距呈持续扩大的趋势②。经济收入相对差距的扩大，影响了教师的社会地位。长期以来我国尊师重教的氛围十分浓厚，然而有调查发现，教师对社会地位满意度偏低，教师受到社会尊重的程度有所下降③。Y 农村学校孙校长指出："从前学生、家长非常尊重与信任教师，教师也有权采取一定手段引导学生发展，学校尊师重教氛围浓。但是，现在教师做事谨小慎微，小心呵护学生，生怕学生出一丁点事。一旦学生出事，有的家长就会到学校、甚至教育部门大吵大闹，而教师便成为息事宁人的'替罪羊'。"

教师社会经济地位下降，教师职业吸引力不强，降低了师范专业的吸引力。而另一方面，伴随高校扩招，师范专业原先拥有的优惠政策逐步被取消，这进一步降低了师范专业的吸引力，许多优质生源更愿意报考非师范专业，最终导致师范专业生源质量下滑，"优者从教"的局面难以实现。

二、师范院校过度综合化发展，导致师范教育被边缘化

师范教育体系向教师教育体系转型的本意是突破封闭的师范教育体系，利用综合院校（学科）的优势加强教师教育。但是实践证明，在教师教育转型过程中，师范教育并没有得到加强，反而被不断边缘化。受国家政策、院校发展需求等内外部因素影响，师范教育体系由传统的三级（高师本科、高师专科、中等师范）迅速转变为两级，大量师范院校通过合并、升格或转制变成综合性高校。如湖北省的宜昌师范高等专科学校于 2000 年归入三峡大学，沙洋师范专科院校于 2007 年并入荆楚理

① 数据来源于国家统计局、湖北省公安厅：2016 年全国各行业年平均工资为 57394 元，湖北省各行业年平均工资为 51415 元。

② 安雪慧.我国中小学教师工资水平变化及差异特征研究[J].教育研究，2014，35(12)：10.

③ "全国中小学教师专业发展状况调查"项目组，丁钢，陈莲俊，等.中国中小学教师专业发展状况调查与政策分析报告[J].教育研究，2011(3)：10.

工学院。事实证明，大多数转型后的院校并没有把力量投入到师范专业，反而热衷于扩大非师范专业，甚至有不少院校抽调师范专业的优秀教师充实到非师范专业。与此同时，师范院校也开始设置大量非师范专业，部分师范院校内非师范生（专业）甚至超过了师范生（专业）[①]。非师范专业在师范院校内大量设置，师范院校有限的资源被重新分配。在大学综合化趋势下，师范院校出现去师范化趋势，师范专业被不断边缘化。

教师教育转型的初衷是加强教师教育，但我国教师教育转型更多地是被动卷入高等教育转型大潮，缺乏充足的前期准备与完善的制度设计，导致政策实施过程中出现一定偏差[②]。在教师教育体系转型十余年后，当前教师教育该如何发展？是进一步让师范教育边缘化？抑或是传承创新传统的师范教育，重振师范教育？从我国教育改革和发展趋势出发，传承师范教育优良传统，重振师范教育，彰显师范院校的主体地位已迫在眉睫。

三、师范院校自我革新能力不足

随着实践逻辑、个体知识、情境智慧等教师专业发展新基点的确立，构建“理论—实践”互促共进式培养模式逐渐成为教师教育改革的新方向[③]。然而，在转型过程中，部分师范院校培养模式与培养机制陈旧、封闭，固守“知识本位”的培养理念，自我革新能力严重不足，这也制约了教师教育的发展。

自 2011 年教育部颁布《教师教育课程标准（试行）》后，相关院校陆续对教师教育课程进行了相应调整。但整体而言，当前湖北省师范院校的培养模式比较陈旧，仍然沿袭基于专业院系的培养模式，由各个院系负责培养师范生，在课程设置、师资配置、教学实习等方面的调整幅度并不大。某高校李老师指出：“近年来，大量用人单位反映学校培

---

① 贺祖斌.地方师范院校教师教育在转型中的困惑和对策[J].教师教育研究,2009,21(5):6.

② 张斌贤.论高等师范院校的转型[J].教育研究,2007,28(5):6.

③ 倪小敏.实践取向:职前教师教育模式的重构[J].教师教育研究,2010(1):6.

养的师范生质量有所下滑，尤其是实践能力。学校每年都会与师范专业负责人进行沟通，师范专业的培养方案也陆续进行了一些调整。但主要的调整内容是改善课程内容的实用性，加强实践性知识比重，而长期以来师范生实践教学环节的变化不大，学分占比偏低，在实习模式、实习时间、实习学校数量等方面均缺乏突破，用人单位反映的实践能力弱化问题也一直得不到解决。”

实证调查发现，湖北省师范教育存在课程设置重理论轻实践，课程内容与中小学实际联系不大；教师教育队伍配置不合理，实践经验丰富的中小学一线教师过少；实习次数少，实习时间短，实习满意度不高等问题。上述问题的背后反映了当前师范院校在人才培养中“知识本位”模式根深蒂固，师范院校自我革新动力不足，难以突破人才培养的制度瓶颈。

第五节　结论与政策建议

教师质量是决定教育发展水平的关键因素。采取有效措施传承师范教育优良传统，振兴师范教育，彰显师范院校的主体地位是我国教师教育改革的必由之路。

一、提高教师社会经济地位，增强教师职业吸引力

自《乡村教师支持计划（2015—2020年）》出台以来，湖北省教师工资收入相较于之前有了较大增长，样本中教师的平均工资是3.95万元/年，农村教师平均工资也有3.86万元/年。然而，相对于其他行业而言，这一收入水平仍然偏低，这直接制约着教师职业的吸引力，导致优秀人才不愿意报考师范专业，师范专业生源质量下滑。

如何实现“优者从教”？只有提高教师社会经济地位，才能吸引优质生源报考师范专业。中西部省份自有财力有限，仅依靠省级财政在短期内难以大幅改善教师待遇。对此，中西部地区应积极争取中央财政对教育事业发展的支持，在中央财政的支持下重点改善教师待遇，从整体

上提高教师工资收入，真正体现出全社会对教师职业的认同与尊重。此外，考虑到农村教育的现实状况及特殊意义，应加快落实《乡村教师支持计划（2015—2020年）》，在教师培训、职称评聘等政策上对农村教师给予更大倾斜；设立艰苦边远地区特殊津贴，依据艰苦边远程度实行差别化补助，越往基层、越往艰苦边远地区补助水平越高；依据特征价格理论科学测算与补偿农村教师岗位所需的额外成本①，增强农村教师岗位吸引力，实现城乡教师效用的均等化。

二、完善师范生招生选拔机制，切实提高师范专业生源质量

教师职业需要个体具备从教的专业素质，如耐心、细致、有爱心等心理特征。这一职业特性决定了心理特征应当成为教师选拔的重要条件之一。高考招生是师范生选拔的第一道门槛，新高考改革方案实施的“两依据一参考”的多元评价机制为选拔优质生源提供良好契机。应结合新高考改革方案，改变以分数为主的招生标准，建立“既看分，更看人”的多元化招生选拔制度，遴选乐教适教的优秀学生攻读师范专业。

第一，创新师范生招生制度，综合考虑学生学业水平考试、高考成绩及综合素质评价等信息，将心理特征、从教潜质等因素纳入招生标准并赋予其一定权重，为师范专业选拔优质生源；第二，完善师范生职业性向测试，通过科学测验考察师范生的心理特征、从教潜质和职业动机等，确保师范生素质与教师职业要求的匹配；第三，建立与完善师范专业动态管理制度，破除高校内不同院系转专业的制度壁垒，为有志于从教或不适合从教的学生提供顺畅的进入或退出渠道；第四，改革和完善师范生资助政策，通过到岗退费、公费培养等形式免除师范生学费，设置多标准、多类型的奖助学金，增强师范专业吸引力，激励优质生源攻读师范专业。

① CHAMBERS J G.The Hedonic Wage Technique as a Tool for Estimating the Costs of School Personnel:A Theoretical Exposition with Implications for Empirical Analysis[J].Journal of Education Finance,1981,6(3):330-354.

三、深化师范教育课程改革，彰显师范教育的师范性与师范特质

教师是一种实践性很强的职业，师范性与学术性互融共生是提升师范生专业性的重要路径。琳达·达林-哈蒙德认为21世纪的教师教育改革需要关注不同课程之间紧密的连贯性和整合性以及构建理论与实践深度融合的培养模式[①]。调查发现，当前师范教育的课程设置普遍存在重理论轻实践，重学术轻师范的倾向。因此，师范教育的课程改革应在坚持学术性与师范性协同发展的原则下，突出师范教育的师范性与师范特质。建议师范大学和教师教育专业科学调整各类课程的比例，适当强化教育实践课程，合理调整公共基础课程、学科专业课程、教师教育课程比重；强化教师教育课程内容的实践导向，紧密结合中小学教育教学实践，突出课程内容的适用性和现实性；开设教师职业道德教育课程，增强师范生对教育事业的认同感，培育师范生立志从教、终身从教的职业理想和爱岗敬业的职业精神；落实师范技能训练课程，强化师范生师范技能训练，尤其是强化“三笔一话”、说课、板书等教师职业基本技能训练，提高师范生实践教学能力。

四、高度重视师范教育实践性，切实提高师范生实践能力

提高师范生的教育实践能力，需要改革师范专业的培养模式，推动师范教育与教育行业的深度融合。研究发现，“临床实践”的效果取决于师范院校与中小学之间的互动，只有在师范院校和中小学之间建立稳定的、牢固的伙伴关系后，理论与实践相结合的种种策略才有可能得以成功实施[②]。第一，构建以地方政府为纽带、师范院校与中小学合作培养的“师范院校—地方政府—中小学校”（即“U-G-S”）教师教育改

① DARLING-HAMMOND L.Constructing 21st Century Teacher Education[J].Journal of Teacher Education,2006:330-354.

② DARLING-HAMMOND L.Constructing 21st Century Teacher Education[J].Journal of Teacher Education,2006:330-354.

革实验区，推动师范院校与中小学联合培养教师。第二，借鉴美国“驻校教师”模式，建立师范生边学习边实践、全学程与中小学生结对共进的成长机制。在培养过程中以实习为主、见习为辅，从入学第1年开始见习，将实习、见习贯穿于师范生教育全学程，确保师范生到中小学见习、实习的累计时间不少于1年。第三，完善师范生教育实习制度，提高师范生实习经费额度，激励中小学校、高校积极参与教育实习，并建设相应奖惩制度予以保障。第四，加强教师教育队伍建设。规定教师教育师资每5年必须有累计不少于1年时间到中小学兼职任教、挂职实践的经历，其在中小学的教学工作量可合理转换为高校教学工作量。在大学设置实践型教师岗位，从制度上解决中小学教师进入高校工作的编制和待遇问题，吸引中小学优秀教师进入高校教师教育队伍。

五、多措并举，构建教师教育质量保障体系

构建教师教育质量保障体系是当前国际教师教育发展的新趋势，这一体系试图从源头上保障教师教育质量。教师资格证制度是教师教育质量保障体系的关键环节。自2015年教师资格证考试改革后，师范专业不再直接获得教师资格证，师范生与非师范生都必须参与教师资格证考试。但是，我国教师资格证的获取过程存在“短、平、快”的特点，忽略了教师专业修养和实践能力形成的漫长性①，难以有效保证“准教师”质量。调查发现，用人单位认为相对于非师范专业，师范专业培养的师范生存在一定优势，更符合基础教育的实际需要②。

加快构建教师教育质量保障体系需要多措并举，合力推进教师教育发展。第一，完善教师资格证考试制度，将一定学时的教师教育课程、教育实践课程作为申请教师资格证考试的前置条件，确保申请人获得教师资格证后具备充分的教育理论知识、实践性知识与专业能力。第二，

① 龙宝新，折延东.论我国当代教师教育制度创新的主题[J].教师发展研究，2017，1(2)：8.

② 丁钢，李梅.中国高等师范院校师范生培养状况调查与政策分析报告[J].教育研究，2014，35(11)：12.

加快开展师范类专业认证工作，对各级各类师范专业进行分类认证，并建立相应的奖惩制度激励各校办好师范专业。第三，完善外部质量保障机制，建立外部专业认证机构，以外部评价促进教师教育质量提升。第四，加大师范教育经费投入力度，提高师范生生均拨款系数，使师范教育真正享有与其地位相匹配的经费支持。

第十四章　师范生与非师范毕业生教师身份认同差异及政策启示

第一节　问 题 提 出

为解决教师数量不足，尤其是农村教师短缺问题，近年来国家和地方出台了一系列教师补充政策。尤其是“三支一扶”计划和“特岗计划”创新了农村教师补充机制，为农村补充了大量师资。但是，旨在缓解农村教师缺口的教师补充政策对应聘者是否“师范”背景没有严格要求，由此导致部分非师范毕业生以较低门槛进入到教师队伍。统计显示，2018年非师范生已占全国当年录用毕业生的33.5%①，教师教育体系由封闭走向开放，拓展了教师供给渠道，有效缓解了农村地区教师短缺问题。但是，当前应急式的教师补充政策也暴露出诸多问题。相比师范毕业生，非师范毕业生没有系统地接受教师教育培养，也缺乏浓厚的师范文化熏陶，他们能否胜任一线教育需求，这是一个值得探讨的话题。

围绕师范毕业生与非师范毕业生质量差异问题，人们众说纷纭，莫衷一是，总体来看有三种不同观点：一种观点认为师范毕业生具有更好

---

① 中华人民共和国教育部发展规划司.中国教育统计年鉴:2018[M].北京:中国统计出版社，2019:148.

的专业素质，其能力优于非师范毕业生；一种观点认为师范毕业生与非师范毕业生不存在显著差异；还有一种观点认为在新入职阶段，师范毕业生专业素质优于非师范毕业生，但随着工作年限的增加，两类群体的差距逐渐减小，甚至非师范毕业生会优于师范毕业生①。伴随城乡教育发展，近年来各地差异化的教师招录举措也使师范生与非师范生之争波澜再起：一方面不少知名高中学校不惜重金招录北大、清华毕业生②，另一方面人们对那些为缓解大学生就业压力而进入农村学校的非师范毕业生的质量又有不少担忧③。从教师劳动力市场的视角看，教师进入不同类型的学校是一个人与岗位匹配的过程，不同类型的学校对教师的需求也不同，数量匹配、质量匹配与结构匹配成为当前不同学校的差异化选择。比如，中西部地区乡村小学主要面临"开不齐课"的问题，因此解决教师数量不足，实现教师"数量匹配"成为学校最迫切的渴求；而知名高中面临追求卓越和拔尖创新人才培养的重任，招录高水平综合性大学毕业生任教，满足学校高质量、卓越发展需求成为学校最迫切的渴求，此乃教师质量匹配问题；大多数处于两者之间的学校，主要解决教师专业化的问题，因此寻求教师结构匹配成为它们的主要关切。

师范与非师范毕业生发展的差异问题，还缺乏深入的实证研究。已有研究主要从思辨和经验角度探讨师范与非师范毕业生差异问题，所依赖的证据往往是个案式分析或经验判断，大规模量化分析还比较匮乏。此外，现有研究主要从教师知识④、教学技能⑤、教师学历等显性维度估判两类群体的差异⑥，较少关注到对教师专业发展至关重要的特质——

① 黄旭中.师范与非师范毕业生工作状态差异研究[D].武汉：华中师范大学，2017：2.

② 崔鹏，郑薛飞腾.中学招9名老师，6人来自北大清华，大多还是博士[EB/OL].(2019-11-20)[2020-12-15].https://mp.weixin.qq.com/s/vlzVt7QgTvLa9YTd6jX3zg.

③ 秦玉友.农村义务教育师资供给与供给侧改革[J].教育研究，2020(4)：139-151.

④ 刘雄英.当前教师招考存在的问题及改进策略[J].中国教育学刊，2011(5)：15-17.

⑤ 陆道坤，蒋叶红.思想的混乱与发展的迷茫：对教师资格证制度改革背景下教师教育发展的思考[J].湖北社会科学，2016(10)：162-168.

⑥ 丁钢，李梅.中国高等师范院校师范生培养状况调查与政策分析报告[J].教育研究，2014(11)：95-106.

教师身份认同。近年来，越来越多的研究者将教师身份认同视为教师专业性之核心指标①。教师身份认同是教师在社会交往中获取的关于自我社会差异与身份识别的认知，以及由此形成的对该身份所具有的地位角色、职责功能的主观感知，其核心是经由个体体认与肯定的教师自我身份感②，它与社会角色、自我意识、专业自我等概念密切联系③。Beijaard等人认为教师身份认同是由学科知识、教学知识和教育知识三者组成，分别对应学科专家身份、教学专家身份和培育者身份④。教师身份认同向外可影响教师能力和行为，向内则影响教师的使命感与信念⑤，其对教师专业发展、职业承诺和离职意向都具有重要影响⑥。当下，我国乡村教师“下不去”“留不住”等现实问题大都和教师身份认同度不高相关⑦。有鉴于此，从教师身份认同视角探讨师范与非师范毕业生差异，有助于丰富人们对教师准入政策的认识，有助于探索适切于不同群体教师需求的专业发展策略。考虑到资料的可获得性，本研究主要以湖北省的调研数据进行分析。湖北省地处中部地区，是我国基础教育大省。10多年来，湖北省相继实施了“农村教师资助行动计划”“农村义务教育教师补充新机制”等政策，上述政策的实施为湖北省各区县、乡镇和乡村补充了大量非师范毕业教师，基于湖北省的研究对于人们思考中西部地区教师补充政策有重要启示。

---

① DENICOLO P, KOMPF M. Connecting Policy and Practice: Challenges for Teaching and Learning in Schools and Universities[M]. Oxford: Routledge. 2005: 5-21.

② 容中逵.教师身份认同构建的理论阐释[J].教育研究,2019(12):135-144.

③ MARK J. VOLKMANN, MARIA A. ANDERSON. Creating Professional Identity: Dilemmas and Metaphors of a First-year Chemistry Teacher[J]. Science Education, 1998(3): 293-310.

④ BEIJAARD D, VERLOOP N, VERMUNT J D. Teachers' Perceptions of Professional Identity: An Exploratory Study from a Personal Knowledge Perspective[J]. Teaching and Teacher Education, 2000(7): 749-764.

⑤ KORTHAGEN F A J. In Search of the Essence of a Good Teacher: Towards a more Holistic Approach in Teacher Education[J]. Teaching and Teacher Education, 2004(1): 77-97.

⑥ HONG J Y. Pre-service and Beginning Teachers' Professional Identity and Its Relation to Dropping out of the Profession[J]. Teaching and Teacher Education, 2010(8): 1530-1543.

⑦ 李金奇.农村教师的身份认同状况及其思考[J].教育研究,2011(11):34-38.

第二节　研究设计

一、研究工具

本研究采用 Beijaard 等人编制的《教师身份认同量表》[1]。该量表共18个题项，包含学科专家身份、教学专家身份和培育者身份三个维度。其中，学科专家身份指教师的学科知识与技能；教学专家身份指教师在备课、上课、评课等教学过程中的专业知识和技能；培育者身份指教师的专业性，主要体现在其支持学生社会、情感和道德发展方面的知识和技能。量表采用李克特4点计分法，1表示“完全不符合”，4表示“完全符合”。经检验，量表的 α 系数为 0.89，表明量表具有良好的信度。

二、样本选择

2016年，华中师范大学乡村教育课题组以湖北省武汉市、黄石市、黄冈市、咸宁市、宜昌市、十堰市、荆州市和恩施市8个市16个县（市、区）107所学校为调研对象，对师范毕业生与非师范毕业生教师身份认同差异进行了调研。调研采用方便抽样与分层整群抽样相结合的方法，具体抽样如下：第一，依据经济发展状况和调研便利性，选取武汉市等8个市16个县（市、区）为地区样本。第二，在每个城市随机选取一个经济较为发达的城区与一个经济较为落后的县（市、区），每个县（市、区）内再随机选取1个县城与2个乡镇。第三，在城区、县城内随机选取1所普通高中，2所初中和2所小学，在乡镇随机选取1所初中和2所小学。调研共回收有效中小学教师问卷3269份。考虑到不同年代师范生的教师身份认同存在差异，本研究采用1999年师范教育改革之后的教师样本（即1981年及以后出生的教师），共计851人，其中师范毕业

---

① BEIJAARD D, VERLOOP N, VERMUNT J D. Teachers' Perceptions of Professional Identity: An Exploratory Study from a Personal Knowledge Perspective[J]. Teaching and Teacher Education, 2000(7): 749-764.

生 669 人，非师范毕业生 182 人，非师范毕业生约占教师群体的 21. 4%。

表 14-1 显示，从性别来看，师范毕业生中男性教师占比为 25. 56%，非师范毕业生中为 22. 53%。整体而言，教师群体中以女性教师为主；从年龄和教龄来看，师范毕业生和非师范毕业生不存在明显差异，以青年教师为主；从婚姻状况来看，师范毕业生群体中未婚教师占比相对较高；从任教学校位置来看，非师范毕业生更多分布在农村地区，这可能和“特岗计划”“新机制”政策的实施有关；从任教学段来看，非师范毕业生以小学阶段为主；从最高学历来看，师范毕业生和非师范毕业生不存在明显差异，而非师范毕业生中研究生学历教师占比高于师范毕业生；从最高学历毕业学校类型来看，非师范毕业生就读学校层次为本科的比例相对师范毕业生更高，而专科的比例相对师范毕业生更低。

表 14-1　教师样本基本情况

类别	师范毕业生	非师范毕业生	类别	师范毕业生	非师范毕业生
婚姻	—		**男性**	25. 56%	22. 53%
已婚	34. 93%	42. 54%	**平均教龄**	6. 4	4. 9
未婚	64. 47%	56. 91%	**平均年龄**	29. 5	28. 5
其他	0. 60%	0. 55%	**最高学历**	—	
学校位置	—		高中（中专）	0. 9%	1. 66%
城市	29. 99%	15. 93%	大专	11. 26%	7. 18%
县城	25. 79%	34. 62%	本科	81. 23%	81. 22%
乡镇	44. 23%	49. 45%	研究生	6. 61%	9. 94%
学段	—		**就读学校类型**	—	
高中	23. 39%	17. 31%	专科院校	24. 59%	14. 36%
初中	31. 18%	30. 94%	本科院校	75. 41%	85. 64%
小学	45. 43%	51. 93%	**样本总量**	851	

三、计量模型

为避免传统 OLS 估计存在的样本自选择问题，本研究使用倾向得分匹配法（PSM）评价就读师范专业对教师身份认同的影响，以准确地评估师范毕业生与非师范毕业生教师身份认同的差异。PSM 最早由 Rosenbaum 和 Rubin 提出，近年来逐渐得到广泛应用①。PSM 的基本思想与反事实估计基本相同，其本质是通过计算一个倾向得分以降维方式形成处理组与控制组的随机化匹配，由此估计出处理组干预的净效应。我们将就读师范专业对教师身份认同的平均处理效应（Average Treatment Effect）记为处理组的平均处理效应（Average Treatment Effect on the Treated，简记为 ATT），模型如下：

$$ATT=E\{E[Y_{1i}-Y_{0i} \mid D_i=1,\ p(X_i)]\}。$$

其中，Y_{1i}和 Y_{0i}分别表示教师个体 i 就读师范专业和未就读师范专业两种情况下教师身份认同得分，D_i为处理变量，表示教师是否就读师范专业的虚拟变量，如果教师 i 就读了师范专业，则 $D_i=1$，反之 $D_i=0$。$p(X_i)$为倾向得分值，表示在控制样本特征协变量 X 的情况下教师 i 就读师范专业的条件概率。倾向得分匹配的操作程序主要有以下步骤：第一，选择恰当的协变量。第二，计算个体接受处理组干预的条件概率（倾向得分）。第三，根据倾向得分对样本进行匹配。本研究主要采用 K 近邻匹配方法，并运用半径匹配以及非参数核匹配方法对估计结果进行稳健性检验。第四，对样本匹配情况进行共同支撑假设及平衡性检验。最后，在对比各种匹配方法估算结果的基础上，得出就读师范专业对教师身份认同的“净效应”。

四、变量说明

（一）被解释变量

本研究的被解释变量是教师身份认同，包括学科专家身份、教学专

① ROSENBAUM P R, RUBIN D B. Constructing a Control Group Using Multivariate Matched Sampling Models That Incorporate the Propensity Score[J] American Statistician, 1985(1): 33-38.

家身份和培育者身份三个维度。本章采用 Beijaard 等人编制的《教师身份认同量表》对教师的身份认同进行测量，利用因子分析法，提取并命名教师身份认同的各子维度，最终计算出教师的身份认同变量及其子维度。为便于解释，本文将教师身份认同变量及其子维度转化为取值范围为 1~100 的连续变量，数值越大，表示身份认同度越高。

（二）核心解释变量

本研究的核心解释变量来自问卷涵盖的问题："以下四种组合中，您属于哪一种?"该问题答案分为四个，分别为"报考师范专业，就读师范专业""没有报考师范专业，但就读师范专业""报考师范专业，但没有就读师范专业""没有报考师范专业，也没有就读师范专业"。本章将"报考师范专业，就读师范专业"和"没有报考师范专业，但就读师范专业"定义为师范毕业生，取值为 1，将"报考师范专业，但没有就读师范专业"和"没有报考师范专业，也没有就读师范专业"定义为非师范毕业生，取值为 0。应当说明的是，本章提及的师范毕业生和非师范毕业生是指已经进入教师队伍的人员，分别代指毕业于师范专业的教师和毕业于非师范专业的教师。

（三）控制变量

已有研究发现，教师身份认同受到性别、年龄、教龄、学历、任职情况、从教动机、学科背景、学校文化、教育环境等因素的影响①。在参考已有文献的基础上，本研究从个人和学校两个层面选取了控制变量。

（1）在个人层面，本研究以性别（以女性为参照组）、教龄、受教育年限、从教动机（以外在动机为参照组）、职前就读院校类型（以专科为参照组）等多个变量作为控制变量。

（2）在学校层面，本研究采用学校办学质量等级（取一般学校和优质学校两个虚拟变量，以薄弱学校为参照组）、任教学段（取初中和高中两个虚拟变量，以小学为参照组）、学校区位（以农村为参照组）等变量。

---

① 史兴松，程霞.国内教师身份认同研究：回顾与展望[J].现代教育管理，2020(4)：54-60.

第三节　研 究 结 果

一、师范毕业生与非师范毕业生教师身份认同差异的描述分析

从整体来看，两类教师的教师身份认同的平均值为76.01，高于理论均值50，这表明两类教师的身份认同总体水平较高（见表14-2）。通过对教师身份认同的三个子维度进行排序，我们可以发现，培育者的专业身份认同（79.25）高于学科专家（75.40），也高于教学专家（73.07）。可见，教师普遍认同培育者这一身份，即教师倾向于将教师职业理解为教书育人，同时更加注重承担育人的责任，而对学科专家身份的认同度相对偏低。

师范毕业生与非师范毕业生的身份认同是否存在显著差异呢？从表14-2可以看出，师范毕业生的教师身份认同总体水平显著高于非师范毕业生。从教师身份认同的三个子维度来看，在学科专家维度和培育者维度，师范毕业生的身份认同度显著高于非师范毕业生。其中，两类教师在学科专家维度上的差异最为显著。在教学专家维度，师范毕业生与非师范毕业生之间不存在显著差异。

表14-2　教师身份认同基本情况

项目		全样本		师范毕业生		非师范毕业生		t 检验
		均值	标准差	均值	标准差	均值	标准差	
总体	身份认同	76.01	13.00	76.68	13.09	73.55	12.37	2.90***
子维度	学科专家	75.40	14.29	76.24	14.21	72.31	14.22	3.30***
	教学专家	73.07	15.52	73.49	15.61	71.49	15.10	1.54
	培育者	79.25	13.39	79.98	13.48	76.54	12.73	3.08***

注：*** $p<0.01$，** $p<0.05$，* $p<0.1$。

二、就读师范专业对教师身份认同的影响

本研究采用K近邻匹配法（K=4）估计就读师范专业对教师身份认

同的影响，结果如表 14-3 所示。第一，从总体来看，师范毕业生教师身份认同各维度得分在匹配后均高于非师范毕业生，表明师范毕业生在教师身份认同及其各维度上均优于非师范毕业生。第二，从就读师范专业的平均处理效应来看，就读师范专业对教师身份认同的影响在不同维度上存在差异。其中，就读师范专业对学科专家身份认同的积极影响最为明显，平均处理效应达到 4. 28，对培育者身份认同的积极影响次之，影响最小的是教学专家身份认同。第三，对比匹配前后各维度的平均处理效应，我们可以发现“身份认同”“学科专家”“教学专家”及“培育者”的平均处理效应均有所增加，这意味着选择性偏差低估了就读师范专业对教师身份认同及其子维度的积极效应。

表 14-3 就读师范专业对教师身份认同的影响（K 近邻匹配）

	匹配状态	处理组	控制组	ATT	S. E.
身份认同	匹配前	76. 68	73. 55	3. 13***	1. 08
	匹配后	76. 60	73. 05	3. 55**	1. 22
学科专家	匹配前	76. 24	72. 31	3. 92***	1. 19
	匹配后	76. 18	71. 90	4. 28***	1. 39
教学专家	匹配前	73. 49	71. 49	2. 00	1. 30
	匹配后	73. 44	70. 74	2. 70*	1. 47
培育者	匹配前	79. 98	76. 54	3. 44***	1. 11
	匹配后	79. 86	75. 88	3. 97***	1. 24

注：表格中前两列数值是相应组别（处理组或者对照组）中所有教师身份认同的均值。ATT 为师范毕业生与非师范毕业生教师身份认同及子维度均值的差异；S. E.为标准误。我们使用 bootstrap 方法计算的标准误，结果基本一致。*** $p<0.01$，** $p<0.05$，* $p<0.1$。

三、共同支撑假设与平衡性检验

共同支撑假设要求完成匹配后，师范与非师范毕业生倾向得分值的分布形态基本保持一致。图 14-1（a）和图 14-1（b）分别给出了两组样本倾向得分在匹配前和匹配后的核密度分布图，不难看出，匹配前处理组与控制组分布形态存在较大差异。而匹配后处理组与控制组倾向得分的部分形态已经非常接近。由此可以认为，匹配过程明显修正了两组样本倾向得分的分布偏差，匹配效果理想，满足了共同支撑假设。

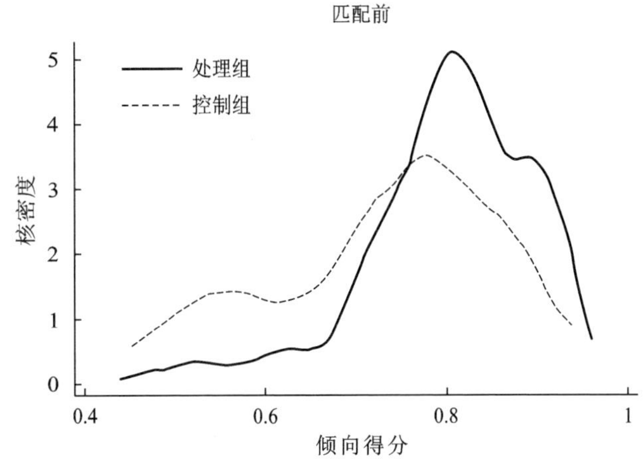

(a)

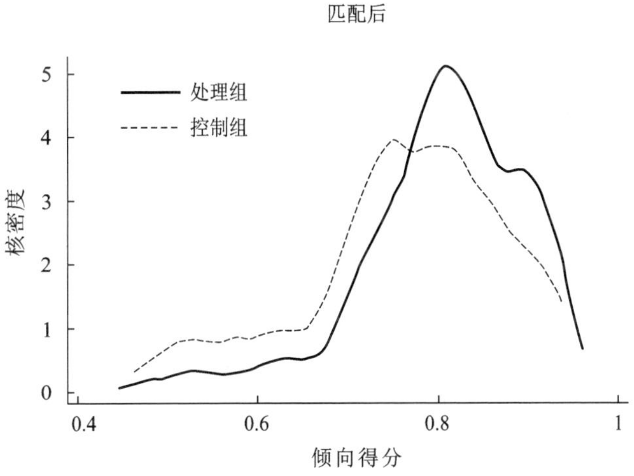

(b)

图 14-1

为保证匹配结果的准确性，在完成匹配后，需要进行平衡性检验。K 近邻匹配的平衡性检验结果如表 14-4 所示：匹配前部分变量在处理组与控制组之间存在显著差异，匹配后所有协变量在处理组和控制组之间不存在显著差异，匹配后各协变量标准偏差绝对值均控制在 10% 以内，且通过了联合检验。这表明本研究满足了平衡性假设。

表 14-4　协变量的平衡性检验

	匹配状态	处理组	控制组	标准误减少（%）	消减绝对值	t 值
男性	匹配前	0.256	0.225	7.1	80.7	0.84
	匹配后	0.255	0.250	1.4		0.24
教龄	匹配前	6.416	4.890	40.6	78.3	4.71***
	匹配后	6.311	5.980	8.8		1.61
学历	匹配前	16.049	16.159	-10.9	68.2	-1.37
	匹配后	16.070	16.035	3.5		0.64
内在动机	匹配前	0.293	0.324	-6.7	56.8	-0.81
	匹配后	0.292	0.279	2.9		0.54
本科	匹配前	0.743	0.824	-19.8	91.5	-2.28***
	匹配后	0.750	0.757	-1.7		-0.29
初中	匹配前	0.311	0.308	0.7	50.3	0.08
	匹配后	0.312	0.305	0.3		0.06
高中	匹配前	0.233	0.170	15.7	84.1	1.82*
	匹配后	0.230	0.240	-2.5		-0.43
一般学校	匹配前	0.333	0.335	-0.4	69.7	-0.05
	匹配后	0.330	0.327	0.7		0.12
优质学校	匹配前	0.558	0.566	-1.7	71.3	-0.20
	匹配后	0.565	0.551	2.9		0.53
城市	匹配前	0.559	0.505	10.7	86.2	1.29
	匹配后	0.556	0.563	-1.5		-0.27
联合检验	Pseudo R^2			LR chi^2	p>chi^2	
未匹配	0.034			30.07	0.001	
匹配	0.003			5.45	0.859	

注：*** $p<0.01$，** $p<0.05$，* $p<0.1$。

四、稳健性检验

为验证 K 近邻匹配估计结果是否稳健，我们进一步采用半径（卡尺）匹配和核匹配对处理组的平均处理效应（ATT）进行评估。其中，半径（卡尺）匹配选择卡尺的范围为 0.01，核匹配则使用默认的核函数核带宽，表 14-5 给出了平均处理效应的估计结果。从稳健性检验结果来看，半径匹配和核匹配在估计结果上与 K 近邻匹配估计结果较为一致，即就读师范专业对教师身份认同具有显著的积极影响，也表明师范毕业生的教师身份认同显著高于非师范毕业生，这表明本研究所使用模型及研究结果具有稳健性。

表 14-5 就读师范专业对教师身份认同的影响（稳健性检验）

被解释变量	匹配状态	半径（卡尺）匹配		核匹配	
		ATT	S. E.	ATT	S. E.
身份认同	匹配前	3.13***	1.08	3.13***	1.08
	匹配后	2.90**	1.16	3.13***	1.12
学科专家	匹配前	3.92***	1.19	3.92***	1.18
	匹配后	3.61***	1.32	3.93***	1.28
教学专家	匹配前	2.00	1.30	2.00	1.30
	匹配后	1.76	1.41	2.08	1.37
培育者	匹配前	3.44***	1.11	3.44***	1.11
	匹配后	3.42**	1.19	3.46**	1.15

注：ATT 为师范毕业生与非师范毕业生教师身份认同及子维度均值的差异；S. E.为标准误。我们使用 bootstrap 方法计算的标准误，结果基本一致。*** $p<0.01$，** $p<0.05$，* $p<0.1$。

五、异质性分析

实证研究表明，整体上师范毕业生与非师范毕业生在教师身份认同上存在显著差异，在处理样本自选择之后上述结果依然稳健。那么，对于不同教师群体而言，就读师范专业对教师身份认同的影响是否存在差异？我们从城乡、性别和学段三方面进行了分样本异质性分析，结果如表 14-6 所示。从城乡来看，就读师范专业对城乡教师身份认同的影响不存在显著差异，但在学科专家身份和培育者身份两个维度上存在显著差异；从性别来看，就读师范专业对男教师身份认同没有显著影响，但就读师范专业对女教师身份认同及子维度均有显著的积极影响；从学段来看，就读师范专业对小学和初中教师身份认同具有显著的影响，高中教师中两类教师的身份认同不存在显著差异。考虑到研究样本中小学教师和乡镇教师占了一半的比例，且样本数据来自中部地区的湖北省。近年来湖北省实施农村教师补充新机制政策，聘用大量非师范毕业生进入农村学校。本研究对农村小学段师范与非师范毕业生教师身份认同差异进行了分析，结果发现，相比非师范毕业生，师范毕业生的教师身份认同显著更高。

表 14-6　就读师范专业对教师身份认同影响的异质性分析

教师身份认同	城乡		性别		学段		
	城市	农村	男性	女性	小学	初中	高中
身份认同	2.76	2.09	−2.31	3.79***	3.40**	5.92**	−1.15
	(1.84)	(1.69)	(3.20)	(1.31)	(1.73)	(2.42)	(3.00)
学科专家	4.66**	1.41	−0.30	4.80***	2.61	7.53**	2.39
	(2.02)	(2.01)	(3.31)	(1.54)	(1.98)	(2.80)	(3.30)
教学专家	2.23	0.45	−3.91	2.85	1.59	5.29	−1.71
	(2.06)	(2.24)	(4.00)	(1.58)	(2.18)	(2.96)	(3.29)
培育者	2.01	3.95**	−2.76	3.80***	5.28***	5.48*	−3.65
	(1.94)	(1.68)	(3.20)	(1.38)	(1.77)	(2.37)	(3.17)

注：表格中的数值为匹配后的 ATT 值，括号内为估计的标准误。我们使用 bootstrap 方法计算的标准误，结果基本一致。*** $p<0.01$，** $p<0.05$，* $p<0.1$。

第四节　结论与建议

本研究基于湖北省教师教育改革调查数据，采用倾向得分匹配的研究方法，实证检验了师范与非师范毕业生在教师身份认同上的差异。研究发现：首先，从整体上看，教师身份认同总体水平较高；其次，师范毕业生在教师身份认同及其学科专家身份和培育者身份维度上均显著高于非师范毕业生，而在教学专家身份认同维度上两者不存在显著差异；最后，是否接受师范教育对教师身份认同的影响存在显著的性别和学段差异，其对女性教师群体和义务教育阶段教师的影响更为显著。

伴随我国教师资格证制度的改革及一系列教师补充政策的实施，越来越多的非师范毕业生通过教师资格证考试和公开招考进入教师队伍。新补充的非师范类教师在一定程度上缓解了师资短缺问题，由于非师范毕业生没有系统学习过教师教育课程，缺乏师范文化熏陶和师范气质的塑造，他们虽可以通过教师资格证考试进入教师队伍，但其身份认同还存在不足。现有教师资格证考试难以科学全面地评价申请人的专业素养，尤其是在教育情怀、教育信念与责任等方面的评价还缺乏有效方式方法。教师基本素养和教学能力的形成非一日之功，需要长期的训练、培训和熏陶。从高素质教师队伍建设视角看，以下两方面的工作都很重要：一是在源头上吸引和选拔优秀人才进入教师队伍，实现“优者从教”；二是对于进入教师队伍的教师进行更有成效的培训，促进教师持续的内生的专业发展，以实现“教者从优”。

一、严格选拔标准，提高教师补充质量

鉴于非师范毕业生教师身份认同度不高的情况，有必要对非师范毕业生进入教师队伍的条件加以限制，加强义务教育师资尤其是农村师资来源供给规范，以保证优者从教目标的实现。当前教师资格证考试重知识轻能力，重理论轻实践，考试评价方式简单，难以有效识别考生的教师身份认同情况①。为此，改进教师资格证实施效果，是保障教师质量的关键举措②。从欧美国家的经验看，接受教育专业的学习或训练是申

① 王玉琼，苟健.“训练营”在教师基本素养与能力发展中的运用：非师范毕业新进教师专业素养发展研究[J].教师教育研究，2017(2)：17-24.

② 周晔，赵宁.农村小学非师范初任教师的专业性问题、成因与对策[J].教师教育研究，2020(4)：104-110.

请教师资格的重要前置条件。因此，在深入推进教师教育改革时，应将一定时间的教师教育课程、教育实践课程学习设为教师资格证考试的前置条件，确保每位申请人都接受过一定的教育专业训练，以提高教师补充质量。此外，要重点关注义务教育阶段非师范毕业生的身份认同问题，重视非师范院校毕业生农村学校任教的知识学习和能力训练。同时，要切实提高地位待遇，增强教师职业吸引力，真正让教师成为令人羡慕的职业，吸引更多优秀师范专业毕业生从教。

二、完善教师职业性向测试，强化教师人格特质筛选

教师职业需要个体具备心灵的敏感性、爱的品质、交流与沟通的意愿、对教育工作的兴趣等特质①。这一职业特性决定了教师人格特质应当成为教师选拔的重要条件之一②。美国爱达荷州立大学从申请材料和面试两个环节对教师的教育信念、价值观念与教学能力进行多维度和多方面的考察，以更为充分地评估个体是否具有进入教师队伍的资格③。日本更是注重从态度、动机、兴趣、责任感、人格、情绪与品格等方面对候选教师进行职业性向测试。而我国教师招录评价制度，主要还停留在知识范式评价阶段和能力范式评价阶段，没能从心理层面以及稳定的人格特质方面进行考察，使部分入职教师缺乏作为优秀教师的教育信念、身份认同及教师人格等素养④。为此，我国的教师补充政策除了对个体的基本知识与技能进行考核之外，还要完善教师职业性向测试，在笔试之前赋予相关部门和用人单位人才选拔权，通过科学测验考察申请人的性格、情感、从教潜质、身份认同等，以判断其是否具备适合教育工作的人格特征与品行修养，遴选乐教适教的优秀毕业生从事教师职业。

---

① 吴秋芬.教师专业性向的内涵及其特征[J].中国教育学刊,2008(2):37-40.

② 雷万鹏,黄旭中.教师教育发展现状调查与政策启示:基于湖北省的实证调研[J].华中师范大学学报(人文社会科学版),2017(6):164-171.

③ 姜勇,康永祥.美国爱达荷州立大学教师职业准入制度的改革与启示[J].高教探索,2007(5):75-77.

④ 刘雄英.入职新教师职业性向评价的实施过程及保障策略[J].教育发展研究,2016(Z2):120-124.

三、多措并举，增进非师范毕业生的教师身份认同

教师身份认同的建构受到宏观政策、学校制度与文化以及微观层面个体知识与态度的影响①。对于进入教师队伍尤其是农村义务教育阶段的非师范生群体，政府与学校应采取有效措施强化其教师身份认同，实现“教者从优”。首先，在国家政策层面，应当考虑相关教师政策的实施细则，引导教师关注教育教学核心工作，减轻教师非教学工作负担。长期以来，国家有关教师的身份定位为“教书育人”，强调教书和育人相统一，但是现有行政导向层层晋级的教师政策，驱使部分教师功利性地认为教学比育人更容易出成绩，这些教师就会倾向于构建自己作为学科专家而非培育者的身份认同②。学校的文化、组织、制度、人文等方面对于教师身份认同的形成具有更为深刻的影响，良好的校园环境、富有人性的组织文化、和谐的人际关系有利于教师身份认同之建构。学校要建设宽松和良性互动的教学和教研文化，营造合作型教师专业文化的氛围，促使教师获得专业归属感。其次，通过培育实践共同体，促进教师专业发展，提升教师身份认同。实践共同体为教师身份认同提供了一个开放的场域，教师在实践共同体中通过参与实践、与他人互动学习、分享贡献自己的故事和经历建构自身的身份认同③。

由于有关师范毕业生与非师范毕业生的差异是一个较为复杂的问题，本研究仅仅从教师身份认同视角进行了初步的探索。本研究还存在以下局限：一是 PSM 方法能够在一定程度上降低选择性偏误，但是它仅控制了可观测变量的影响，对于不可观测的内生变量仍会带来“隐形偏差”；二是本研究样本主要来自湖北省，所得结论仅仅对于那些与湖北省教育发展类似的区域有一定参考价值。

---

① 李茂森.教师身份认同的影响因素分析[J].教育发展研究,2009(6):44-47.

② 叶菊艳.专业身份认同:教师队伍质量的核心[J].人民教育,2018(8):17-21.

③ 李子建,邱德峰.实践共同体:迈向教师专业身份认同新视野[J].全球教育展望,2016(5):102-111.

第十五章　真实情境中教师的差异化行为：湖北省 S 县“联校走教”政策十年观察

第一节　问 题 提 出

推进义务教育均衡发展是我国教育发展的重大战略选择，也是实现乡村振兴、实施教育精准扶贫、促进教育公平的重要发力点。近年来，各地推行的“学区制”“教育集团”及教师“县管校聘”等改革，无不将教师交流和流动作为缩小教育差距、扩大优质教育资源覆盖面的重要举措。但是，这些自上而下的政策发动，普遍缺乏一线教师在具体情境中如何行动的真实信息。倘若缺少对有关教师行动及其影响机理的了解，仅仅从决策者或政策制定者本位强力推行教育改革，教师流动政策极有可能失之空疏，难以发挥其应有作用。就县域内教育政策实施而言，教育政策实施是“自上而下”的线性路径还是多因素交织的网络，真实情景中的正式与非正式制度如何发挥作用？作为教育政策实施主体，一线教师在真实情境中如何感知、理解和诠释政策？如何在既有约束条件下制定政策？如何进行有效的制度设计以激励教师，将异质性的教师聚合于政策实施过程中？要准确地回答这些问题，需要我们扎根田野，俯下身去倾听和理解教师的诉求，关注一线教师的真实情感与行为，从而获取有助于政策实施的“地方性知识”，增强教育决策的科学性。本研究以湖北省S县“联校走教”① 政策为切入点，聚焦教育政策实施过程中的教师行为和互动关系。通过对个案县的十年追踪，阐释一线教师差异化行为背后的主观意义，揭示政策实施过程中显性与隐性规则的互动和复杂性，有助于人们深入探索县域教育政策实施过程与教师激励问题。

第二节 基本分析框架

政策是关于某一特定领域内将要做什么的权威性决定。从动态层面来看，政策是在一定环境中由参与者构建的持续行为过程，包括政策制定、实施、评估、调整等若干阶段。其中，政策实施是实现政策意义和价值的必要方式，是实现政策目标的中心环节（Sabatier，2004）。有学者指出，政策实施过程是多方参与者之间“推推搡搡”的互动过程，不同利益主体试图以反映他们特定价值的方式来影响政策进程（Colebatch，1997）。

从研究内容来看，现有有关政策研究的文献中，研究者或将焦点置于政策的价值及制定过程（陈振明，1998；陈庆云，2006；Dye，2004），或以政府行为作为主要研究对象，探讨横向和纵向的政府利益关系（丁煌，2002），或将政策实施主体置于平等的地位，忽略了政策实施主体间的异质性和权力地位（Spillane，Reiser，Reimer，2002）。此外，还有研究聚焦于政策体系中的“街头官僚”，因为处于政策实施体系末端的工作人员，其利益诉求往往被政策制定者所忽略，以至于他们的自我效能难以4发挥，进而导致政策目标的偏离甚至扭曲（Lipsky，1977）。就教育领域而言，有研究表明教师会基于自身所处情境解构教育政策，作出理性选择，从而以截然不同的身份和角色参与教育政策实施（Spillane，2004；Coburn，2005；Ball，2011）。作为一项复杂的公共政策，教育政策主体的多元性、政策目标的综合性以及各地经济社会发展状况的差异性为教育政策实施构建了复杂的情境。如果不了解特定情境中的教师行为，人们就难以准确了解教育政策实施的真实状况与实施效果。

---

① “联校走教”是指通过教师走教，以乡镇中心学校带动周边若干教学点联合发展。

从研究方法来看，政策研究主要有两种研究范式。一种是量化取向的政策研究，该范式遵循“实证-经验”主义，将政策作为经验的观察和实证的推论，期望探寻政策现象背后恒固的普遍性因果关系。基于这种因果关系，政策决策者可以对症下药，采取有效的干预措施，达成预期的理想政策效果（Delon，2007；Fischer，2003，2009）。另一种是质性取向的政策研究，该研究范式认为，在政策行动的选择上，政策参与者并非以简单思维进行“理性选择”，而是在复杂情境与互动中进行十分复杂的策略计算（Habermas，1988）。政策研究的旨趣在于揭示政策现象背后的主观性及相互主观性。当把这些主观意义置于复杂的历史脉络、社会情境中，质性研究不仅可揭示政策参与者的主观政策意义，也可以展示这些主观意义存在的经验基础、规律性和可预测性（曾荣光，2011）。因此，为探究政策现象背后的主观意义，研究者应深入田野，站在政策实施的一线去理解行动者的行为选择和互动，通过典型个案的呈现归纳政策实施背后的复杂规律。本研究主要采取质化研究方法，立足于S县“联校走教”政策实施的真实情境，观察和分析一线教师在政策实施过程中的内心诉求与行为表达，揭示教育政策实施过程中利益相关者的行动与互动。

考虑到公共政策实施涉及一系列随着时间推移而衍生的复杂因素，人们通常需要寻找化繁就简的方法。在政策过程理论的诸多分析框架中，以埃莉诺·奥斯特罗姆为代表的印第安纳学派提出的制度分析与发展框架（IAD框架），对我们研究教育政策实施很有启发。该框架承认制度与政策情境的复杂性和生成性，聚焦于制度情境与行动主体之间的双向互动。IAD框架将“经济人”假设引入制度分析，认为个体或者组织是行动情境中的理性行动者，他们会根据行动情境采取自身效用最大化的行动策略，并与其他主体互动博弈。这种互动的结果又会间接地反作用于行动舞台的外部条件和行动情境，进而影响行动者的行为选择，最终形成一个循环系统（见图15-1）。

通过IAD框架了解特定情境中的人际互动，有助于我们理解政策实施过程。从我国农村教育发展的现实角度看，长久以来农村学校在师资

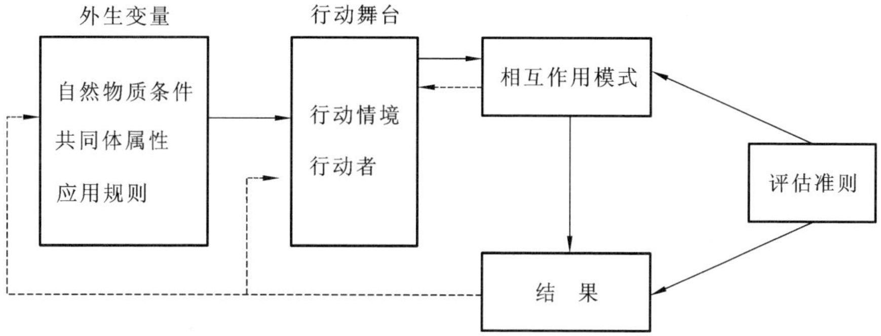

图 15-1　制度分析与发展框架（E. Ostrom,2011）

配置中处于弱势地位：一方面新教师被优先配置于城镇学校，农村小规模学校等薄弱学校未能真正得到政策的眷顾；另一方面，巨大的教育发展差距导致农村学校优秀教师不断流失（雷万鹏，张雪艳，2012）。从某种程度上讲，农村教师补充困难，优秀教师流失等问题成为制约城乡教育均衡发展的主要障碍（邬志辉，2012；褚宏启，2010）。为改变上述状况，中央和地方政府主要从增量补充和存量调整两方面着手，实施一系列教师补充和教师轮岗交流政策，例如“特岗计划”“城乡教师轮岗交流政策”“教师县管校聘改革”等等。有研究表明，这些政策在实施过程中出现了教师流动积极性不高，参与度较低等问题（王彦才，2014；史亚娟，2014；蔡明兰，2011）。遗憾的是，当前大多数研究遵循“自上而下”的政策分析路径，从政策的顶层设计、管理体制、制度构建等层面分析政策实施问题（陈振华，2015；郝保伟，2012），而较少关注内嵌于制度情境中的教师行为及教师群体之间的互动关系。客观地讲，如果不能理解政策实施过程中教师行为与制度情境的互动关系，人们就难以打开教育政策实施过程这一“黑箱”。

从各地义务教育均衡发展实施过程看，“联校走教”已成为中西部地区缓解师资供需矛盾、解决教学点师资短缺的重要举措。湖北省S县作为最早推行“联校走教”政策的地区之一，在全国产生了广泛影响。华中师范大学乡村教育课题组从2007年开始，围绕“联校走教”政策实施对S县进行了历时10年的跟踪调查，见证了“联校走教”政策的盛衰起落。基于长期的观察，研究者捕捉了“联校走教”政策在基层发动、实施与演变的全过程，以及不同处境、不同身份的教师如何理解政策，诠释政策和“做政策”。作者主要采用质性研究方法，通过对教师的深入访谈和观察，旨在对复杂情境中教师行为的主观意义作出阐释，揭示县域内教育政策实施的复杂性，思考提升政策实施效果的有效路径。

第三节　调研区域基本信息

一、S 县社会经济发展状况

S 县地处鄂东南，多山地丘陵，其地形地貌有“八山一水一分田”之称。全县下辖 12 个乡镇和 1 个管委会，共有 184 个行政村及 15 个社区居委会，户籍人口约 48.17 万，其中外出务工人员占比约 21.9%。S 县经济产业结构以第三产业为主，2017 年全县地区生产总值达 109 亿元，人均地区生产总值 2.89 万元，农村居民可支配收入 1.04 万元。

表 15-1　S 县财政收入结构（2011—2017 年）（占比:%）

年份	地方财政收入	一般转移支付	专项转移支付	政府债券	上年结余
2011 年	23.9	59.0	15.2	4.9	-3.0
2012 年	19.6	42.6	32.3	3.1	2.4
2013 年	22.8	41.6	32.2	3.1	0.3
2014 年	22.8	44.6	29.3	2.8	0.5
2015 年	17.4	40.0	26.5	15.7	0.4
2016 年	17.7	43.8	24.1	13.6	0.8
2017 年	19.9	46.2	27.6	4.6	1.7

数据来源：S 县财政局统计年报 2011—2017 年。

S 县财政为典型的“吃饭财政”，其对上级政府的财政转移支付依赖度较高。2011 年至 2017 年的数据显示，上级政府转移支付收入在地方财政收入总数中的占比始终维持在 75% 左右，地方财政收入平均若 20%（详见表 15-1）。有限的自有财力直接影响 S 县教育发展。从教育财政视角来看，教育财政支出占地区生产总值（GDP）的比例（充足度指标）和教育财政支出占财政总支出的比例（政府努力度指标）是衡量地方政府教育投入的两项重要指标。2011—2017年，S县教育财政支出占地区生产总值的比例保持在5%以上的水平，但政府教育财政投入努力度呈现上下波动，S县教育经费在地方财政支出总额中的占比在20%左右徘徊，与“两个提高，三个增长”的教育经费保障目标仍有一定差距。

表15-2 S县教育财政投入情况（2011—2017年）

年份	地区生产总值（亿元）	总财政支出（亿元）	教育经费	
			地区生产总值占比（%）	总财政支出占比（%）
2011年	56.2	11.6	3.5	16.8
2012年	69.7	11.9	5.2	30.8
2013年	81.2	21.2	5.3	20.2
2014年	90.1	26.1	5.8	20.1
2015年	95.2	33.8	5.7	16.1
2016年	101.4	29.8	5.6	19.1
2017年	109.0	29.4	5.3	19.5

数据来源：2011—2017年S县《国民经济与发展公报》《年度财政决算信息公开》。

从办学规模看，2017年S县有普通中小学校94所，中等职业学校1所，特殊教育学校1所。此外，由于农村教学点缺乏独立的法人地位，S县近百所在校生规模不足100人的农村教学点未纳入学校统计数据范围内，这些教学点主要分布于山区、库区等交通不便地区。全县中小学教职工3892人，其中专职教师3666人，与其他贫困地区类似，S县教师总体呈现出“自下而上”逆向流动趋势，优质的师资力量不断向城镇学校聚集，农村学校师资力量薄弱，结构性短缺等问题日益凸显，农村教学点师资短缺问题尤其严重。虽然近年来以“特岗计划”为主体的教师补充政策得到大力推行，但年轻教师依然“下不去”，“留不住”，甚至存在边补充边流失的现象。师资匮乏导致农村教学点课程难以开齐，课时难以开足，教学效果有待提升，城乡教育质量差距也进一步拉大，以上状况构成了理解S县“联校走教”政策实施的基本背景和约束条件。

二、S县“联校走教”学校个案

为保证农村教学点能够将课程开齐、开足和开好，S县于2007年开始实施“联校走教”政策。“联校走教”政策实施至今共经历了三个阶段：第一阶段酝酿试点（2007—2008年），S县教育局首先在两个乡镇开展试点工作；第二阶段全面实施（2008—2013年），“联校走教”在全县12个乡镇全面展开；第三阶段调整转型（2013年至今），“联校走教”政策从县级政府层面逐步放慢实施步伐，代之以“联校网教”① 试点改革。在此阶段，县级政府层面的“联校走教”政策渐趋停滞。

2007年以来，华中师范大学乡村教育课题组对S县H镇进行了长达10年的跟踪研究，通过对H镇“联校走教”政策实施过程的30多次田野调查，我们获得了大量的第一手资料，见证了“联校走教”政策的启动、运行与衰落，从一个长时段感受了政策实施中不同利益群体的行为选择及其背后的制约因素。相较于一般的点状调研，本研究能更透彻地理解县域教育政策实施的真实状况。需要指出的是，2013年是“联校走教”政策实施由盛转衰的重要节点，为更好反映“联校走教”政策实施概况，本部分内容主要呈现H镇2012年的相关数据。

（一）校点分布

2007年，为响应S县教育局推动义务教育均衡发展的倡议，H镇中心小学联合7个农村教学点成立联合小学，形成了“一校多点”的散点式分布格局。H镇中心小学是一所寄宿制完全小学，全校共有22个班级，在校学生1095人，其中寄宿学生204人②。联合小学下属的教学点多为学校布局调整后为保证儿童就近入学而保留的校点。教学点的教学组织以小规模班级、复式班级为主，在校生人数最多者70余人，最少者

---

① “联校网教”即利用信息技术辐射向农村教学点辐射优质教育资源，城镇学校教师通过网络同步课堂或云课堂等形式，对农村教学点学生实施教学。

② 数据来源于本校2012年秋季统计资料。

只有 17 人。从空间分布看，最近的教学点距离中心小学 1.7 公里，最远的校点距离中心学校 8.6 公里，大部分教师走教以公共交通为主，平均往返交通时间约为 80 分钟。

表 15-3　H 镇联合小学校点概况（2012 年）

学校名称	年级数	班级数	复式班级	在校生数	到中心学校距离（公里）
中心小学	6	22	—	1095	—
校点 1	4	3	三、四年级	52	5.5
校点 2	4	3	三、四年级	70	2.3
校点 3	4	3	三、四年级	51	9.5
校点 4	2	1	一、二年级	22	6.0
校点 5	2	1	一、二年级	25	1.7
校点 6	2	1	一、二年级	17	2.7
校点 7	2	1	一、二年级	17	7.5

数据来源：H 镇中心小学 2012 年统计资料。

（二）师资状况

2012 年秋，H 镇联合小学共有教职工 80 人，其中专职教师 78 人，工勤人员 2 人。从年龄结构看，教师队伍老龄化现象显著。其中 50 岁以上教职工人数 31 人，占全校教职工总人数的 38.75%。40~50 岁的教师 16 人，占全校教职工总人数的 20%；30~39 岁的教师 17 人，占全校教职工总数的 21.3%；20~29 岁的教师 16 人，占全校教职工总数的 20%。从性别结构来看，全校教师以女性教师为主体，占全校教职工总数的 58.8%。从学历结构来看，78.8% 的教师拥有大专及本科以上学历（表 15-4）。以上信息表明，H 镇中心小学师资队伍配置并不精良，在此背景下实施“校—点”帮扶必然面临师资短缺的隐忧。

联合小学共有 7 名教师参与走教，其中女性教师 6 人，平均年龄不到 30 岁，均有大专及以上学历。这些教师多为新入职的年轻教师，其中 6 人为代课教师身份。他们人均承担 1~2 个教学点英语、音乐、美术等课程的教学任务，每位教师平均每周走教 4 课时。

表 15-4　H 镇联合小学教师信息统计表（2012 年）

年龄	总数	女性教师		大专及以上学历	
		人数	比例（%）	人数	比例（%）
50 岁以上	31	8	10.0	20	25.0
40~49 岁	16	11	13.8	12	15.0
30~39 岁	17	13	16.3	15	18.8
20~29 岁	16	15	18.8	16	20.0
合计	80	47	58.9	63	78.8

数据来源：H 镇联合中心小学统计资料。

（三）配套政策

为保证“联校走教”政策顺利实施，H 镇联合小学采取了一系列激励教师走教的政策，这些政策也得到了湖北省政府、S 县政府的大力支持。主要激励措施包括：第一，S 县财政拨付专项资金用于发放走教教师的交通补贴和课时津贴。H 镇联合小学在原有课时津贴基础上，额外给予走教教师 10 元的课时补助，并设立 500 元/年的全勤奖励。同时，在职称评定、外出培训、教师入编等方面向走教教师倾斜。这对当时年工资收入不足 3 万元，且缺乏晋升机会的 H 镇教师而言具有一定的吸引力。第二，H 镇被列入首批“湖北省教师安居工程”名单，走教教师在安居房的分配使用中享有优先权。第三，湖北省教育厅设立地方教育制度创新奖，给予县级政府资金奖励和荣誉奖励。2013 年 S 县“职校走教”政策获湖北省第三届地方教育制度创新奖。

这些政策及政策所嵌入的区域社会经济文化因素相互交织，共同构成了教师“联校走教”特定的情境脉络。这也揭示出教师个体处于多重的制度环境中，处于多层级政府共同叠加的正式制度规范，以及 S 县独特的历史文化生态与人际互动交织而成的非正式制度网络中。在此情境中，一线教师的偏好与行为如何？教师之间的互动及其与环境如何互动？教师参与“联校走教”的行为差异是否存在？如果存在其背后是否有一个简约化的解释？课题组 10 多年来对 H 镇“联校走教”政策实施中的校长和教师的观察和访谈，一定程度上在贴近现场并接近“真相”，田野调查的信息勾勒出一线教师如何解读政策，如何理性行动等，其所呈现的丰富的“多样性”反映出教育政策实施过程的真实性。

第四节　“联校走教”政策实施中的教师差异化行为

“联校走教”政策实施效果最终取决于一线教师的真心参与和现实行动。田野调查发现，S县的社会经济背景、农村学校的工作环境、教师队伍的管理和激励机制等多种因素形成的约束条件，为“联校走教”政策的实施构建了独特情境。在此情境中，中心校校长、代课教师、新入职教师、公办教师的角色和身份呈现多样性，其行为选择具有较大的差异性。这种差异性成为窥视教师如何“做政策”的一个重要观察指标，预示着真实情境中的教师行为，展现了教育政策实施的复杂性。

一、中心校校长：“两难”中的抉择

乡村学校校长是学校管理者和教育政策实施的组织者，但其本质上仍是教师队伍中的一员，兼具行政性与专业性的双重属性。处于教育行政链条最末端的乡村学校校长，通常被赋予受命执行的角色，他们既要忠诚于组织目标，又要在资源有限的情况下完成既定工作。换而言之，在“联校走教”的政策情境中，中心校校长需要兼顾“校点联合”与“教师走教”两项政策目标。

“校点联合”是将农村教学点交由乡镇中心学校托管，中心学校享有对农村教学点的人事、财务、教学管理权。2012年，国务院办公厅颁布的《关于规范农村义务教育学校布局调整的意见》提出，“对学生规模不足100人的乡村小学和教学点按100人核定公用经费”，上述政策有利于增加中心校的经费额度和资源配置权，这种政策激励对中心校长实施“校点联合”产生了推动力。但在田野调查中发现，H镇教育站（组）将教学点公用经费纳入全镇统筹使用，并没有将资金全额分配给中心校。乡镇为什么将教学点资金统筹使用？一是普遍的经费短缺，需

要打通使用，二是教学点没有独立身份和户头，财务资金只能拨付给中心校，但实质上由乡镇统筹使用。这种“责任下放，财权上收”的管理模式，一定程度上挫伤了中心校校长推行“联校走教”政策的积极性。

从政策实施的时间脉络看，陷入两难境地的中心校校长推行“联校走教”的积极性日益衰减，卸掉沉重的“包袱”成为中心校发展的迫切要求。2013 年，H 镇中心小学借县教育局政策调整（“联校走教”转变为“联校网教”）的“契机”，将附属教学点的管理责任和走教任务逐步转移至邻近一所规模百余人的非完全小学。这所非完全小学原是 H 镇中心小学的附属校点，距离中心学校约 2.4 公里，2012 年以后湖北省义务教育教师补充新机制的实施，部分省招教师补充到岗，该校也逐渐肩负起附近教学点的走教任务。

案例 1 在访谈中，H 镇中心小学 Y 校长提到：“联校走教确实是没有办法中的办法，下面的教学点各方面条件也比较差，驻校教师只有 1~2名，大多临近退休年龄，有的甚至是退休的返聘教师，语文或数学课程还能应付一下（凑合着上），英语课则完全无法上，只能依赖我们（中心校）派遣英语、音体美老师。但是，我们也有难处，一方面是我们全校专职的音乐教师就一个，只能让有才艺的年轻教师去教学点上课。另一方面，额外的课时补助和津贴很难让年纪大的教师有参与的积极性，只能派遣新来的教师或者代课教师，年轻人刚参加工作，有热情有干劲。”

“教师走教”的本质是通过教师的城乡流动、校际流动实现教师资源的优化配置。田野调查发现，H 镇联合小学在选派走教教师时，采取的是自我保护的替代性策略，即真正前往农村教学点走教的教师多为代课教师和新入职教师，而经验丰富的骨干教师较少参与走教。中心校校长采取这种替代性策略是他们在两难困境下的无奈之举，一方面中心校校长掌握的资源有限，难以调配资源对全校教师进行有效激励；另一方面中心学校同样面临师资短缺、教师队伍老龄化等现实问题。保障本校教学质量的师资力量已经“捉襟见肘”，“自身难保”，如何选派教师参与走教但又不至于让自己的学校“伤筋动骨”，成为中心校校长面临的现实难题。

中心校校长作为县域内教育政策在乡村的执行者，其实际采取的策略向教师传递了某种与上级政府意图相偏离的信号，此信号与其他因素相互作用，构成了一线教师行为表达的情景脉络，导致一线教师在政策实施过程中的角色分化与行为差异化。

二、骨干教师：政策的旁观者

H镇中心小学参与走教的教师人数随着政策实施的兴衰起落而不断变化，从试点阶段的3人增加至高潮时期的7人，2013年以后降至2人，最终停止派遣教师走教（详见表15-5）。从参与走教的教师身份看，在十余年的政策实施过程中，代课教师和新入职教师始终是走教的主力军，教学经验丰富的骨干教师并未参与到政策实施中来。

表15-5　H镇中心小学走教教师概况

	骨干教师	代课教师	新入职教师	走教教师总数
2007—2008年	0	3	0	3
2009—2012年	0	5	2	7
2013—2015年	0	1	1	2
2016年至今	0	0	0	0

数据来源：H镇中心小学统计资料。

在对骨干教师的访谈中发现，他们会或多或少地关注政策信息和实施过程，但不会在正式场合对“联校走教”政策提出建议或置疑。本应成为走教主力军的骨干教师，何以成为政策实施的旁观者？其根源在于以下方面：首先，政策议题并非与骨干教师的切身利益息息相关。如何做好中心校本部的班级教学和管理才是这些教师关心的重点，这同时也是家长、学校和上级政府部门评估其绩效的重点。其次，政策实施的激励机制难以让他们产生内生的参与动力。因为这些乡村骨干教师多已获得中、高级职称，且多为本乡本土人，他们在学校附近自有田地和住房，“联校走教”政策设计中提供的经济和非经济收益（例如代课教师转正、职称评定等），并不能弥补其走教成本，因此难以对其产生激励。再次，这些教师多为有丰富教学经验的骨干教师，在中心校承担较重的教学任务和管理工作，学校出于自我保护的需要，并不会选派这些教师参与走教。否则，会出现“种了他人田，荒了自家地”的结果。

案例2 C老师教龄有近30年，在谈及是否参与“联校走教”时，他这样说道：“这个政策看起来还是不错的，不过一般教师很难有积极性参与。交通不方便，碰到雨雪天气就更难了，我们这些年纪大的老师是走不动了，学校也不会派我们去，只能让那些年轻教师去。另外，就是我们学校教师的工作负担本来就重，既要当班主任，又要兼任多个科目多个年级的任课老师，要是上面再有考核、检查之类的就更忙了，根本没有时间和精力参与走教。”

三、代课教师：失望中的“希望”

在特定的条件下，参与政策实施对有些教师而言可能是新的发展机会，这些教师往往会成为政策拥护者和执行者（Ball，2011）。H镇的个案就验证了这一点。在“联校走教”政策实施过程中，代课教师[①]是走教任务的主要承担者，这些教师大多来自本乡本土，他们对参与政策实施充满热情和期望，这种热情与期望源自代课教师内生需求与外部激励。从某种程度上来说，参与“联校走教”政策实施可能成为他们改变生活现状，获取个人发展的重要机会。

首先，参与“联校走教”是代课教师转变教师身份，获取额外经济收入的有效途径。S县“联校走教”政策文本规定，“参与走教的代课教师，在获取财政编制方面享受优先待遇，并优先分配教师安居房”。在此政策激励下，代课教师一方面试图通过良好的工作表现，力求在短期

① 代课教师即临时聘用教师，本章为方便理解沿用代课教师的称谓。

内获取正式的教师编制，改变自身代课教师身份，提升工作岗位的稳定性；另一方面，参与政策实施可提高代课教师的经济收入。课题组成员在调查中发现，2012年S县代课教师的月收入不足千元，参与走教额外获得的课时津贴、交通补助以及每学期500元的绩效收入对代课教师有较强的吸引力。

案例3　J老师和M老师是一对年轻的夫妻，两人均为尚未获得正式编制的代课教师。他们表示：“我们目前都还没有获得编制，孩子刚出生不久，两个人的工资加起来仅供基本生活，我们不是本地（乡镇）人，没有自建住房和田地，日常生活有时候还需要靠双方父母资助。我们参与走教，一方面是学校的工作安排，我们必须要完成。另一方面也可以获得额外收入，去年学校优先给我们分配了一套安居房，住房问题得到了解决。现在我们希望早日转正，这样工作也能稳定一点，收入也能有所增加。”

课题组成员在2015年对J老师和M老师的回访中发现，J老师已成为中心小学的正式教师并不再参与走教工作，而M教师仍在为获得教师编制而努力。在“联校走教”政策衰减后，M老师成为教学点的驻校教师，通过两年的努力，她于2017年转入县编成为一名公办教师。这无疑为其他代课教师提供了示范，鼓舞着代课教师服从安排，继续走教。每个人的生活境遇都不相同，但潜在的制度会为每个人的职业发展提供一个可预见的发展轨道。只不过在真实的生活情境中，因人事变更，政策变迁，微妙的人际关系及权力生态的影响，代课教师何时转正，谁会被优先转正？这并不是一个可以被明文规定的“契约”，更多的是一个显性规则与潜在规则等多种力量互动、博弈后的复杂过程。

其次，参与政策实施有助于代课教师的职业发展，积累人生发展的资本。对年轻的代课教师而言，参与“联校走教”是一个人力资本积累的过程，也是个人专业发展的过程。在获取额外收入的同时，他们有更多的机会积累教学经验，推动自身的专业发展，为人生发展积累资本。

在田野调查中，课题组对其中一名代课教师进行了追踪调查，W 老师是联合小学最早参与“联校走教”的教师之一，2007 年她是 H 镇中心小学的一名代课教师，2009 年通过入编考试成为一名公办教师。因其较强的教学能力和较好的综合素质，W 老师成为 S 县主流媒体宣传的践行“联校走教”政策的榜样，多次获得各种荣誉表彰。2014 年，W 老师已成长为中心学校的骨干教师，并于同年通过县、市两级考核，最终成功获评湖北省特级教师。

访谈中，W 老师谈道：“我转正之后，学校就没有再安排我走教，目前我带一个班的班主任还兼任几个班级的课，有时也需要参与学校的行政工作，比如接受上级检查、准备汇报材料等，虽然我个人很想再去教学点看一看，走一走，但现在实在是精力有限。”通过该案例可发现，W 老师是通过参与政策实施获得个人发展机会的成功案例之一，她在短期内从一名代课教师转变为有正式编制的教师，从一名新手教师成长为学校的业务骨干。虽然在转变身份后，学校已不再安排她参与教学点的教学工作，但几年的走教经历为其人生发展奠定了坚实基础，她本人也被省、市、县政府树立为“联校走教”的标杆和旗帜。W 老师从代课教师到特级教师的“惊人之跳”和“华丽转身”成为 S 县激励广大代课教师服从安排，奉献乡村教育，积极走教的典型人物。其事迹在 S 县各种宣传中反复被报道，在湖北省有关义务教育均衡发展现场推进会中，W 老师都是一个常常被表扬的典型。

在调查中我们发现，少数在“联校走教”中获益的代课教师对那些尚未转正的代课教师产生了较强的激励作用。身边的榜样与示范，进一步增强了代课教师群体参与“联校走教”的积极性。而值得我们进一步关注的是，在县域内教师编制短缺的背景下，大多数参与“联校走教”的代课教师依然保留着体制外的身份，干着“同工不同酬”，甚至“多劳少得”的活。

四、新入职教师：被动的参与者

除代课教师外，新入职的在编教师也是“联校走教”政策实施的主要参与者，参与“联校走教”被他们视为学校工作安排的一部分。他们在与课题组成员对话中，大多会用“强制”“被安排”“被分配”“服从”等字眼来形容走教工作。这些教师会在规则允许的范围内，根据自身工作时间安排以及现实条件作出不同的选择，他们对走教工作或主动投入，或被动应对，或敷衍了事。同时，由于缺乏对其教学效果的科学评估和考核，这进一步弱化了对走教教师行为的监督和约束。课题组成员观察到的普遍现象是，这些新入职教师仍以中心校的教学和班级管理工作为重点，对于到教学点上课的走教任务仅保持有限的热情，在政策规则范围内自主分配个人的时间、精力和努力度，用他们自己的话说，过得去就行。

案例4　Z老师，省招教师，在被问及对“联校走教”政策的态度时，Z老师表示：“我是新来的省招教师，工作服务期是三年，在全校教师里面算是最年轻的。作为学校统筹的工作任务，我也只能选择服从安排。我们在本校的工作任务也不轻，去教学点走教路途遥远，交通不便，碰上雨雪天气就更加麻烦，费时费力。我觉得每周去教学点的集中授课，教学效果是不太好的，学生学得不好，老师也感觉很辛苦，我们只能说是完成基本任务，让那里的学生有课上，其他的就只能看学校安排”。

显然，走教只是分配给新入职教师的工作任务，此项任务的完成影响到学校领导对新教师的评价，也影响新教师的职业发展（评优评先、职称晋升等）。但走教工作难以激发大多数新教师内在的认同，并付诸教学热情和关注弱势群体的乡土教育情怀。“完成任务”“服从安排”成为新入职教师与课题组成员交谈时的口头禅，老师们眉宇之间流露的无奈和被动，呈现出一线教师真实而复杂的心态。

在Z老师入职前，学校的走教任务由另一位省招教师承担，而该教师在入职一年后便通过参加公务员考试离职，其走教任务也迅速落到了刚入职的Z老师头上。由此我们可发现，“联校走教”实施的十余年时间里，在正式的制度规则之外，学校和教师群体之间形成了这样一种潜规则，即走教是新教师、年轻人的事，其他教师可以置身事外。从某种程度上来说，这种非正式制度的约束作用已经超越了政策实施中正式制度的影响，政策走向也在“两种制度规则”的交织中不断演变。

五、真实情境中的教师行为

通过教师差异性行为分析可以发现，教师在“联校走教”政策实施过程中并非沿着“自上而下”的线性路径按部就班地“执行政策”，而是在人际互动中形成了一个相互嵌套的复杂性系统（详见图 15-2）。S 县的社会经济、历史文化、制度规则等因素构建了特定行动情境。在此情境约束下，中心校校长以组织者的身份向其他教师传递带有价值偏好的政策信息，一线教师基于自身掌握的信息作出效用最大化的理性决策，或成为政策的旁观者，或成为政策热情参与者，或成为政策的被动参与者。教师群体的差异性行为显示出，真实情境中教师并不是被动地“执行政策”，而是在主体能动的基础上“诠释政策”“再造政策”。

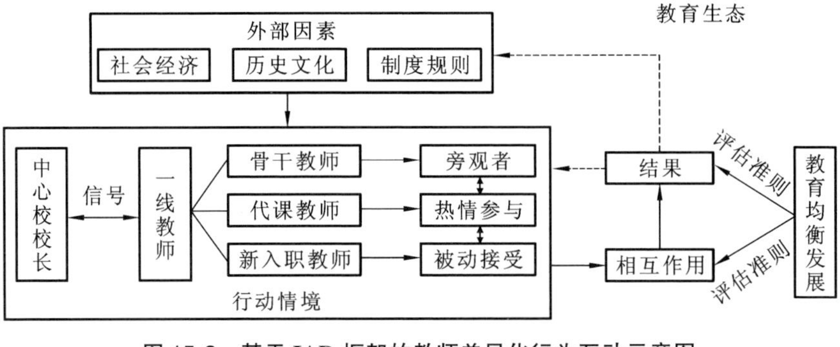

图 15-2 基于 IAD 框架的教师差异化行为互动示意图

教师作为政策实施的重要主体，教师之间的互动、教师与其他群体之间的互动会反作用于政策的外部因素和行动情境。而受到互动作用影响的外部因素，通过重塑行动情境再次影响教师的行为选择及其互动，如此循环反复形成一个互动系统。由此看来，某一个或某一类教师的行为选择绝不仅仅是真空中的任意行为，而是在错综复杂的制度网络中的行为表达。分析教师的差异化行为我们可以发现教师在“联校走教”实施过程中，实际上达成了这样一种默契和共识——走教是代课教师和年轻教师的事，其他人可以置身事外。这种由教师行为互动形成的非正式制度成为了“联校走教”实施的真实游戏规则，这种非正式制度与正式制度（例如S县政府出台的实施方案、保障政策、考核评价机制等）交织联结，共同加剧了政策实施过程的复杂性。倘若不能了解此复杂制度情境，则难以真正理解教师的行动，难以调动教师参与“联校走教”的积极性。

基于新制度主义理论，在复杂的政策实施过程中，教师个体的差异化行为其实也可以得到某种一致性解释：教师（包括校长）作为理性的行动者，他们会根据行动情境采取基于自身效用最大化的行动策略。只不过因个人所处环境有差异，面临的约束条件不同，从而导致不同的行动选择。从这个角度看，IAD理论框架对于我们理解县域内教育政策实施还是有较强指导意义的。

第五节　反思与讨论

通过对S县“联校走教”实施过程的研究，我们发现县域内教育政策的实施深植于复杂的本土化情境。区域社会经济发展水平、县域教育治理结构、教育资源分配机制以及本土社会文化环境共同构建了复杂的制度情境。镶嵌于制度情境中的主体差异性越大，彼此之间的互动越频繁，影响政策实施的复杂性因素就越多，这对教育政策实施提出了严峻考验。基于S县“联校走教”政策实施的长时段调研，结合我国义务教育均衡发展战略，有如下四个议题值得我们进一步反思。

第一，“联校走教”政策的落实效果与政策目标何以渐行渐远？“联校走教”政策的核心目标是通过城乡优质师资流动，缩小城乡教育差距，促进教育公平。从S县实际运行层面看，“联校走教”的政策目标与教师个体利益之间的张力导致教师的多样化行为，异质性的教师行为互动强化了政策实施过程的复杂性。经验丰富的骨干教师既没有参与到政策实施过程，也缺乏足够的参与动力，以代课教师和新入职教师为主的“联校走教”活动仅能在短期内保证农村教学点课程开齐，但教师走教在多大程度上提高了农村教学点的教育质量？这一政策实施的关键问题却少有人关注。如此看来，“联校走教”本应成为政府、校长、教师等利益主体共担责任、共同完成的一项公共事业，但最终却旁落为以代课教师和新入职教师为主体的教师流动，这一状况显然有违政策制定者的初衷。

第二，科学的顶层设计是教育政策有效实施的前置条件。从政策科学的视角看，政策过程是由议程、制定、实施、评估、终止等阶段构成的完整链条，各阶段之间环环相扣，既相互独立又相互作用。我们从“联校走教”政策的实施反思其制定过程可发现，“联校走教”政策的顶层设计初步回应了各级政府推进义务教育均衡发展的利益诉求，即通过教师走教调整城乡师资结构，保证农村教学点课程开齐、开足，而对农村家庭的多元教育需求，一线校长和教师所处的真实情境缺乏关切。一线教师作为教育质量的保障者，如果在政策制定过程中缺乏充分的话语权，那么政策目标的落实必然在实施过程中渐行渐远，甚至背道而驰。事实上，教育政策过程从起点开始，就面对着一个包含多元利益主体，充满价值冲突和利益纷争的复杂网络，听取来自不同角落的声音，建立“自上而下”与“自下而上”相结合的民主决策机制，是保证教育政策顶层设计的科学性和合理性的关键，同时也是教育政策有效实施的必要条件。

第三，“联校走教”政策实施中的教师激励不足。长久以来，政策制定者对一线教师的生存处境及其对外来政策的反应存在理解误区。实际上，不同的教师对制度规则有着各自的反应。在“联校走教”政策实施中，行政主导的“自上而下”的教育决策机制往往忽略了政策情境的复杂性，处于弱势地位的教师往往被视为教育政策忠诚的服从者和不折不扣的执行者。而与此相反，教师作为具有独立人格的生命体，在复杂的政策情境中其偏好、意愿和行为体现出较大的差异性。“联校走教”

政策实施的跟踪研究表明，教育政策的实施必须考虑复杂情境中的教师激励问题，必须设计出对不同类型教师具有持续激励效应的机制，否则缺乏有效激励的政策始终避免不了“雷声大，雨点小”的结局。这一现象在部分地区推行的“学区制改革”“教育集团”“教师轮岗交流”等政策实施过程中屡见不鲜。相关研究表明，当政策激励机制与教师的利益偏好不相容时，教师流动意愿不强烈，且对政策价值缺乏足够认同（方征，谢辰，2016）。

第四，通过制度创新提升教育政策实施效能。在“以县为主”的教育管理体制下，教育资源配置与政策实施始终局限在行政权力的框架内。从纵向关系看，S县政府被赋予的财权与事权不对等，有限的地方财力难以支持“联校走教”实施的经费需求。从横向关系看，“联校走教”政策涉及教育局、财政局、人社局、编制办等多个职能部门，而教育部门的资源统筹力相对较弱。这种状况导致教育政策实施受到一系列外部制度的掣肘，常常出现教育经费保障不到位、教师编制短缺等问题。课题组对S县“联校走教”政策实施的研究表明，真正的“联校走教”应当是在各学校师资配备相对均衡基础上的教师交流与学校文化的交融，而不是在普遍面临师资短缺背景下的“穷校帮穷校”。更准确地讲，从教师增量补充与存量调整之间的关系看，为每一所学校（包括教学点）配备充足的教师是教师流动的前提（雷万鹏，2013），而不是在师资短缺背景下的“形式化流动”，否则教师流动积极性必然不高，流动的效果必定不彰。基于S县“联校走教”政策研究，有助于我们反思各地推进义务教育均衡发展过程中普遍采取的“教育集团”“学区制”“教师县管校聘”及“教师流动”政策。这些如火如荼的改革，如果未能理解真实情境中一线教师如何“做政策”，未能创新教师流动激励机制，其结果定会偏离政策目标，最终避免不了“为流动而流动”的局面。

本研究通过多个案例的呈现，对“联校走教”政策实施中不同类型的教师行为进行了描述。但是，田野调查获得的丰富信息如何通过逐层编码的方式予以提炼和深化？这些工作将在后续研究中予以跟进。此外，围绕“联校走教”政策实施，尚有三个研究议题有待进一步拓展和深化，一是“联校走教”政策实施过程中的多层级政府如何互动？二是家庭或社区如何参与和影响“联校走教”政策实施？三是“联校走教”政策实施与教学点教育质量提升、学生发展之间有何联系？有鉴于此，我们将在后续研究中对此逐一探讨，以深化人们对县域内教育政策实施复杂性和本土性之理解。

第十六章　学校区位特征与教师生活补助政策：基于消费补偿理论的视角

第一节　问 题 提 出

2020年底，我国已解决区域性整体贫困问题，中共中央、国务院《关于实现巩固拓展脱贫攻坚成果同乡村振兴有效衔接的意见》将“继续实施农村义务教育阶段……乡村教师生活补助政策，优先满足脱贫地区对高素质教师的补充需求”作为“做好人才智力支持政策衔接”的重要内容[①]，以应对长期的相对贫困问题。在“后脱贫攻坚”时代，如何制定科学合理的教师生活补助政策依然是一个值得深入研究的问题。

教师生活补助政策旨在用经济补偿的方式缓解区位特征不利学校的艰苦环境给教师职业效用带来的不利影响，以调节教师劳动力市场供求关系。然而，关于实际操作中的教师生活补助究竟该如何发放，中央政府并没有具体规定。教育部、财政部《关于落实2013年中央1号文件要求对在连片特困地区工作的乡村教师给予生活补助的通知》（教财函〔2013〕106号）指出：“具体实施时间、补助范围和对象、补助标准和资金来源等，由各地结合实际情况确定。各地制定补助标准时，要根据

---

① 钟景迅，刘任芳. 乡村教师生活补助政策实施困境分析：来自A省欠发达地区县级教育局长的质性研究[J]. 教育发展研究，2018(2)：48-54.

教师工作、生活条件的艰苦程度等因素合理分档确定，重点向村小和教学点倾斜、向条件艰苦地区倾斜。”①

如何科学确定教师生活补助额度和补偿范围是教师生活补助政策实施中的难题。在缺乏可靠标准和依据的情况下，地方政府通常根据本地财力，以自然地理特征（如山川河流界限）为依据，确认哪些教师可以享受补助及补助的额度，补助的金额缺乏科学的测算依据。教师对学校所在地区环境的心理保留价格多大、各地的教师生活补助是否足以抵消与学校区位劣势相关的艰苦环境之负效用，这些问题对教师劳动力市场建设和完善教师生活补助政策有重要意义。

事实上，凭经验设定的乡村教师生活补助难以达到预期的政策效果。一方面，低于个体反应阈限的补助标准不足以消除艰苦环境的负面影响②，正如教育部办公厅《关于2016年连片特困地区乡村教师生活补助实施情况的通报》（教师厅〔2017〕1号）指出的那样，“部分实施县的补助标准相对较低……难以起到稳定和吸引优秀人才在乡村学校任教的作用”③。另一方面，由于教师队伍庞大，即使教师工资的微量调增都会成为地方政府的巨大负担④，且高于必需水平的教师生活补助会造成公共财政资源的浪费。因此，确定不同环境条件下的教师生活补助额度是一项需要经过科学论证并付诸实践的重要政策议题。本章利用项目组在广东省G市收集的教师劳动力市场调查数据，在消费补偿理论的视角下考察教师收入与学校区位特征的关系，从显示性偏好和陈述性偏好两方面探讨学校区位特征对教师职业效用的影响，为科学制定教师补助政策提供依据。主要回答以下三个问题：学校区位特征与教师收入存在什么样的关系？激励教师愿意前往山区或偏远农村学校任教的生活补助标准

---

① 详见：http://www.moe.gov.cn/s78/A10/s7058/201402/t20140212_163752.html.

② CLOTFELTER C T, et al.Teacher Bonuses and Teacher Retention in Low-performing Schools: Evidence from the North Carolina $1,800 Teacher Bonus Program[J].Public Finance Review, 2008(1):63-87.

③ 详见：http://www.moe.gov.cn/srcsite/A10/s7030/201703/t20170313_299335.html.

④ 雷万鹏，钱佳.财政分权背景下地方政府教育支出行为研究[J].华中师范大学学报（人文社会科学版），2015(2):148-157.

应如何设定？教师实际领取的生活补助额度与由学校区位劣势而致的应有补偿值之间有多大差距？上述问题直接影响教师生活补助政策的实施效果。

本章聚焦于教师生活补助政策中“如何补偿”的问题，即教师生活补助确定的理论基础和技术手段，以G市调研数据呈现了这种方法和技术的应用过程。本研究的思路和方法有助于科学制定不同区位环境中的教师生活补助标准。

第二节　理论基础

一、教师工作环境何以重要？

加里·S. 贝克尔认为，“所有人类行为均可以视为某种关系错综复杂的参与者的行为，通过积累适量信息和其他市场投入要素，他们使其源于一组稳定偏好的效用达至最大”①。个人的职业生涯选择也不例外，如公式1所示，在劳动者生产率和其他背景特征既定的情况下，个体根据自身偏好在物质收益（S）和非物质收益（N）之间寻求组合效用（U）的总收益现值最大化。

$$u_{ith}=E_t\int_t^T r_i\,U_{ith}(S,\ N,\ t)\,dt \cong f(S_{ith},\ N_{ith})=u_{ith}(S,\ N)=\rho_s\,S_{ith}+\rho_N\,N_{ith}。$$

（公式1）

上式中，E是期望算子，r是个人i在t时点上（T是退休时间）的内部折现率，$h=1$表示接受或继续从事某工作，$h=0$表示拒绝或辞去这份工作。尽管S和N均可以给劳动者带来心理满足，但“鱼”与“熊掌”不可兼得，个体对其中之一的偏爱和选择将以另一方的相对损失为代价②。这种在物质收益和非物质收益间取舍的过程最终体现为个体的

① 贝克尔.偏好的经济分析[M].李杰，王晓刚，译.上海：格致出版社，2015：12.

② HANUSHEK E A，RIVKIN S G.Teacher Quality[C]//HANUSHEK E A，WELCH F.Handbook of the Economics of Education.Amsterdam，North-Holland：Elsevier，2006：1051-1075.

效用偏好。ρ_S和ρ_N分别表示劳动者职业效用函数中物质收益和非物质收益的权重，且ρ_S与ρ_N之和为1。

S通常被简化为货币化收入，N代表非物质的职业效用要素，工作环境（C）作为劳动者职业效用函数中的非物质要素被学界广泛讨论，如通勤时间、工作场所的安全性、岗位所在区域的宜居程度等。绝大多数人均偏爱舒适安逸的环境，因此，岗位环境差会给劳动者造成职业效用损失，环境差的岗位需要等价补偿才能使其与环境好的岗位处于同一条效用无差异曲线上。

以上即消费补偿理论在劳动力市场领域的应用。消费补偿理论将良好的工作环境视为可以给劳动者带来愉悦体验并可以折算为经济价值的消费品，劳动者看重岗位工作环境特征蕴含的消费价值，在好的工作环境与高收入不可兼得的情况下，个人将根据自身偏好在两者之间进行取舍。

教师的职业选择行为决策同样受到上述经济理性的支配①，适用于消费补偿理论解释框架。教师的职业效用要素常被简化为工资和学校工作环境两个维度②。工资和工作环境共同决定了何种素质的教师去哪里从教③以及他们以何等努力程度和何种精神面貌工作多久等问题④，这一系列的选择最终将影响“公平而有质量教育”的发展⑤。

运用消费补偿理论解释教师职业效用优化问题需满足以下两个基本条件。

---

① 雷万鹏，王浩文.真实情境中教师的差异化行为：S县“联校走教”政策十年观察[J].华东师范大学学报（教育科学版），2019（4）：129-141.

② HANUSHEK E A，RIVKIN S G.Teacher Quality[C]//HANUSHEK E A，WELCH F.Handbook of the Economics of Education.Amsterdam，North-Holland：Elsevier，2006：1051-1075.

③ 马红梅，等.农村教师行业内的职业经历变更：职初工资的作用[J].教师教育研究，2020（1）：60-68.

④ 马红梅.公平而有质量的教学何以重要?：兼论森指数在教育领域中的应用[J].教育研究与实验，2021（1）：47-54.

⑤ 马红梅，孙丹.农村教师劳动力市场的本地人效应：基于甘肃基础教育调查的证据[J].教师教育研究，2019（3）：52-60.

第一，工作环境是教师选择到某个学校任教或者在该学校留多久的重要因素。后文实证分析将聚焦于学校所在地的区位特征，它由 j 个细分指标 C_j 构成，公式 1 中的 ρ_N 被替换为 ρ_{Cj}。为论述方便，笔者先以乡村学校为例进行分析，此时的 C_1 表示学校的方位，即学校是位于乡村还是城区。乡村学校所在村庄通常位于偏远和交通不便之地①。在这种情况下，C_1 是一个引起效用损失的学校区位劣势，只有补偿 D 单位的物质收益后，$S_* = (S+D)$ 与 C_1 的组合状态才重新回到教师职业效用水平的平衡状态，教师从乡村学校中获得的效用与从城区学校获得的效用才实现了“无差异化”。若乡村学校的不利环境特征得不到足够补偿，则 $u_{it1} < u_{it0}$，教师不愿意前往乡村学校任教②。

现实生活中针对教师的补偿形式是多样的，包括货币化补偿、职业发展机会补偿等，但各国通常以经济补偿作为简化的操作方式③，因此本研究也重点考虑货币化的经济补偿形式。

第二，经济补偿能改变教师行为。同普通劳动力市场上理性的个体一样，教师对达到心理阈值的经济激励也会产生反应。在市场经济改革已经深入教育领域的当下，教师也是对经济利益作出反应的理性个体，他们会“用脚投票”表达自身的偏好④。上述判断在许多发展中国家也已得到证实，如基于冈比亚首都班珠尔市的研究结果显示，相当于教师收入 30%～40% 的偏远地区补贴有效地激发了教师去交通不便区域学校从教的热情⑤。

---

① 杜屏，谢瑶.农村中小学教师工资与流失意愿关系探究[J].华东师范大学学报(教育科学版)，2019(1)：103-115，169.

② HANUSHEK E A，et al.Why Public Schools Lose Teachers? [J].Journal of Human Resources，2004(2)326-354.

③ 任琳琳，邬志辉.国外实施“艰苦边远地区教师津补贴政策”状况分析[J].比较教育研究，2013(3)：99-104.

④ 唐一鹏，王恒.何以留住乡村教师：基于 G 省特岗教师调研数据的实证研究[J].教育研究，2019(4)：134-143.

⑤ PUGATCH T，Schroeder E.Incentives for Teacher Relocation：Evidence from the Gambian Hardship Allowance[J].Economics of Education Review，2014(4)：3.

二、教师工作环境价值几何?

前文已述，舒适的工作环境与丰厚的收入都是教师职业生涯发展中珍视的效用要素，且两者间存在替代关系。那么，在教师职业效用函数中，工作环境与收入两者间具体有何联系，回答此问题有助于教师补偿政策的制定与评估①。

公式1所示的效用函数中，各要素的权重具有个体差异。部分人对工作环境更敏感、耐受性更低，工作环境与收入的替代弹性更小，即第 i 名教师对第 j 个艰苦环境的心理保留价格（D_{ij}）因个人性情、成长经历、自身条件而异，也就是说 D 是变量而不是常量。探测教师对工作环境的保留价格多大的过程如下：由于每位教师的当前岗位同时包含了实际收入与实际工作环境信息，或者研究者可以获取教师对假想工作环境下的期望收入，“工作环境—收入”的二维信息可以被投射到效用曲线平面上，每位教师的工作环境和收入组合信息被压缩为一个坐标点，而每个坐标点与原点连成的直线的斜率就是工作环境与工资的替代率，即每位教师对学校环境的心理保留价格。将所有教师的“工作环境—收入”坐标点与原点连线的线段的斜率值投射到概率分布图上即 d②③。

所有人的 D_i 值之概率分布 d 反映了一个职业群体相对稳定的集体心理偏好。由于绝大多数人偏爱更好的环境，d 通常是一个负偏态分布，厚尾向右延伸。将这个分析过程具体化到乡村学校情景中得到以下结论：在个人层面，只有当政府给予的补助额度大于教师对乡村学校环境的保留价格 D_i 时，他才愿意去乡村学校任教；在群体层面，只有当政府的补助不小于 d 的某个分布统计量 D' 的情形下，才有足够数量或比例的教师

① MCEWAN P J.Recruitment of Rural Teachers in Developing Countries:An Economic Analysis[J]. Teaching and Teacher Education,1999(8):121-136.

② 我们在《教师工作环境的经济价值:基于地区经济地理特征的工资成本补偿》一文中详细论述了“消费型补偿”的微观经济学原理,感兴趣的读者可参阅,本章不再赘述。

③ 马红梅,等.教师工作环境的经济价值:基于地区经济地理特征的工资成本补偿[J].华东师范大学学报(教育科学版),2018(5):129-137,170.

愿意到乡村学校任教。如何确定 D' 值主要取决于政府愿意配备何种质量的师资及当地教师的短缺程度。

教师个体对乡村学校环境的心理保留价格 D_i 以及全体教师的 D 值的分布 d 无法直接被观测到，只能根据教师劳动力调查数据中与乡村学校相匹配的教师收入而间接推断，即显示性偏好，或通过询问教师到乡村学校工作的期望收入来探测其陈述性偏好①。因此，确立教师工作环境的经济价值必须借助数据并诉诸成本函数估算才能完成，实证研究的重点就是将 D_i 从 S_* 中剥离出来，并分析 D' 代表的政策意义。下面将从技术层面讨论如何估算学校区位环境特征的经济（补偿）价值。

教师选择到某个学校服务即表明教师接受相应的教职收入和工作环境，工作环境的价格被隐形地内置到收入中了。上文已述，将“工作环境—收入”的若干组合投射到效用曲线上以后，研究者通过特定教职岗位上各种环境与收入信息就可以推断第 j 个工作环境特征 C_j 所对应的货币化价值，$\hat{\rho}_{C_j}$ 也被称为“隐性价格”或“影子价格”。经此转换后，研究者可以对工作环境进行经济价值估算。如公式 2 所示，教师工作环境的成本函数在形式上与传统的收入方程拓展形式无本质差异，但 C_j 估计系数 $\hat{\rho}_{C_j}$ 与人力资本变量系数的经济含义略有不同（详见第四部分结果解释）②。

$$\ln(S_*) = f(X;\ L;\ R;\ C_1,\ C_2,\ C_3 \cdots C_j)。 \quad \text{（公式 2）}$$

利用最小二乘法估计公式 2 中的参数，$\hat{\rho}_{C_j}$ 实际上是 d 分布图上的均值。根据消费补偿理论的理论预期，在控制劳动者背景信息和生产率特征（X）、学校校情（L）及其所在地区的教师劳动力市场饱和程度与生活成本（R）后，教师收入与其工作环境艰苦程度之间呈正相关③。换言

---

① DASGUPTA P, PATTANAYAK S K, SMITH V K. Handbook of Environmental Economics[C]. North-Holland: Elsevier, 2005: 821-936.

② 马红梅，钟宇平.农村教师对“贫困”的经济价值评估及其公共财政学意义[J].教育发展研究，2019(15-16): 45-51, 62.

③ BROWN C C. Equalizing Differences in the Labor Market[J]. Quarterly Journal of Economics, 1980(1): 113-134.

之，若C_j是“乡村”“山区”“远离县城”等不利的区位特征，则$\hat{\rho}_{C_j}>0$。

综上所述，教师收入兼具双重功能：①劳动力价格的货币表现；②工作环境的经济（补偿）价值。通过判断教师收入（S_*）与其工作环境舒适程度（C_j）之间的关系，即可估算教师对工作环境的心理保留价格，亦即工作环境在教师职业效用函数中所对应的隐性权重，这种方法已被用于分析我国教师工资成本差异问题①。

第三节 数据来源与主要变量

一、数据来源

本研究所用数据来自G市10个县区所属的43个乡镇或街道。G市是广东省所辖的地级市，教师队伍庞大，全市各级各类教师人数约4.3万人②。G市在经济发展水平方面与中西部地区类似，基于G市的研究能为类似地区相应政策的制定提供参考和借鉴。

根据G市教育行政管理部门提供给的信息，“G市教师劳动力市场调查”项目组采用多阶段分层抽样的方式确立被抽样学校名单，发放问卷和进行访谈。其中，教师问卷和学校问卷由教育局推送电子问卷到各单位，网上填写，203所学校的9037位教师提交了答卷③。由于部分教师和学校问卷在关键信息方面的缺失，最终可以与学校信息匹配的教师样本量只有7064个④。在这些成功匹配教师样本中，回归分析所需变量

① 姜金秋，杜育红.西部农村学校教师的供求与激励：基于补偿性工资差别理论的分析与验证[J].教师教育研究，2012(1)：35-41.

② 数据来源于G市教育局官方网站《2019年G市教育事业发展情况》，详见：http://jy.sg.gov.cn/sgjy/jygk/content/post_1863912.html。

③ 黄旭中.义务教育教师“县管校聘”政策执行研究：基于广东省S市的调查研究[D].武汉：华中师范大学，2020：43-45.

④ 其中，73所学校提供了校情数据但有效教师样本太少或没有教师参与问卷填写，另有45所学校的教师填写了问卷但没有对应的学校信息。教师数据和学校信息的匹配过程损失1973个教师样本。

全部无缺失且答题在正常范围的约4000个。

基于调查样本的初步分析显示，所有抽样学校所在县区的城镇和农村常住居民年均可支配收入分别为2.83万元和1.61万元，比全国同期城镇居民可支配收入4.24万元更低（$t=-10.387$，$p=0.000$），但农村人均可支配收入与全国均值1.60万元[①]无显著差异（$t=0.069$，$p=0.946$）。

二、主要变量

（一）核心解释变量

“收入”和“补助”是我们理解学校所在区域环境对教师职业发展影响的工具，也是本文的被解释变量，本文使用年均总收入和净劳动所得、实际生活补助三项指标来分析。①教师年收入（S_1）。8676名教师提供的非零收入信息显示，教师年均收入是6.98万元（标准差是2.04万元）；在可以和学校信息精确匹配且非零收入的6780名教师中，年均收入及标准差分别是7.12万元和2.08万元。最终参与回归分析的4061名教师的年均收入及其标准差分别是7.08万元和2.05万元（详见表16-1）。②教师生活补助（S_2）。68.58%的被访教师没有享受生活补助，31.42%（共计2839名）被访教师领取了生活补助，生活补助均值是892元（标准差是288元）。③教师净劳动所得（S_3）。从教师总收入中减去生活补助（$=S_2\times12$）得到教师年净劳动所得。而且，每年的净劳动所得小于2400元的样本被视为无效异常值。经过此条件限定后，月均净劳动所得小于200元的402个无效样本均不参与所有回归分析。在后文的实证分析中，所有与货币有关的变量作了自然对数处理。文中的结果变量依次为年总收入的对数（$\ln S_1$）、年净劳动所得的对数（$\ln S_3$）、实际生活补助的对数（$\ln S_2$）。

① 全国城镇居民和农村居民2019年的可支配收入分别是42358.8元和16020.7元。数据来源：《中国统计年鉴》（2020）之表6-24《分地区城镇居民人均可支配收入》、表6-29《分地区农村居民人均可支配收入》。原表网址：http://www.stats.gov.cn/tjsj/ndsj/2020/indexch.htm.

表 16-1　主要变量的界定、测量与分布

变量名	变量的界定与含义	均值	标准差	最小值	最大值	N
S_1	教师年总收入（万元）	7.0847	2.0519	0.2400	19.3642	4061
$\ln S_1$	教师年总收入的对数	11.1083	0.4023	7.7832	12.1738	4061
S_2	教师生活补助（元/月）	246.3893	415.1435	0	1800	4200
$\ln S_2$	教师享受的山区或农村月均生活补助的对数	0.1997	0.3253	0	1.1506	4200
S_3	教师年净劳动所得（万元）	6.8101	2.0611	0.2400	19.3642	4000
$\ln S_3$	教师年净劳动所得的对数	11.0662	0.4040	7.7832	12.1738	4100
	教师到山区或农村任教的期望补助（元/月）	1510.6180	602.5362	200	8000	2900
$C_{10(c)}$	位于城区的学校	0.4222	0.4967	0	1	90
$C_{11(c)}$	位于乡村的学校	0.0556	0.2303	0	1	90
$C_{12(c)}$	位于乡镇的学校	0.5222	0.5023	0	1	90

续表

变量名	变量的界定与含义	均值	标准差	最小值	最大值	N
$C_{20(c)}$	位于平原或其他地形的学校	0.2889	0.4558	0	1	90
$C_{21(c)}$	位于丘陵的学校	0.1222	0.3294	0	1	90
$C_{22(c)}$	位于山区的学校	0.5889	0.4948	0	1	90
C_3	学校到县区政府的距离的对数	1.8114	1.3767	-0.7550	4.1790	90
	学校到县区政府的距离（公里）	13.7271	16.4639	0.4700	65.3000	90
C_3	学校到周边最近的县区政府的距离的对数	1.7240	1.2560	-0.7550	3.4957	90
	学校到周边最近的县区政府的距离（公里）	10.5455	10.0859	0.4700	32.9722	90

注：①变量 C 后的第一位数字代码表示第 j 个变量，而第二位代码表示类别变量中的属性种类，如 C_{10} 表示学校方位中的参照组城区学校，而 C_{22} 表示学校所在地的地形特征是山区；学校到县区政府的距离是连续变量，没有具体类别划分，C_3 后无需加第二位数字代码。②用下标（c）标记转换成 0/1 取值虚拟变量形式的类别变量，均值×100 表示该类别的样本占比。例如，变量 C_{22} 对应的均值是 0.5889，即位于山区的学校共 53 所（=90×0.5889），以此类推。③学校层面的变量以可以与教师数据匹配的样本为准，共 90 所学校；教师层面的样本量以最终参与分析的有效样本为准。④为节省篇幅，本表仅报告核心变量，省略所有控制变量的分布信息。

（二）核心解释变量：学校区位特征

学校方位、地形和到县城中心的距离这三个区位特征是本研究的核心解释变量。90所能与教师样本匹配的学校基本信息如下：①位于乡村、乡镇和城区的学校分别占5.56%、52.22%和42.22%。②学校所在地的地形属于平原、丘陵和山区及其他类型地区的分别占26.67%、12.22%、58.89%和2.22%[①]。③样本学校到县区人民政府所在地距离的均值和标准差分别是13.73公里和16.46公里，最偏远的学校距离县城65.3公里。

本研究中C_j对应的是“乡村”或“乡镇”；“丘陵”或“山区”；“学校到县城的距离”。其中，①学校方位和地形是类别变量，参照组分别是城区学校和平原地区学校，解释了相对城区学校，乡村学校和乡镇学校聘用一名同等质量的教师所需的经济补助相对于教师平均收入的比率；相对于平原地区学校，丘陵地区的学校和山区的学校聘用一名同等质量的教师所需的经济补助相对于教师平均收入的比率。②学校到县城的距离是一个连续变量，经对数转换后，它所对应的系数实际上是“弹性”系数，即相对于到县城距离处于均值水平的学校，学校的偏远程度每增加1%时的教师经济补偿变动比率，亦即学校到县城距离每近1%而可以少支付的教师经济补偿相对于教师平均收入的比率。

（三）其他控制变量

公式2中，其他控制变量包括：①教师性别、出生年份、民族、婚姻状况、工作年限、受教育年限、职称等级、工作期间获得的最高荣誉等级、技术级别、任教学科、资格证等级、任教班级等。②学校类型、全校专任教师人均受教育年限、是否为寄宿学校、生师比、学校周均工作时长、全校教师平均收入。③学校所在县区人均可支配收入的对数、学校到所在乡镇人民政府或街道办事处的距离。这些变量在公式2中用X、L、R表示。

---

① 在所有163所提供了有效答案的学校中，位于乡村、乡镇和城区的学校数分别是11所、72所和80所；而位于平原、丘陵和山区及其他类型地区的学校数分别为44所、16所、93所和10所。

第四节　学校区位特征的经济（补偿）价值

一、学校位置与地形对教师收入的影响

表 16-2 显示了学校区位特征与教师收入、教师生活补助的关系。其中，第Ⅰ组回归结果考察的是学校所在地的位置为“乡村”或“乡镇”、地形为“丘陵”或“山区”的补偿系数；第Ⅱ（A）组结果将学校方位和地形替换为到所属县区政府所在地的距离；第Ⅱ（B）组结果将学校到所属县区政府所在地的距离替换为学校到包括本县区在内的周边所有邻近县区政府所在地的距离。

表 16-2 第（1）列结果显示，相对于城区学校，乡村学校和乡镇学校的系数分别是 0.1905 和 0.0972，这意味着乡村学校和乡镇学校相对偏远的地理位置给教师心理效用造成的损失折合成货币的补偿价值约相当于平均收入的 20.99%（$=e^{0.1905}-1$）和 10.21%（$=e^{0.0972}-1$）。换言之，乡村学校、乡镇学校每聘用一名等值同质教师的工资成本分别比城区学校高约 21% 和 10%。同理，丘陵地区的学校和山区的学校分别需提供 5.97%（$=e^{0.0580}-1$）和 4.52%（$=e^{0.0442}-1$）的经济补偿才能与位于平原的学校保持同等的吸引力。根据教师年总收入均值 7.0847 万元可以算出，如果一所学校位于乡村、乡镇、丘陵和山区，每月的补助分别为 1239 元（$=7.0847\div12\times10000\times20.99\%$，后同）、603 元、352 元和 267 元。

表 16-2　学校区位特征与教师收入

Ⅰ：学校所在地的位置和地形			
	$\ln S_1$	$\ln S_3$	$\ln S_2$
	(1)	(2)	(3)
乡村（ρc_{11}）	0.1905***	0.0579	0.3748***
	(0.0512)	(0.0526)	(0.1008)

续表

Ⅰ：学校所在地的位置和地形			
乡镇（ρc_{12}）	0.0972**	0.0475	0.2331**
	(0.0284)	(0.0281)	(0.0730)
丘陵（ρc_{21}）	0.0580**	0.0538*	0.0298
	(0.0212)	(0.0245)	(0.0558)
山区（ρc_{22}）	0.0442**	0.0393*	0.0534
	(0.0160)	(0.0164)	(0.0476)
其他控制变量	√	√	√
N	4061	4050	4244
调整 R^2	0.2069	0.2409	0.6275
Ⅱ（A）：学校所在地与县区政府的距离			
	$\ln S_1$	$\ln S_3$	$\ln S_2$
	(4)	(5)	(6)
学校到县区政府距离的对数（ρc_3）	0.0264*	0.0020	0.1144***
	(0.0104)	(0.0090)	(0.0168)
其他控制变量	√	√	√
N	4061	4050	4244
调整 R^2	0.2021	0.2380	0.6699
Ⅱ（B）：学校所在地与最近县区政府的距离			
	$\ln S_1$	$\ln S_3$	$\ln S_2$
	(7)	(8)	(9)
学校到县区政府距离的对数（ρc_3）	0.0262*	-0.0002	0.1211***
	(0.0113)	(0.0094)	(0.0194)
其他控制变量	√	√	√
N	4061	4050	4244
调整 R^2	0.2017	0.2380	0.6708

注：①系数下方括号内的数字为以学校为单位计算的聚类标准误；②*、**、*** 分别表示在

5%、1%、0.1%的水平上显著；③第（1）列和第（4）列的被解释变量同为教师年均总收入对数（$\ln S_1$），第（2）列和第（5）列的被解释变量为年净劳动所得的对数（$\ln S_3$）、第（3）列和第（6）列的被解释变量是实际生活补助的对数（$\ln S_2$）；第（4）列~（6）列结果将第（1）列~（3）列中表示学校方位和地形的解释变量替换为学校到县政府的距离的对数值，其他模型设定完全相同；④学校方位和地形的参照组分别是“城区”（C_{10}）和“平原或其他地形”（C_{20}）；⑤第Ⅱ（B）组是将学校到本县区政府的距离替换为学校到周边最近的县区政府的距离，其他模型设定与第Ⅱ（A）组完全相同。⑥为节省篇幅，本表省略全部控制变量的估计系数，如需全表，欢迎来函索取。

同时考虑学校位置和地形时可以得到具有多重区位劣势的学校月均教师补助的理论值。如果一所学校位于丘陵地带的乡村地区，生活补助至少应相当于收入的26.96%，即20.99%与5.97%之和，每月约1591.7元；山区的乡村学校每月至少需提供1505.5元生活补助才能抵消“山区”和“乡村”的双重区位劣势；即使是位于平原的乡村学校，每个月也至少需补助教师1239元。同理，乡镇学校每月至少给每位教师的生活补助是603~955元，依不同地形特征而异。这个估计值与已有研究结论大致相同①，且与基于教师陈述性偏好的结果也十分接近。我们在教师问卷中作了以下情境假设：“如果可以选择，您在月均生活补助为____元的情况下愿意到山区和农村边远地区学校任教?”其中，2865名教师明确表示，任何条件下均“不愿意”，而选择1000元、1200元、1400元的教师人数是755人、849人和3201人，分别占比8.35%、9.39%和35.42%；在1252名自主设定期望补助值的教师中，均值是2233元。在全体5784名期望补助在实际收入两倍以内的非乡村学校教师中，到山区或偏远农村任教的期望补助的均值是1490.73元，平均相当于教师实际月收入比例的28.85%。

教师对“山区或偏远农村”这种不利学校区位特征的期望补助是他们主观意愿之表达，即保持教师当前所在学校的各种工作环境不变的前提下，让他们对“到山区或偏远农村任教”所需的补偿进行主观评估。这种陈述性偏好是教师对假想的不利学校区位特征的意愿表达，理论上不受客观条件的制约，尚未接触艰苦环境的样本容易高估这种不利环境

① 雷万鹏，马红梅.幼儿教师劳动力市场工资补偿：基于特征工资理论的实证研究[J].教育研究，2020(9)：117-126.

的价值，而已身在偏远学校的教师对山区或偏远农村学校不利的学校区位特征的心理保留价格会被低估。

前文已提到，$\hat{\rho}_{C_j}$相当于所有教师对“乡村”“乡镇”“丘陵”“山区”等学校区位特征的平均心理保留价格，即D_{ij}的均值。如果政府试图将偏远地区师资提升到高于均值半个标准差的水平，则需要对照$\hat{\rho}_{C_j}$的标准误进行推算。例如，位于丘陵地带的乡村学校需要将补偿额度提高到相当于教师平均收入的30.65% [$= (e^{(0.1905)} - 1) + (e^{(0.0512)} - 1) \times 0.5$]，月均生活补助至少需要1809.8元，依此类推（详见表16-3第Ⅳ组结果）。

表16-3 学校区位特征、教师质量与生活补助

	Ⅲ：按照平均师资水平配置偏远学校师资所需补偿（$\hat{\rho}_{C_j}$）				Ⅳ：偏远学校将师资水平提升到均值以上半个标准差所需补偿			
	乡村学校		乡镇学校		乡村学校		乡镇学校	
	（10）	（11）	（12）	（13）	（14）	（15）	（16）	（17）
学校所在地的地形	占比（%）	元/月	占比（%）	元/月	占比（%）	元/月	占比（%）	元/月
丘陵	26.96	1591.70	16.18	955.26	30.65	1809.84	19.65	1103.52
山区	25.50	1505.50	14.73	869.65	28.94	1708.46	17.83	1002.13
平原	20.99	1239.23	10.21	602.79	23.61	1394.04	12.20	687.71

将表16-3第Ⅲ组结果中的生活补助应然值与教师自己报告的生活补助实然值相减后可以初步评估乡村教师生活补助政策的补偿力度。例如，样本中的农村学校教师和城镇学校教师实际生活补助占总收入比例的均值为9.4%，低于表16-3第（10）列和第（12）列的结果。若以第（11）列和第（13）列的理论补偿值为基准，仅30.5%的教师当下实际享有的生活补助已达到理论值，余下近70%的教师领取的生活补助尚不足以消除学校所在地偏远之负面效应。换言之，G市现行的教师生活补助方案尚存在补偿额度偏低等问题。

二、学校到县城的距离对教师生活补助的影响

G 市在制定乡村教师生活补助方案时参考了学校距离县城的远近。因此，笔者将学校方位和地形特征替换为学校与其所属县区人民政府所在地的距离，由此得到表 16-2 第Ⅱ组回归结果。表 16-2 第（4）列结果显示，学校与县区政府的距离每远 1%，教师收入高 2.64%[①]。有效样本学校到县区人民政府的平均距离是 13.73 公里，最远的学校距离县城 65.3 公里，这所学校的教师年均补助约为 10 万元。从测量等级看，根据学校到县城的实际距离制定教师生活补助政策比按照城乡边界划分的结果更精准，这是因为乡村和乡镇的行政划分实际上也反映了空间中的距离远近，但乡村和乡镇是将空间距离压缩成几个有限类别，测量等级较低，而距离是测量精度最高的定比变量。田野调查中访问的很多教师向我们坦言，距离是阻碍他们前往山区和偏远农村学校执教的主要原因，他们建议教师生活补助应根据距离远近设定："根据距离来确定""按里程计，离县城越远补助应当越多"。

三、稳健性检验

表 16-2 第（2）列、第（5）列和第（8）列结果是稳健性检验。稳健性检验包括变更被解释变量测量方式和变更核心解释变量测量方式两种情况[②]。

第一，变更被解释变量的测量方式。笔者将教师每月领取的生活补助从总收入中扣除，剩下净劳动所得，然后重复以上分析步骤。此部分的分析思路是，如果扣除生活补助后，学校方位和地形、到县城中心的距离等仍对教师收入产生显著影响，则说明地方政府制定教师生活补助方案时没有考虑这些要素。

表 16-2 第（2）列的结果显示，教师净劳动所得不再受"乡村"

---

① 同理，如果想要将教师质量整体提升到均值以上半个标准差的水平，每 1% 的距离增加需要提供的教师补助为 3.16%（=0.0264+0.0104×0.5），折合成货币价值约每月 186.56 元。

② 笔者还利用加权回归检验了分析结果的稳健性，所得数值与文中没有经过加权的回归结果没有太大差异。为节省篇幅和突出写作重点，本章省略此部分结果。欢迎有需要的读者来函索取。

“乡镇”以及学校到县城距离的影响，但“丘陵”“山区”仍然与教师净劳动所得正相关，且效应量相对于第（1）列结果变化幅度不大。这与现实情况吻合，由于同一地区地形特征具有相似性，地方政府在制定本地的教师生活补助方案时很少考虑地形特征。

表16-2第（3）列和第（6）列将教师月均生活补助的对数作为结果变量进行分析，结果证实了上述研究结论的稳健性。教师生活补助主要流向了乡村学校和乡镇学校，而没有照顾到“丘陵”和“山区”的差异。乡村学校教师生活补助和乡镇学校教师生活补助分别高45.47%和26.25%，到县城的距离每增加1%，生活补助金额高12.12%。这意味着城区学校每聘用一名教师每月可以节省396元的教师工资成本，而最远的学校每月需给每位教师发放1540元的补贴才能与一所距离县城13.73公里的学校（到县城的距离位于均值水平的学校）保持同等吸引力。

第二，变更核心解释变量——学校与县城距离的测量方式。部分位于县区边界上的学校可能离所属县区的中心城区距离较远，它们离邻近县区中心城区反而更近。如果这种情况属实，则学校邻近县区中心城区的距离更能反映它的便捷性。教师可能不在乎学校到本县城中心的距离，因为他们能便捷地到达邻近县城中心[①]。笔者将表16-2第Ⅱ（A）组的学校到本县区政府的距离替换成学校到周边所有县区中最近的距离，重复第Ⅱ（A）组的分析，得到第Ⅱ（B）组第（7）~（9）列结果，两种方法所得结果没有质的差异，证实了距离对教师职业效用负面影响的稳健性。

第五节 结 语

消费补偿理论旨在探讨工作环境与收入之间的替代性，为我们理解劳动力市场机制、个人职业效用函数中物质收益和非物质收益之间的动态关系提供了独特视角。虽然工作环境无法明码标价，但劳动者坚守某个岗位实际上就意味着他们接受了附着于这份工作中的所有条件，是用

① 此稳健性检验受到钱佳博士的评论的启发，在此表示感谢。

实际行动表达了对工作环境的显示性偏好；而劳动者在假想的工作条件情景下期望得到的补助则体现了他们对工作环境的陈述性偏好。收入不仅是劳动力价值的货币化表现，其中也包含了工作环境的隐性价格。工作环境的成本函数可以用收入方程的形式表达出来，研究者通过对工作环境变量的参数求解得到不同环境属性特征的隐性价格。

本章基于在 G 市所辖县区的教师数据和学校信息，在消费补偿理论框架下分析了学校区位特征对教师职业效用的影响，并以此为依据评估了 G 市乡村教师生活补助政策的效果。笔者将学校区位特征具体化为方位、地形和距离中心城区远近三大类别的指标。得出的主要结论包括：第一，相对于城区学校而言，乡村学校、乡镇学校聘用一名教师分别需多花 20.99% 和 10.21% 的工资成本；位于丘陵和山区的学校比位于平原的学校的环境更艰苦，给教师日常生活造成的不便折合成经济价值分别相当于教师平均收入的 4.52% 和 5.97%；学校到县城的距离对教师职业效用的影响显著，每 1% 的距离对应着 2.64% 的教师工资差异。第二，根据上述结果，当前的教师生活补助水平离教师对学校工作环境的心理保留价格尚有差距，仅 30% 左右的教师实际获得的补助达到了理论上的补偿值；若以教师期望获得的补助为标准，实际生活补助达到教师期望水平的比例更低。

本研究对制定和评估教师生活补助政策具有重要指导意义。研究团队成员在中西部地区实地调研的过程中发现，学校所在地区的不利环境特征所需的补偿并没有经过科学论证。地方政府出于操作便利的考虑，通常根据某个地理半径圈定一个补偿范围或根据山川河流界限确定补助额度，这种做法导致了教师激励不足。本研究为如何补偿不同区位学校的教师及评估教师生活补助政策效果提供了学理依据和技术支撑。

教师对学校区位环境特征的心理保留价格具有公共财政学意义。研究者还可以根据表 16-2 第（1）列和第（4）列计算各地办学的教师工资成本指数，这在国际教育财政实践中得到了广泛应用①，国内学者也做过类似的研究②。笔者以甘肃省为例，也论述了 TCI 技术在我国农村地区运用的技术步骤③。受篇幅限制，此处不赘述。

当然，本研究还存在以下局限。第一，笔者仅考察了学校区位特征这种宏观的区域环境对教师心理收益的影响，而学校办学水平、教师专业发展条件等具体环境也对教师职业效用产生重要影响④，但将学校层面的变量视为控制变量，没有详细讨论；第二，本研究对学校区位特征的隐形价格进行了量化分析，评估其经济（补偿）价值，但有些工作环境可能无法用货币衡量⑤。为进一步推动教师生活补助政策的科学化，研究者还需要结合人类学、教育学和社会学等学科视角，深入探讨教师生活补助问题，以增进人们对农村地区教师工作环境特征与教师工作、生活意义关系的理解。

---

① CHAMBERS J G.Cost and Price Level Adjustments to State Aid for Education:A Theoretical and Empirical Review[C]//JORDAN K F,CAMBRON-MCCABE N H.Perspectives in State School Support Programms.Cambridge,MA:Ballinger,1982:39-86.

② 付尧,等.我国义务教育人员性投入价格指数的构造与应用:以城镇地区为例[J].北京大学教育评论,2014(2):111-127,191-192.

③ 马红梅.农村教师工作环境的经济价值评估[M].北京:科学出版社,2021:160-165.

④ 雷万鹏,黄旭中.教师教育发展现状调查与政策启示:基于湖北省的实证调研[J].华中师范大学学报(人文社会科学版),2017(6):164-171.

⑤ 赵新亮.提高工资收入能否留住乡村教师:基于五省乡村教师流动意愿的调查[J].教育研究,2019(10):132-142.

后　记

本书系国家社会科学基金“十一五”规划（教育类）国家重点课题“城镇化进程中的教育变迁研究”（AHA090003）、研究阐释党的十九届六中全会精神国家社科基金重大项目“推进义务教育均衡发展和城乡一体化研究”（22ZDA095）的阶段性成果。20多年来，华中师范大学乡村教育研究团队持续围绕随迁子女教育、留守儿童教育、乡村教师队伍建设、乡村小规模学校发展等议题，扎根乡土，深入田野，建立了专题数据库，形成一批高质量成果。相关成果相继发表在《教育研究》《华东师范大学学报（教育科学版）》等期刊上。在田野调查、数据搜集、数据库建设、书稿写作过程中得到了团队成员大力支持。作为本书写作的合作者，马红梅副教授、汪传艳博士、徐璐博士、谢瑶博士、张婧梅博士、王浩文博士、黄旭中博士、向蓉博士、李贞义博士及博士生尹珺瑶、张子涵、李佳季硕士在部分章节的撰写中付出了辛勤劳动，李靖、孙毓、袁光华、盛钰、谢慧昭、李骏子、熊印宏等同学为本书出版发挥了重要作用。

在田野调研过程中，华中师范大学乡村教育研究团队得到了社会各界的关心与支持。感谢所有为调研活动提供无私帮助的村民、家长、教师、校长和教育行政人员！感谢华中师范大学出版社领导及编辑团队，感谢华中师范大学教育学院各位同仁的鼎力支持！感谢国家社会科学基金办与国家出版基金办的大力支持！

伴随义务教育均衡发展战略的深度推进，我国义务教育发展的主要矛盾已经转变为人民日益增长的优质教育需要与不平衡、不充分的教育发展之间的矛盾，努力让每个孩子都享有公平而有质量的教育，是教育现代化和中国式现代化发展的应然选择。在新的历史时期，华中师范大学团队将继续秉持“务实求真、向善向上”的理念，扎根田野研究乡村教育，为推动城乡教育一体化发展，促进中国教育事业高质量发展贡献力量。